幼児の有酸素性能力の発達
Aerobic Capacity in Young Children

宇都宮大学名誉教授
吉澤 茂弘 著

株式会社 杏林書院

はじめに

幼児の有酸素性能力の発達　正誤表

		誤	正
p37	図13中	3炭糖リン酸	3個のリン酸
p77	下から18行目	酸素負債量に関して	酸素負債量に関しては
p82	表19中2カ所	心拍数（拍/分）(HRmax.beats·min-1)	心拍数（拍/分）(HR.beats·min-1)
p91	図28中	心拍数の階段	心拍数の階級
p124	下から8行目	運動器官へ成長	運動器官の成長
p134	表32キャプション	水上気圧と	水蒸気圧と
p141	表34キャプション	(kcal) とおよび	(kcal) および
p141	連立方程式中の数値	1.47y＋0.830x	1.417y＋0.830x
p144	上から12行目	幼児を測定をしてきましたが	幼児を測定してきましたが

もったのは，およそ30年前のことである。当時テレビ番組で，「寒に鍛える」というテーマが取りプログラムを実施している幼稚園・学校を訪れ，…したことに始まる。そして，栃木県のA幼稚園に…ゆるマラソンと称して，1,000メートル前後の距…いった幼児に驚嘆すると同時に，その後のコメ…思い出される。というのは，競技選手の長距離…マ・東京オリンピックのマラソン二連覇のアベ…マラソン選手を直接測定した経験などもあって，…的知識は持ち合わせていたものの，幼児につい…

…き幼児の持久走・有酸素性能力に関する文献を…られず，その上，幼児体育における実験的研究…ためもあって，現実に行なわれているこうした…循環機能ないし有酸素性能力の実態を実験的に…る持久走の是非を検討しようとしたものである。…歳の幼児であり，その上，実験の性質上，心臓…動員するというまったく未開拓の領域であるだ…験を進めていくことにした。以来，少しずつ，…ながら今日に至っている。

…内に取り込まれる酸素の量，すなわち，酸素摂取量そのものが，骨格筋の収縮・弛緩の直接的エネルギー源であるアデノシン3リン酸（ATP）の再合成量に直結している」という重要な生化学的事実に思いを馳せ，それを絶えず己に言い聞かせながら測定にのめり込んできた。なぜならば，骨格筋に含まれるATPの量は少なく，エネルギー発生のためにアデノシン2リン酸（ADP）とリン酸（Pi）に分解すると直ぐに枯渇してしまうので，間接的エネルギー源ともいうべき炭水化物・脂肪の分解によって生ずるエネルギーによって直ちに再合成し続けなければならず，その際に欠かすことのできないものが，まさに酸素そのものだからである。

そして，こうした長年にわたる一連の実験にもかかわらず，新たに得られた知見はわずかなものであるが，読者各位の興味・関心を喚起できればと願いながら，その主たる内容を要約し，あらかじめこの場で敢えて提示することにした。それは，次のよ

うなものである。

1）有酸素性作業能力を意味する体重当たり最大酸素摂取量の値は，3歳から4歳にかけて大きく増加し，ほぼ成人の値に匹敵するようになる。したがって，走行速度をコントロールし，持続時間を短くすれば持久走は可能である。そして，これから新たに持久走を導入する場合，無理なく安全に行なうためには，走行を開始してから定常状態が成立するまでの時間や，その間の血中乳酸濃度の変化から，幼稚園・保育園の年中組（4～5歳）では100～120m/分，年長組（5～6歳）では120～140m/分の走行速度で1～2分程度の持続時間で始めるとよい。その場合，走ったり，歩いたりしてもかまわない。やがて持久走に馴れた段階に入ってくると，走行速度も大きくなってくるが，持続時間は5分程度で十分であり，幼児期という成長期にあるだけに，無理せずその程度にとどめておくべきであろう。

2）幼児期から，体重当たり最大酸素摂取量ばかりでなく，筋力・パワー・スピード等においても，男児が女児を上回るという明確な性差がすでに存在しており，それは，主として生得的要因によるものと考えられる。

3）24時間連続心拍数等の記録結果から，保育園における現在の幼児は，運動不足と，身体活動水準の低下傾向にあることが確認されたが，それは園内はもとより特に園外において著しい。

4）幼児の持久性運動に対する呼吸循環機能の応答は，思春期以後の青少年・成人の場合よりもかなり速く，それは，特に回復期において顕著であり，その運動終了後の回復ははるかに早い。その背景には，幼児では骨格筋における乳酸性の無酸素性能力が未発達の段階にあるため，最大に努力した状態でも，成人とは異なり，血中乳酸濃度はさほど高まらずに済んでしまうという事実がある。

5）幼児の場合も，有酸素性能力においてトレーニング能，すなわち，トレーニング効果の可能性が存在することを確認した。したがって，運動不足の傾向にある幼児に対して持久走のような持久性運動を実施し，少なくとも有酸素性能力を本来のレベルまで発達させるようにする。

そして，これまでの一連の実験により導かれた結論から，子どもは，エネルギー発生の立場から見ると，血中乳酸濃度の値からわかるように，無酸素性の解糖作用が未発達の状態にあるために，最大努力による持久性運動を中断せざるを得なくなった時点でさえも，成人とは違って，乳酸はさほど産生されず，比較的有酸素性の状態のままであり，したがって，回復が早く，疲れを残さないということである。このことは，酸素なしに発生する無酸素性エネルギーによって，呼吸循環機能等に過度の負担が掛からないようにブレーキをかけるという，子どもに備わった特有の一つの安全機構とも考えられる。換言すれば，子どもというものは，本来ちょっとやそっとでは疲れることなく，活発な身体活動を伴う遊びを，積極的・自発的に展開できる余力を常に持ちあわせているということになる。もし元気がなく動きが少ない場合は，それは健康に異常があるか，生活習慣に起因するか，あるいはその両者によるものであろう。

一方，栃木県教育委員会と連携し，昭和38（1963）年以降，同年に文部省により制定されたスポーツテストを用い，栃木県児童生徒を対象にして，かなり大がかりな測定・調査を試みてきた。そして，大型コンピュータの導入により，昭和46（1971）年

から平成2（1990）年までの20年間にわたる推移を眺める機会を得ることができた[54, 57, 88]。

　その結果，身長・体重・胸囲等の体格は連続的に増大してきたにもかかわらず，筋力・スピード・パワー・持久力・柔軟性・調整力等の体力要素に関わる運動能力は低下の一途をたどってきたことが明らかになった。さらに，引き続きその後の数年間においても，依然として低下の傾向が認められている。そして，その原因として，明らかに子どもの運動不足・非合理的な食生活等[31]を指摘することができる。

　また，少子化と高齢化が進む現今の社会情勢を見るとき，中高年齢者もさることながら，子どもの体力を改善し，たくましい大人に育て上げなければ，明るく健康で活力に満ちた未来社会を迎えることはできないであろう。

　それにもかかわらず，毎年，「体育の日」に，ことさらに思い出したように，体力低下の問題がテレビ・新聞等のマスコミで取り上げられるに留まっており，こうした問題に対する積極的な働きかけが，一向に見受けられないのは，どういうことなのだろうか。もうこのへんで体力の低下にブレーキをかけ，その改善を計るために早急に具体的対応策をたて，そして実践に移らなければ，早晩由々しき事態に陥ることは目に見えている。

　ところで，これまで20数年間にわたり，目次に示されているように，3〜6歳の幼児を対象として，

1）最大酸素摂取量を中心とした幼児・青少年の有酸素性能力の発達
2）総合的にみた幼児の体力
3）幼児のグラウンド5分間（持久）走における呼吸循環機能の応答の特性
4）幼児におけるグラウンド30m短距離走と3分間（持久）走に対する循環機能の応答の差異
5）幼児におけるトレッドミル各種走行速度に対する呼吸循環機能の応答
6）保育園幼児の身体活動水準
7）幼児の有酸素性能力におけるトレーニング効果の可能性すなわちトレーニング能

などの順序で，段階的に運動生理学的な実験研究を重ねてきた。

　その成果は「体育学研究」，「体力科学」，"Human Ergology"，"Children and Exercise" および "Pediatric Exercise Science" 等の学会誌，また専門雑誌「体育の科学」，「保健の科学」等にも掲載されている。また，これらの内容については，ヨーロッパにおいて隔年に開催さている "Symposium of European Pediatric Work Physiology"「ヨーロッパ小児医科学運動生理学シンポジウム」において，1985年以降6回にわたりその成果を問うてきた。そして，1995年，デンマークのオデンセ市で開催されたこのシンポジウムにおいて，日本人初の受賞者となり，運動生理学の第一人者として知られているオストランド氏（スウェーデンのカロリンスカ大学名誉教授）から寸評と記念品を頂いた。このことが，差し当たり客観的評価が得られたものと判断し，幼児体育の科学的基礎の一端として本書をまとめる切っ掛けになったものである。

　本書は，幼児の有酸素性能力に関して，一連の実験の流れにそって，これまでの実験結果に関するデータを紹介しているが，同時に，幼児体育を理論的・実践的に発展させていくのには，どうしてもこれらのデータに関する基礎的知識の補足説明による

理解も必要ではないかと思われた。そして，今までの授業経験を生かしながら，基礎的事項については繰り返し解説したつもりなので，幼児教育関係者はもとより，体育学や幼児教育専攻の学生にも参考になるものと思われる。また，そこで扱われている実験結果の数値については，著者による説明には少なからず問題はあるにしても，運動生理学の専門家にとっても役立つものと確信している。さらに，これから有酸素性能力の実験的研究を手掛けようとする場合に，どうしても必要になる実験手順，酸素摂取量に関わる生化学的意義，そして酸素摂取量等の算出手順についてもあえて言及した。

　本書は，いわゆる本格的な学術書までには至らないが，幼児体育の重要性を改めて認識し，その科学的根拠に基づく実践を一層深化していくことができるよすがになればと心から願っている。

目 次

はじめに

1章 身体運動を運動生理学の立場からどのようにとらえたらよいか ━━ 1

2章 有酸素性能力における酸素摂取量の意義 ━━ 3
   2.1 フィックの原理からみた酸素摂取量　4
   2.2 酸素摂取量を規定する主要因　8

3章 横断的にみた幼児・青少年の有酸素性能力の発達 ━━ 14
   3.1 被検者と最大酸素摂取量の測定手順　14
   3.2 最大酸素摂取量が得られたかどうかの判定基準　15
   3.3 横断的にみた3〜18歳における最大酸素摂取量の発達　17
   3.4 相対成長からみた有酸素性能力の発達　23

4章 総合的にみた幼児の体力 ━━ 27
   4.1. 有酸素性能力および5分間走　28
   4.2. 25・50m走,立ち幅跳びおよび筋力　30
   4.3. 測定項目相互の相関マトリックス　32
   4.4. 運動時におけるエネルギー発生のメカニズム　34
   4.5. エネルギー発生の生化学的背景　37
      4.5.1 脂肪酸の有酸素性分解　38
      4.5.2 グルコースの有酸素性分解　41
      4.5.3 筋形質における無酸素性の解糖作用による乳酸の産生　42

5章 グラウンド5分間走における幼児の呼吸循環機能応答の特性 ━━ 45
   5.1. 5分間走における測定手順と呼吸循環機能の変化　45
   5.2. 5分間走における心拍数・酸素摂取量の運動時における増加率および
　　　　回復時における回復率　48

6章　グラウンド30m走と3分間走における循環機能応答の差異　53
- 6.1. 走行時における心拍数の増加　56
- 6.2. 走行終了後の心拍数の回復　57
- 6.3. 走行終了時の血圧とその回復　59

7章　トレッドミル3分間各種走行速度の呼吸循環機能応答の様相　61
- 7.1. 水平トレッドミル走行における実験手順　61
- 7.2. 定常状態の成立　63
- 7.3. 最高心拍数・最大酸素摂取量の発現　66
- 7.4. 呼吸商・呼吸数の変化　68

8章　トレッドミル・オールアウト走行の呼吸循環機能応答の限界　72
- 8.1. 走行時における心拍数および酸素摂取量の増加率　76
- 8.2. 走行終了後の回復時における心拍数および酸素摂取量の回復率　77

9章　幼児における身体活動水準　79
- 9.1. ある週の月～土曜日の6日間を通してみた保育園における幼児の身体活動水準　79
  - 9.1.1. 被検者の有酸素性能力　80
  - 9.1.2. 保育園内における1日の平均心拍数　84
  - 9.1.3. 心拍数のカテゴリーからみた身体活動水準　87
  - 9.1.4. 行動および動作のカテゴリーからみた身体活動水準　88
- 9.2. 24時間心拍数記録による保育園児の身体活動水準　89
  - 9.2.1. 24時間・園内・園外・睡眠における平均心拍数　90
  - 9.2.2. 園内・園外・睡眠の各心拍数レベルにおける平均累積時間　92
  - 9.2.3. 個人別にみた身体活動水準　97

10章　幼児にも有酸素性トレーニング能は存在するか　99
- 10.1. 年長組男児（5～6歳）における6ヵ月間トレーニングの場合　100
  - 10.1.1. 最大努力時に見られた測定値のトレーニング期間直前・直後の比較　103
  - 10.1.2. 血中乳酸濃度3 mmol·L^{-1}および4 mmol·L^{-1}におけるトレッドミル走行速度・心拍数・酸素摂取量　105
  - 10.1.3. トレッドミル走における走行効率の変化　107
  - 10.1.4. 持久走における負荷強度と持久走の成績の改善　108
- 10.2. 年長組女児（5～6歳）における6ヵ月間トレーニングの場合　110

10.2.1. 最大努力時に見られた測定値のトレーニング期間直前・直後の
　　　　　　比較　　110
　　　10.2.2. 血中乳酸濃度 3 mmol·L^{-1} および 4 mmol·L^{-1} におけるトレッドミル走行速
　　　　　　度・心拍数・酸素摂取量　　111
　　10.3. 女児の 4 歳から 6 歳にわたる 18 ヵ月間トレーニングの効果　　113
　　　10.3.1. 安静時における測定値の実験群と対照群の比較　　115
　　　10.3.2. 最大努力時における測定値の両群の比較　　115
　　　　10.3.2.1　t 検定によるトレーニング効果の確認　　115
　　　　10.3.2.2. 分散分析によるトレーニング効果の再確認　　120
　　　10.3.3. 18 ヵ月のトレーニング期間における 915 m 走の成績の変化　　121
　　10.4. 幼児における持久走の導入　　124
　　　10.4.1. 走行負荷条件の設定　　124
　　　10.4.2. 水平トレッドミル走行とグラウンド走行の比較　　125
　　10.5. 肥満児と持久走　　126

11章　運動・作業における酸素摂取量・エネルギー消費量等の算定　　128

　　11.1. 酸素摂取量と二酸化炭素産生量の計算　　128
　　　11.1.1. 酸素摂取量　　128
　　　11.1.2. 吸気量および呼気量の測定　　128
　　　11.1.3. 二酸化炭素産生量　　130
　　11.2. 気体表現　　131
　　　11.2.1. ATPS から STPD への換算　　132
　　　11.2.2. ATPS から BTPS への換算　　132
　　11.3. 実例による計算の実際　　135
　　11.4. 酸素摂取量, カロリー消費量, 酸素不足および酸素負債量　　136
　　11.5. 呼吸商　　139
　　11.6. エネルギー代謝率およびメッツ　　142

結び　　144

参考文献　　146

索引　　151

1章 身体運動を運動生理学の立場からどのようにとらえたらよいか

　日常生活における起居動作や，スポーツ活動に見られる身体運動（body movement）は，ほとんどすべての場合，二つまたは三つの骨にまたがって付着している骨格筋が収縮・弛緩し，骨格というテコを動かすことによって起こるものである。ところが，こうした身体運動はただやみくもに展開されるものではなく，そこには，意識的であれ無意識的であれ，どのような運動を展開すべきかという課題や目的が常に存在している。そして，できるだけそれが叶えられるような運動を行なうには，身体の内外からの情報を整理・統合し，どの骨格筋（spacing）を，どのくらいの速さと力（grading）で，しかもいつ（timing）収縮・弛緩させるかという基本的な三つの問題を瞬時に解決していかなければならない。そこで，その問題を解決すべく登場してくるのが，骨格筋を構成しているすべての筋線維に神経を送り込んでいる神経系の働きである。こうしてみると，骨格筋と神経が一体となって機能することによって，はじめてしかるべき運動が展開されるということになる。そして，このことを，神経筋協同作用（neuromuscular coordination）と呼んでおり，また，その能力の良し悪しを問うような場合には，単に「調整力」という表現が広く用いられている。他方，運動や仕事というものは，エネルギーなしには起こらないので，それならば，こうした身体運動に必要なエネルギーはどこで発生するのかということになるが，それは，取りも直さず骨格筋そのものの中で発生する仕組みになっている。すなわち，骨格筋の中にはエネルギー源（アデノシン3リン酸・クレアチンリン酸・炭水化物・脂肪等）があって，それが生化学的変化のもとに，エネルギーを発生するということである。ところが，こうした生化学的変化の進行に当たっては，どうしても酸素が必要であり，そして，それに応ずるためには，呼吸器系や循環器系の働きを動員して，大気中の酸素を骨格筋へ運搬しなければならない。このことは，運動すると呼吸が激しくなり，心拍数が増加するという経験からも容易にうなずくことができるであろう。そして，このように酸素を取り込み骨格筋等の末梢組織まで運ぶ機構を，呼吸循環機能（circulorespiratory function）または酸素運搬系（oxygen transporting system）と呼んでいる。それに加えて，エネルギーを発生するために，こうして届けられた酸素を骨格筋等の末梢組織において，いかに多く利用できるかという生化学的能力を加味したものを，総称して有酸素性能力（aerobic capacity）と呼んでいる。すなわち，肺・心臓・血管等の総合的な働きを意味する呼吸循環機能と，末梢組織における生化学的酸素利用能力を一体化したものが有酸素性能力ということになる。したがって，有酸素性能力は，上位の包括的概念でもある。そして，持久走のような全身的な有酸素性運動を始めると，当然のことながら，骨格筋組織が他の末梢組織に代わって主役に転

ずることは言うまでもない。

　このように，運動を運動生理学の立場から理解するに当たっては，主として，神経筋協同作用と有酸素性能力の両面から迫っていくことが合理的であるように思われる。そして，この両者の機能に関しては，発育期にあっては性・年齢に応じて適切な発達を実現し，成人の段階では両者の機能の調和を図りながら維持・改善に勤め，また誰しも避けられないその後の老化現象をできるだけ遅延すべく対処していかなければならない。

　さらに，わが国の生活習慣病（lifestyle-related diseases）の罹患率（morbidity）や，死因（mortality）の中味をみると，がん・心臓病・脳卒中の占める比率が圧倒的に高く，そのうちがんを除けばいずれも心臓循環系の疾患であることは周知のとおりである。そして，中高年齢層の心臓病は有酸素性能力の低下に少なからず関与しており，また，高齢者のいわゆるボケも神経筋協同作用の低下に負うところが大きい。こうしてみると，健康の保持・増進という予防医学的見地からばかりでなく，広く運動処方（optimal standard of exercise または exercise prescription）という立場からみても，こうした神経筋協同作用と有酸素性能力の両面から身体運動の研究を進めていくことは，かなり好都合なものではないだろうか。

2章 有酸素性能力における酸素摂取量の意義

　本書では，そのテーマが示しているように，幼児を対象として，主に，有酸素性持久力 (aerobic endurance capacity) とその背景にある有酸素性能力 (aerobic capacity) ないし最大酸素摂取量 (maximal oxygen uptake, $\dot{V}O_2max$) の発達をはじめ，その有酸素性能力を左右する日常生活における身体活動水準 (physical activity level)，そして有酸素性能力におけるトレーニング効果の可能性，すなわちトレーニング能 (trainability) 等の問題，さらに，その過程で得られた実験結果に基づく合理的かつ安全な持久走 (endurance run) の導入手順も扱われている。

　そこで，まず問題として取り上げられているのが，その有酸素性持久力の成績を左右する一つの主たる要因となっている最大酸素摂取量である。それは，例えば，陸上競技場トラックなどで3～4分間全力で走った場合に，その最後の1分間に呼吸循環機能が最大限に動員された状態で，大気中から体内に取り入れることができる酸素の量を示すものである。もちろん，実験室におけるトレッドミル上の走行や，自転車エルゴメーターによるペダリング等の負荷 (load) によっても測定することができる。

　トレッドミル (treadmill) というのは，7章の写真3に見られるように，ベルトやキャタピラをある一定の速度で流し，その上を，その流れの方向に逆らって，しかもその速度に合わせて歩いたり走ったりすることができる装置で，速度ばかりでなく傾斜も変えることができる。また，自転車エルゴメーターは，自転車に乗る場合と同じペダリングの動作において，ブレーキ抵抗（力）と回転数（距離）を調節することができる装置であり，これは，特にその運動時における仕事量（力×距離）を知るのには便利なものである。そして，エルゴメーター (ergometer) という単語は，ギリシャ語の "erg" または "ergo"（仕事）と "metron"（測定）の合成語であり，日本語では「労作計」とも訳されている。こうした意味からすると，トレッドミルも一種の労作計ということになる。そのほかにも，人工流水路 (flume) ともいうべきもので，流速をコントロールし，そこで泳ぐ・漕ぐという動作ができる "swimming flume" とか "rowing flume" と呼ばれている装置もある。いずれにしても，こうした装置を用いて測定された最大酸素摂取量の値が大きい場合は，それだけ有酸素性能力が優れているということを意味するものである。そこで，こうした有酸素性能力を理解するために，まず大気中の酸素がどのようにして骨格筋に運搬され，そして利用されるのかという仕組みについて，大まかではあるが，順次眺めていくことにする。

2.1. フィックの原理からみた酸素摂取量

　図1は，体内における血液循環の様子を示した模式図である。心臓の左心室からスタートした酸素を豊富に含んだ血液すなわち動脈血（arterial blood, a）は，まず大動脈に入り，さらに，そこから枝分かれして腕頭部へ向かう動脈と，胸部・腹部・脚部へ向かう動脈の中を流れていく。そして，こうした部位の組織を流れる動脈血はその組織に酸素を与え，同時にその組織から二酸化炭素等を受け取ると静脈血（venous blood, v）に変わり，こんどは次第に集合して太くなっていく静脈の中を流れ，ついには上・下の大静脈を経由して心臓の右心房に流れ込む。ところが，この右心房では，からだのあらゆる部分を流れてきた静脈血が混じり合うことになるので，この部分の静脈血を特に還流混合静脈血（returned mixed venous blood, $\bar{v}$）と呼んでいる。次いでこの静脈血は右心室へ入り，さらに肺動脈の中を流れて左右の肺に入り，そこで二酸化炭素（炭酸ガス）を排出し，酸素を摂取して再び動脈血になる。そして，この動脈血は肺静脈の中を通って心臓の左心房に入り，そしてスタート地点の左心室に戻り，血液は一巡したことになる。こうして，血液は生涯を通して間断なく体中を流れ，あらゆる組織に酸素を供給し続けている。

　そこで，こうした血液循環を眺めると，肺を流れた血液は，必ず心臓に戻り，そして左心室から出ていくことがわかる。このことは，肺を流れる血液量は，心臓から特有のポンプ作用により送り出される血液量すなわち心拍出量と同じであることを意味している。そして，フィックの原理（Fick's principle）[14]というのは，さらに次の三つの条件，すなわち

1) 1分間に肺において大気から取り込まれる酸素量すなわち酸素摂取量（oxygen uptake, $\dot{V}O_2$）
2) 動脈血に含まれる酸素量（oxygen content in arterial blood, CaO_2）
3) 還流混合静脈血に含まれる酸素量（oxygen content in returned mixed venous blood, $C\bar{v}O_2$）

が分かれば，1分間に肺を循環する血液量すなわち1分間心拍出量（cardiac output, $\dot{Q}$）が算出できるというものである。

　それでは，この1分間心拍出量の値を，例をあげて算出してみよう。それは，安静時において，1分間の酸素摂取量を200mL，動脈血100mLに含まれる酸素量を20mL（20vol%），そして，還流混合静脈血100mLに含まれる酸素量を15mL（15vol%）としたとき，1分間心拍出量を求めるというものである。

　そこで，これらの条件のもとに，まず図1において，血液が流れる方向を示す矢印をたどると，肺動脈を経由して肺に入る前の還流混合静脈血には100mLにつき15mLの酸素が含まれていたものが，肺を通過している間に酸素を摂取して動脈血に変化すると，それは5mL増加して100mL中には20mLの酸素が含まれるようになることに気づく。このことは，取りも直さず，100mLの血液は（20mL－15mL）＝5mLの酸素を摂取したことを示すものであり，したがって，この5mLの酸素量を摂取した血液

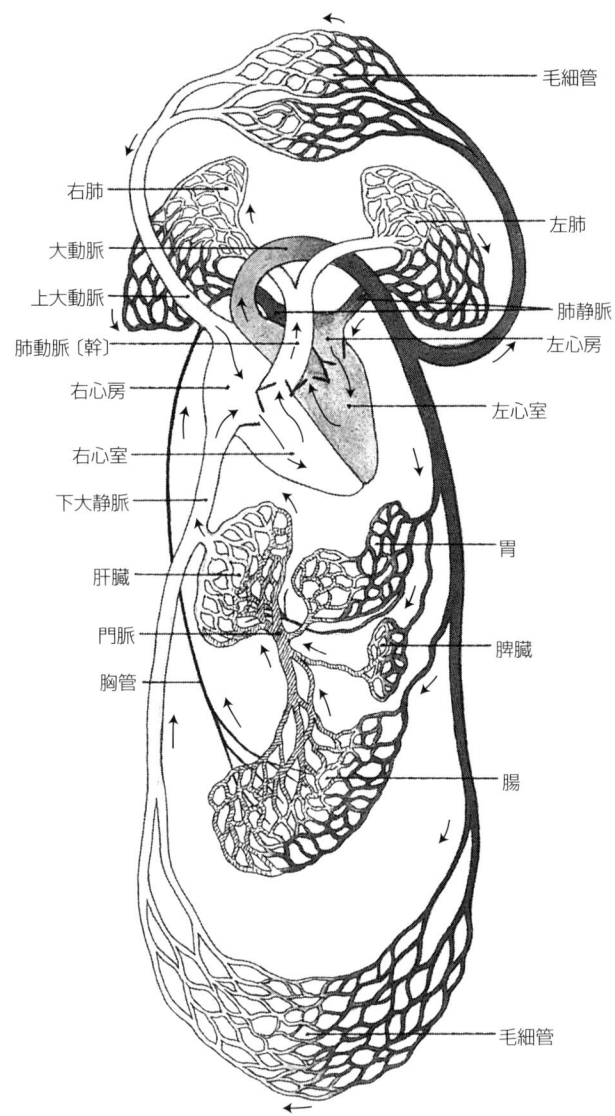

図1　血液循環（三井ら：岡嶋解剖学．杏林書院，1997）

量100mLは，全体で摂取した酸素量200mLに換算すると，どれだけの血液量に相当するのかというように考えればよいことになる．そして，それは次のような比例式で求めることができる．

$$\frac{(肺を流れた血液量100mLにつき)}{\{(20mL-15mL)=5mLの酸素を摂取\}}=\frac{(1分間に肺を流れた全血液xmLは)}{(200mLの酸摂取量から換算すると)}$$

$$xmL=\frac{200mL}{(20mL-15mL)=5mL}\times100mL \quad \cdots\cdots (1)$$

$$=4,000\text{mL}$$

となり，答えとして，1分間に肺を通過して流れた全血液量すなわち1分間心拍出量として4,000mLという値が得られる。そこで，(1)の式において，1分間に肺を流れた全血液量は，すでに述べたように，1分間心拍出量に等しく，また100mLを定数として扱い，実際に計算する時だけに用いるとして，この場合省略すると，(1)の式は，

$$1分間心拍出量＝\frac{1分間酸素摂取量}{(動脈血中酸素含有量－還流混合静脈血中酸素含有量)} \quad\cdots\cdots (2)$$

というように，一般化して表すことができる．これがフィックの原理の式である。その中の（動脈血中酸素含有量－還流混合静脈血中酸素含有量）を略称して，別名動静脈酸素較差 |arteriovenous oxygen content difference, $(a-\bar{v})$ O_2diff.| と呼んでいる。そして，このフィックの原理の式は，有酸素性能力を規定する要因を把握し，その問題点を発展させていく上で，極めて重要な役割を果たしてきた。

そこで，ここで問題になっている酸素摂取量を規定している要因を探るために，(2)の式を変形して，1分間酸素摂取量を左辺に移行すると，

1分間酸素摂取量＝1分間心拍出量×（動脈血中酸素含有量－還流混合静脈血中酸素含有量） $\cdots\cdots$ (3)

または，

1分間酸素摂取量＝1分間心拍出量×動静脈酸素較差 $\cdots\cdots$ (4)

というように表すことができる。

こうしてみると，フィックの原理から導かれた(3)または(4)の式から，酸素摂取量は，1分間心拍出量と動静脈酸素較差の積によって決まる，という重要な意味をもっていることが分かる。

次に示されている文章は，ドイツのヴュルツブルク（Würzburg）大学教授アドルフ・フィック（Adolf Fick）[14]の随筆集の中で，わずか2ページを占めるに過ぎないものであるが，フィックの原理の原点になったものとして，意義深いものである。

特に興味のある読者のために，その後段の部分を紹介すると，慣れない親しみにくい単位が用いられているが，次のようなものである。「0℃，1メートル水銀圧（1mHg）のもとでは，犬の動脈血1cc中に0.146cc，静脈血（還流混合静脈血のことであろう）1cc中に0.0905ccの酸素が含まれ，そして，1ccの血液が肺を通過する際に，0.0555ccの酸素を吸収するというシェファ（Scheffer）の実験結果を，ヒトにも当てはまると仮定した。そして，ヒトが24時間に833gの酸素を空気中から吸収するとすれば，それは0℃，1メートル水銀圧のもとでは，433,156cc（著者注：フィックの原文では433,200と書かれておりますが，誤植であったと思われます）の体積となり，1秒間に5ccの酸素を吸収することになるので，1秒間には次のようにして，

$$5/(0.146-0.0905)=5/0.0555=90$$

すなわち，90ccの血液が肺を流れるというように計算される。そして，6秒間に7拍とすれば，1回の収縮で77ccの血液が駆出される」というものである。こうした内容から，(2)の式が導かれたものである。

Ueber die Messung des Blutquantums in den Herzventrikeln.

Sitzungsber. der Phys.-med. Gesellsch. zu Würzburg, 1870, S. XVI.
(Würzburg, Stahel, 1871.)

Herr Fick hält einen Vortrag über die Messung des Blutquantums, das in jeder Systole durch die Herzventrikel ausgeworfen wird, eine Grösse, deren Kenntniss ohne Zweifel von grösster Wichtigkeit ist. Gleichwohl sind darüber die abweichendsten Ansichten aufgestellt. Während Th. Young die in Rede stehende Grösse auf etwa 45 ccm anschlägt, kursiren in den neueren Lehrbüchern der Physiologie meist sehr viel höhere Angaben, welche, gestützt auf die Schätzungen von Volkmann und Vierordt, sich bis auf 180 ccm belaufen. Bei dieser Sachlage ist es seltsam, dass man noch nicht auf folgenden naheliegenden Weg gekommen ist, auf dem diese wichtige Grösse wenigstens an Thieren direkter Bestimmung zugänglich ist. Man bestimme, wie viel Sauerstoff ein Thier während einer gewissen Zeit aus der Luft aufnimmt und wie viel Kohlensäure es abgibt. Man nehme ferner dem Thiere während der Versuchszeit eine Probe arteriellen und eine Probe venösen Blutes. In beiden ist der Sauerstoffgehalt und der Kohlensäuregehalt zu ermitteln. Die Differenz des Sauerstoffgehaltes ergibt, wie viel Sauerstoff jedes Kubikcentimeter Blut beim Durchgang durch die Lungen aufnimmt, und da man weiss, wie viel Sauerstoff im Ganzen während einer bestimmten Zeit aufgenommen wurde, so kann man berechnen, wie viel Kubikcentimeter Blut während dieser Zeit die Lungen passirten, oder wenn man durch die Anzahl der Herzschläge in dieser Zeit dividirt, wie viel Kubikcentimeter Blut mit jeder Systole des Herzens ausgeworfen wurden. Die entsprechende Rechnung mit den Kohlensäuremengen gibt eine Bestimmung desselben Werthes, welche die erstere kontrollirt.

Da zur Ausführung dieser Methode 2 Gaspumpen gehören, so ist der Vortragende leider nicht in der Lage, experimentelle Bestimmungen mitzutheilen. Er will daher nur noch nach dem Schema der angegebenen Methode eine Berechnung der Blutstromstärke des Menschen geben, gegründet auf mehr oder weniger willkürliche Data. Nach den von Scheffer in Ludwig's Laboratorium ausgeführten Versuchen enthält 1 ccm arterielles Hundeblut 0,146 ccm Sauerstoff (gemessen bei 0° Temperatur und 1 m Quecksilber Druck), 1 ccm venöses Hundeblut enthält 0,0905 ccm Sauerstoff. Jedes Kubikcentimeter Blut nimmt also beim Durchgang durch die Lungen 0,0555 ccm Sauerstoff auf. Nehme man an, das wäre beim Menschen gerade so. Nehme man ferner an, ein Mensch absorbirte in 24^h

833 gr Sauerstoff aus der Luft. Sie nehmen bei 0° und 1 m Druck 433200 ccm Raum ein. Demnach würden in den Lungen des Menschen jede Sekunde 5 ccm Sauerstoff absorbirt. Um diese Absorption zu bewerkstelligen, müssten aber der obigen Annahme gemäss $\frac{5}{0.0555}$ ccm Blut die Lungen durchströmen, d. h. 90 ccm. Angenommen endlich, dass 7 Systolen in 6 Sekunden erfolgten, würden mit jeder Systole des Ventrikels 77 ccm Blut ausgeworfen.

2.2. 酸素摂取量を規定する主要因

そこで，1分間酸素摂取量を大きくする要因を考えてみると，(3) の式から，まず1分間心拍出量が大きければよいということになる。そして，心臓から1回の収縮によって送り出される血液量を1回心拍出量（stroke volume, SV）と呼んでおり，それに心拍数（heart rate, HR）を掛けたものが，先に述べた1分間心拍出量となる。したがって，

1分間心拍出量＝1回心拍出量×1分間心拍数 ……………………………… (5)

というように表すことができる。そして，トレーニングされた人では，安静時における1分間心拍出量が普通の人と同じであるにもかかわらず心拍数が少ないこと，また最大努力時における1分間心拍出量が大きいにもかかわらず，心拍数が同じかあるいは少ないことなどを考慮すれば，1分間心拍出量を大きくしているのは，まさに1回心拍出量の増加によるということになる。そして，1回心拍出量の増加は，心臓そのものの大きさすなわち心容積（heart volume, HV）の増大を意味するものである。図2は，普通の人（非鍛練者）とトレーニングされた人（鍛練者）の心臓の大きさを，分かりやすく，模式図で比較したものである。トレーニングされた人では，特に左心室の増大とその心筋の厚さの増加が著しいとされている。

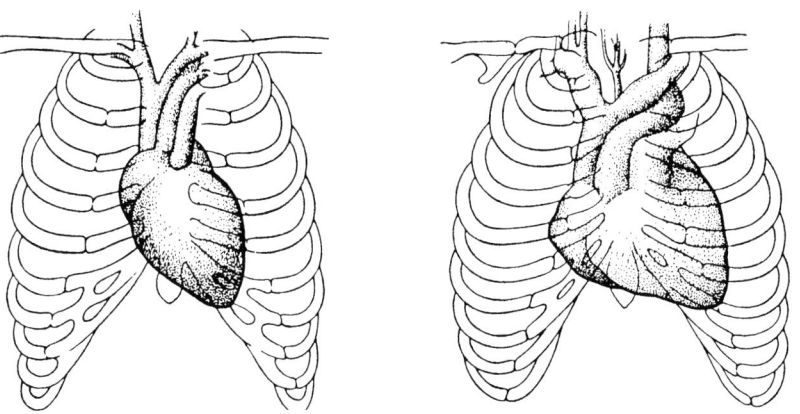

図2　非鍛練者（左）と鍛練者（右）の心臓の大きさの比較
(Findeisen, DGRら[c])

次に考えられるのは，動静脈酸素較差の値も大きければ大きいほどよいということである。ところが，動脈血中酸素含有量は，個人によってそれぞれほぼ一定の値を有しているので，(3) の式からも分かるように，還流混合静脈血中酸素含有量の値が小さければ小さいほど動静脈酸素較差は大きくなるということになる。

ところで，今述べたように，動脈血中酸素含有量が個人によってある一定の値を示すという理由は，赤血球のなかにある鉄を含む色素タンパクすなわち血色素別名ヘモグロビン（hemoglobin, Hb）1gは，完全に飽和した場合には1.34mLの酸素と結合することができるが，肺を流れて動脈血になる場合は96～98%飽和するので，もし血液100mL中に14gのHbを含んでおり，かつ動脈血の飽和度が96%の人であれば，動脈血中酸素含有量は

$$14 \times 1.34 \times 0.96 = 18.00 \text{mL}$$

というように，18.00mLというほぼ一定の値になるというものである。そして，血液100mL中に含まれる酸素量は，この場合であれば，18vol%というように表される。Hb量が少ない貧血の人では動脈血中酸素含有量の値は，当然のことながら低くなるし，反対に，馴化（acclimatization）の性質を利用して，高地トレーニングによりHb量を増加させれば，動脈血中酸素含有量の値は高くなり，持久性競技種目（マラソン等）の選手にとっては極めて有利になる。くしくも，この原稿を検討中に，高橋尚子選手がベルリンマラソンで世界最高記録をマークしたという報道に接したが，高橋選手もその前に，シドニーオリンピックの時もそうであったが，コロラド州ボウルダー（Boulder）で高地トレーニングを行なっている。

一方，心臓に戻ってきた還流混合静脈血中酸素含有量の値が低くなるということは，骨格筋等の末梢器官の組織が，動脈血からその分だけ多くの酸素を抜き取り，それをエネルギー発生のために利用していることを裏づけるものである。ちなみに，還流混合静脈血の酸素飽和度は，安静時においてはおよそ75%であり，この例についていえば，その酸素含有量は14.07vol%（$14 \times 1.34 \times 0.75 = 14.07$）となる。ところが，最大酸素摂取量が現れるような激しい運動時では，活動している骨格筋で多くの酸素が使われるために，およそ35%まで低下し，その酸素含有量は6.56vol%（$14 \times 1.34 \times 0.35 = 6.56$）というように大幅に低くなる。

ところで，成人男子の場合，安静時では1分間心拍出量は5L位であり，そのうちのわずか15～20%が骨格筋を循環するに過ぎないが，最大酸素摂取量が得られるような激しい運動になると，安静時とは打って変わって，1分間心拍出量はおよそ25Lにも達し，しかも，そのうちの80～85%までが骨格筋をうるおすようになる。そして，こうした現象を可能にしているのは，骨格筋を構成している筋線維（muscle fiber）の周りに，それを取り巻くようにして，沢山の毛細血管が存在しているからである。その数はトレーニングを積んだ人ではより多くなり，図3に示されているように，高度にトレーニングされると，骨格筋線維1本につき持ち合わせている毛細血管の数は，普通の人の1.5倍[21]にもなっている。こうした毛細血管の発達（capillarization）は，思春期に旺盛になるといわれており[26]，したがって，この時期の持久性運動による効果の意義は大きい。

次に問題になるのは，こうしてせっかく骨格筋線維に送られてきた酸素を，いかに

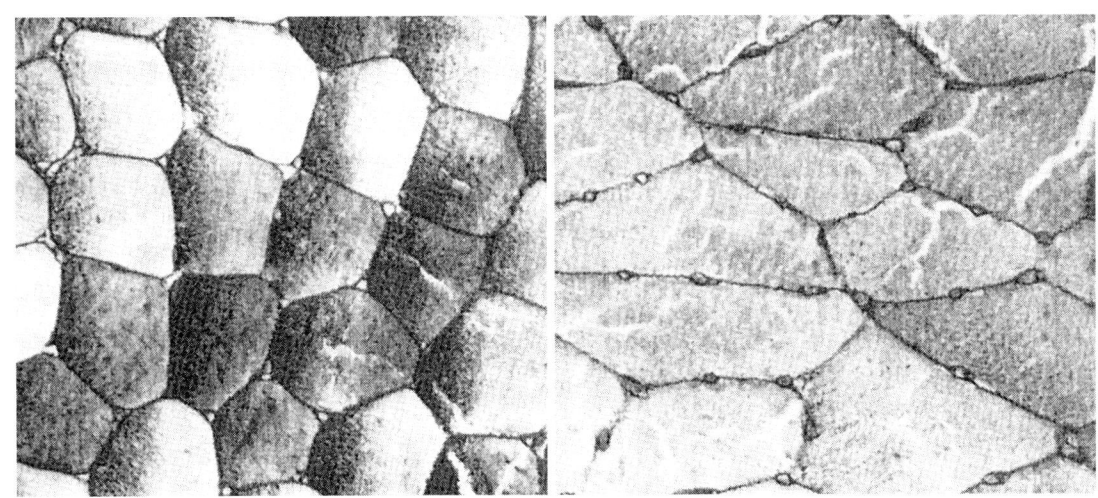

図3　非鍛練者（左）と鍛練者（右）の大腿四頭筋の断面において骨格筋線維の間に存在する毛細血管の数の比較
(Hermansen Lら[21])

して毛細血管中の動脈血から抜き取り，それをエネルギー発生に役立てるかということである。この酸素の利用による有酸素性のエネルギー発生(aerobic energy output)は，骨格筋線維を構成している筋原線維（myofibril）に挟まれて存在しているミトコンドリア（mitochondria）の中で進行する生化学的反応によって起こるものである。したがって，トレーニングによりミトコンドリアの数がより多く，しかもより大きくなれば，それに応じて多量の酸素利用が可能となり，こうした高いレベルの有酸素性状態のもとで再合成されるATPの量はますます大きくなる。図4は，筋原線維に挟まれて存在しているミトコンドリア（左）とトレーニングによるミトコンドリアの増大の様子（右）を示したものである。

　そして，このようなミトコンドリアの作用によって，骨格筋線維の内部で盛んに酸素が使われると，骨格筋線維内部の酸素濃度はますます低くなり，そのために，次々と毛細血管に流れ込んできた動脈血の酸素濃度との差が一層大きくなる。その結果，その濃度差に応じて，より多くの酸素が，特に余分なエネルギーを使うこともなく，自然に骨格筋線維の内部へ移動して行くことができる。そして，そのことは，同時に骨格筋線維を離れて行く静脈血中酸素含有量を一層低下させ，ひいては，還流混合静脈血中酸素含有量をも低下させる。その結果，動静脈酸素較差の値は大きくなり，酸素摂取量の増大に拍車をかけることになる。

　一方，こうして骨格筋から戻ってきた還流混合静脈血が，肺を通過する時にも酸素の移動が起こる。すなわち，肺の中の肺胞において，それを取り巻く毛細血管における還流混合静脈血中酸素濃度と，呼吸によって肺胞の中に次々と新しく送り込まれてくる大気の酸素濃度との差も大きくなるので，移動する方向は逆になるが，骨格筋の場合と同じように，静脈血中へより多くの酸素が容易に移動することになる。このように，気体は，濃度差すなわち濃度勾配の大きさに比例して，濃度の高い方から低い方へと両者の濃度が等しくなるように移動して行くわけであるが，そのことを気体の

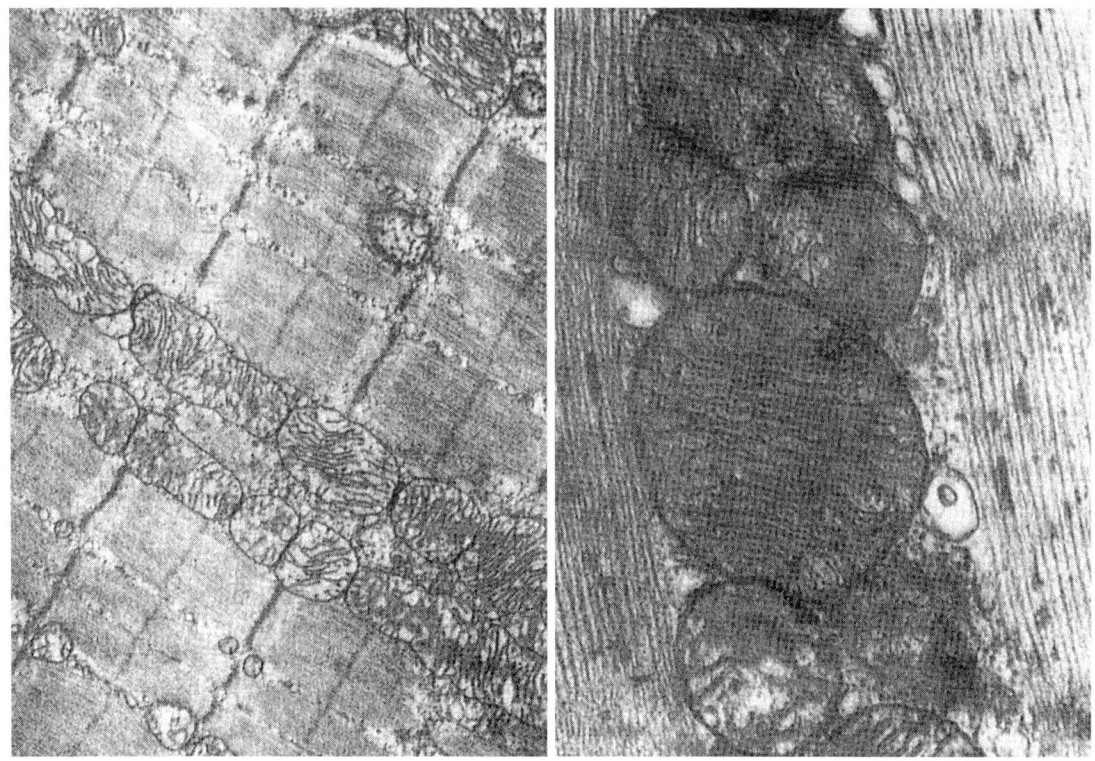

図4 筋原線維の間に挟まれて存在するミトコンドリア（左）と持久性トレーニングによって増大したミトコンドリア（右）（Findeisen DGR[c]）

拡散（diffusion）と呼んでいる．したがって，動静脈酸素較差が大きいということは，濃度勾配が大きいということを意味しており，それに応じて，より多くの酸素が，余分なエネルギーを使わずに拡散することができるということである．そして，ヘモグロビンは酸素との親和力（affinity）が強いので，新たな大気が肺胞にどんどん入ってくれば，還流混合静脈血中酸素含有量が運動時のように低い場合でも，拡散によって入ってきた酸素と直ちに結合し，動脈血が肺を離れる時には，96〜98％まで飽和されるというわけである．

このように眺めてくると，激しい運動をした時に動静脈酸素較差がより大きくなるということは，それだけ，骨格筋自体が，毛細血管の発達とミトコンドリアの生化学的能力の向上により，より多くの酸素を利用する能力が備わっているということになる．よく「マラソン選手は心臓機能が優れている」という表現を見聞きするが，それは一面だけを物語っているに過ぎない．

こうしてみると，最大努力時に見られる最大酸素摂取量も（3）の式から
　　最大酸素摂取量＝最大1分間心拍出量×最大動静脈酸素較差
というように表すことができるので，図5に示されているように，
○心容積と心筋収縮力による心拍出量
○骨格筋における毛細血管の発達

図5 最大酸素摂取量を規定している3大要因（Horst Mら[e]）

○骨格筋におけるミトコンドリアの生化学的能力

という3大要因によって，最大酸素摂取量が決まることになる。したがって，最大酸素摂取量が大きいということは，こうした要因に関わる組織・器官の性能が優れていることであり，ひいては有酸素性能力が優れているということになる。そして，選手であれば，競技成績の向上につながり，一般の人であれば，循環器系疾患の予防にもつながるものである。エアロビックス運動が広く行なわれるようになったのはそのためである。

また，ある最大下の強度の運動（submaximal exercise）において，ある一定量の酸素摂取量を必要とする場合に，トレーニングにより心拍出量よりもむしろ動静脈酸素較差の値を大きくして，それによってカバーできるようになっていれば，心臓機能が優れているうえに心臓自体への負担が少なくて済むわけで，それは心臓の余力の圧倒的な大きさと，その効率の良さを意味することになる。それに対して，運動不足の状態が長く続いている場合には，心臓機能自体が低下し，その上，動静脈酸素較差の値も小さくなるために，心拍出量でカバーすることを余儀なくされ，したがって，心臓に負担が掛かるというまったく相反する不利な状態に陥る。そこに高血圧が加われば，心臓への負担は一層高まり，ことは深刻である。高齢者に多くみられる心不全はまさにその延長線上にあるということになる。そこで，心臓の仕事量（w）について考えてみると，それは，大まかではあるが，血圧と心拍出量（SVまたは$\dot{Q}$）の積で決まるものである。すなわち血圧は血管壁の単位面積に加わる力すなわち（f/ℓ^2，この場合 f は力であり，ℓ は長さを意味する）として表され，また心拍出量は体積（ℓ^3）として表されるので，

$$w = f/\ell^2 \times \ell^3 = f \times \ell$$

となり，この式は，仕事量が力と距離の積で決まるということに合致している。こうしてみると，同じ心拍出量でも血圧の高い人では心臓への負担が大きくなることが分かる。

ところで，最大酸素摂取量の値は，呼吸循環機能によって大気から骨格筋まで運搬

されてきた酸素を利用し，骨格筋の収縮・弛緩の直接的エネルギー源でもあるアデノシン3リン酸（adenosin triphosphate, ATP）を連続的・持続的にいかに多く再合成できるかというその産生能力の良し悪しを意味するものである。このことについては，後の4章4.4.と4章4.5.において，あらためてより詳細に述べることにするが，次の3章の「横断的にみた幼児・青少年の有酸素性能力の発達」において，具体的な測定値が出てくるので，その意味をとりあえず簡単にふれておくことにしたい。

　ATPは，多量のエネルギーを含む高エネルギー分子として骨格筋にも含まれているが，4章の表6に示されているように，その貯蔵量は極めて少ない。したがって，次のようにアデノシン2リン酸（adenosin diphosphate, ADP）とリン酸（Pi）に分解し，骨格筋の収縮・弛緩に直接あずかるエネルギーを発生すると，すぐさま枯渇してしまう。

　　ATP → ADP ＋ Pi ＋エネルギー（＝骨格筋収縮・弛緩の直接的エネルギー）

それでは困るので，さらに収縮・弛緩を持続するためには，間接的エネルギー源である炭水化物や脂肪から，種々の生化学的過程すなわち糖の解糖作用・脂肪のベータ酸化作用・TCA回路等を経て，水素が抜き取られ，そしてこれらの水素が大気からの酸素と結びつき水が作り出される過程すなわち呼吸鎖（respiratory chain）において生じたエネルギーを利用し，次のように，ATPを再合成し続けていかなければならない。さもなければ，もはや有酸素性のもとで持久性運動を持続することはできなくなる。

　　ADP ＋ Pi ＋エネルギー（ATP再合成の間接的エネルギー）→ ATP

　こうしてみると，持続的に再合成されるATPの量は，骨格筋に対して持続的に供給される酸素量にいかに大きく依存しているかが分かる。そして，最大酸素摂取量のほとんどが，運動時における骨格筋の持続的な収縮・弛緩を支えるATPの再合成量を反映することになるので，最大酸素摂取量は有酸素性能力を知る一つの有力な指標として広く測定されている。

　肥満の人は，水素を多く含む脂肪を余分に持っている人であり，それを減らす手段として運動をするが，その場合に「脂肪を燃やす」というよりも，むしろ「水素を燃やす」という表現を用いてもよいのではないだろうか。

3章 横断的にみた幼児・青少年の有酸素性能力の発達[66, 67, 68, 69, 70, 74]

　この場合，横断的（cross-sectional）にというのは，同一時期に測定された性別・年齢別の値を取り扱う方法によるものであり，一般に広く用いられている。これに対して，同一被検者の測定値を時間の経過とともに追跡していくというように，縦断的（longitudinal）にとらえる方法もある。もちろん，研究価値としては，縦断的研究のほうがはるかに高いものであるが，それには時間が掛かり，またその長い期間にわたって被検者と接触し続けることが難しいといった問題もある。さらに折衷型として混合型横断的・縦断的方法と呼ばれている方法もあり，それは，例えば小学校6年間追跡しようとする場合に，ある被検者の1年生から3年生までの3年間の追跡と，それと同時に行なわれた他の被検者の4年生から6年生までの3年間の追跡をつなぎ合わせて6年間として扱うものである。

　ところで，有酸素性能力を意味する最大酸素摂取量の発達に関する研究は，横断的ではあるが，Robinson[49]に始まり，Åstrand[a]やSaris[50]がそれに続いている。しかし，4～6歳において測定の対象になった被検者（subject）の数は，性別・年齢別に見るとわずか2～5名に過ぎず，そのために，幼児期における発達の特性を把握するには至っていない。

3.1. 被検者と最大酸素摂取量の測定手順

　そこで，こうした被検者の数が少ないことを考慮して，この実験では，3～18歳の男子376名女子317名合計693名を測定の対象としたものである。そして，昭和37年度（1962）に行なわれた全国学力調査に用いられた地域類型[43]によれば，これらの被検者は，「農山村」または「普通農村」に該当しており，青少年の最大酸素摂取量や持久走において農村部が都市部を上回っていたという事実から[62, 63, 65]，有酸素性能力において，相対的に僅かながら優れていたものと考えられる。しかし，農村部というほぼ同じ環境のもとで生活していたことを勘案すると，それだけに一貫した発育・発達の姿を眺めることができたものと思われる。

　最大酸素摂取量の測定は，野外実験（field experiment）として，被検者の属する学校・幼稚園におもむき，グラウンドを走るという負荷を与えることによって行なわれた。この場合，走行中に呼吸循環機能が最大に動員された状態で，着装された無線装置別名テレメーター（Spurt, NEC）により心拍数を記録しながら，呼出された気体すなわち呼気（expired air）をダグラスバッグ（Douglas bag）と呼ばれている一

写真1　グラウンド走による呼気採気

種の袋に採気するという仕事をまず行なわなければならない。写真1は，その様子を示したものである。呼気採気が終わると，気圧・気温を計りながらその呼気の体積を計測し，次いでその呼気サンプルをホールデンガス分析器（Haldane gas analyzer）やショランダー微量ガス分析器（Scholander micro gas analyzer）によって分析し，呼気の酸素・二酸化炭素・窒素の組成比率を明らかにしなければならない。そして，こうした一連の作業によって得られた計測値から，最大酸素摂取量が算出されるが，その算出根拠については，体重コントロール・運動処方・食物等の問題を取り扱うに当たって理解しておく必要があり，それは，11章において詳細な説明が試みられている。

　ところで，有酸素性能力を最大限に動員し，最大酸素摂取量の分析の対象となる呼気を採気するには，それに先立って，ある距離をほぼ全力で走る必要がある。その距離は，3歳半では男女ともに200m，4歳・5歳半では男女ともに300m，5歳半から8歳までは男女とも400m，9歳からは性差を考慮して，男子では9・10歳が500m，11歳と12歳が600m，13歳が700m，14歳からは800mであり，一方，女子では9・10歳が400m，11歳が500m，12歳からは600mとした。そして，これらの距離の走行の後で，引き続き行なわれる全力走行時の呼気採気時間は，3～6歳までの幼児では30秒とし，それを過ぎた年齢では1分とした。

3.2. 最大酸素摂取量が得られたかどうかの判定基準

　次に最大酸素摂取量の問題を扱う場合には，その都度，それが果たして本当に発現されたかどうかということを，判定基準に照らして検討しなければならない。その判定基準として，実験室実験（laboratory experiment）において自転車エルゴメーターやトレッドミルを用い，段階的漸増負荷法（method of stepwise increased work load）

により測定する場合には,「レベルオフ（level-off）の成立が確認されなければならない」ということが,Cunninghamら[9]およびWindhamら[59]によって提唱されている。これは,「酸素摂取量は運動強度に比例して直線的に増加していくが,やがて限界に達して頭打ちになると,運動強度の増加にもかかわらず,酸素摂取量の増加が認められなくなり横這い状態すなわちレベルオフになる」という点に着目して導かれたものである。しかし,Davisら[10]による6～9歳を対象にした実験では,レベルオフは認められなかったので,心拍数を手掛かりとしている。その理由として,子どもでは無酸素性能力が未発達であるために,いったん最大酸素摂取量レベルの運動強度に達すると直ぐさま運動を中断せざるをえなくなるというように考えられる。そのために,Saris[51]および著者ら[71,75]は幼児および少年では心拍数が200拍/分（200beats・min^{-1}）に達することをひとまず判定基準としている。

また,もう一つの判定基準として,Wilmoreら[58]は,青少年の場合は,呼吸商（respiratory quotient, RQ）が1.0に達するか,あるいは,それを上回ればよいとしている。

この呼吸商というのは酸素摂取量（$\dot{V}O_2$）で二酸化炭素排出量（$\dot{V}CO_2$）を割った値であり,

$$RQ = \dot{V}CO_2 / \dot{V}O_2$$

で表される。その値は,エネルギー源として炭水化物だけが燃焼したときは,

$$C_6H_{12}O_6 + 6O_2 \downarrow = 6CO_2 \uparrow + 6H_2O$$

という化学式から,6分子の酸素（O_2）が取り込まれて（↓）,6分子の二酸化炭素（CO_2）が呼出される（↑）ので,$6CO_2 \div 6O_2 = 1.0$となる。また,脂肪として,1分子のグリセリンと3分子のパルミチン酸からなるある種の典型的な中性飽和脂肪（tripalmitin）だけが燃焼した場合を例にとれば,

$$C_{51}H_{99}O_6 + 145O_2 \downarrow = 102CO_2 + 98H_2O \uparrow$$

の式から,$102CO_2 \div 145O_2 = 0.70$となる。実際には,炭水化物と脂肪の両者がともにいろいろな割合で同時に燃焼しているので,呼吸商の値は0.7と1.0の間を行き来している。なお,この呼吸商の値から,1Lの酸素がこれら両者のエネルギー源をどのような割合で酸化・燃焼させたか,またその際に生ずるカロリー量を求めることができる。したがって,呼吸商はエネルギー代謝（energy metabolism）の面で極めて重要な指標となっており,そのRQに関する表が11章の表34に示されている。

ところが,最大酸素摂取量が発現されるような激しい運動になると,炭水化物が優先して燃焼するが,このことは,ある一定量の酸素は脂肪よりも炭水化物を燃焼させたほうがより多くのエネルギーを発生する。したがって,より多くのATP量を再合成できるという利点につながるものである。そして,このようにもっぱら炭水化物が燃焼すると,呼吸商は直ちに1.0に達してしまう。ところが,こうした状態は,酸素による有酸素性のエネルギー発生が頭打ちになっていることを示しているので,より激しい運動をさらに続けようとすれば,酸素を使わずに発生するエネルギー,すなわち無酸素性エネルギーをどうしても上乗せせざるを得なくなる。そのために,無酸素性の解糖作用の過程で再合成されるATPが,筋収縮の直接的エネルギー源として参入することになるが,同時に,この無酸素性解糖作用の終末で産生される乳酸が骨格

筋の中で急増し，それが血液に入り，血中乳酸濃度（blood lactate concentration, LA）を高めることになる。すると，この乳酸から，次のように電離して生じた水素イオン（H^+）が血液を酸性に傾けていく。

$CH_3 \cdot CH \cdot OH \cdot COOH \rightarrow CH_3 \cdot CH \cdot OH \cdot COO^- + H^+$
（乳酸）

ところが，こうした酸性化を抑制するために，すでに血液の中に緩衝剤（buffer）として存在している重炭酸ナトリウム（$NaHCO_3$）が，次のように作用して中和し，

$CH_3 \cdot CH \cdot OH \cdot COO^- + H^+ + Na^+ + HCO_3^- \rightarrow CH_3 \cdot CH \cdot OH \cdot COONa + H_2CO_3$

となり，次いで

$H_2CO_3 \rightarrow H_2O + CO_2 \uparrow$

という過程で二酸化炭素（炭酸ガス）（CO_2）が肺から追い出される。そして，こうして発生した二酸化炭素は，当然呼気の中に排出され，炭水化物の燃焼によって生じた二酸化炭素量に上乗せされるので，呼吸商は1.0を上回ってしまうわけである。こうしてみると，激しい運動時に呼吸商が1.0を越えるということは，有酸素性のエネルギー発生の上限を越えていることになるので，少なくとも最大酸素摂取量のレベルに達していることを裏づけるものである。このように，激しい運動では，エネルギー源の燃焼とは別に，余分なCO_2が加わってくることもあるので，運動生理学では，呼吸商を呼吸交換率（respiratory exchange ratio, R）とも呼んでいる。いずれにしても，酸素摂取量の測定に当たっては，こうした呼吸商の値をおろそかに扱ってはならない。それは，一つの運動負荷から回復過程へという流れのなかで，呼気分析が正確に行なわれたか否かを同時に物語るからである。

3.3. 横断的にみた3～18歳における最大酸素摂取量の発達

表1は，横断的に見た3～18歳の最大酸素摂取量の発達を，5分間持久走（5分間走，5-minute run）の走行距離も含めて，性別・年齢別に平均値で示したものである。また，そこにはStudentの群間の比較という統計上のt検定による性差の有意水準が星印（asterisk，＊）で示されている。さらに，これらの平均値のうち，絶対値最大酸素摂取量（absolute maximal oxygen uptake, $\dot{V}O_2max$, $L \cdot min^{-1}$），この絶対値最大酸素摂取量を体重で割った相対的体重当たり最大酸素摂取量（relative maximal oxygen uptake in terms of total body weight, $\dot{V}O_2max \cdot TBW^{-1}$, $mL \cdot kg^{-1} \cdot min^{-1}$）および体重当たり最大酸素摂取量によって大きく左右される5分間走の走行距離（m）の発達の様子を図6に示した。

まず，先に述べた判定基準に照らし合わせてみると，呼吸商はすべてにおいて1.0を上回っていることが分かる。次いで，心拍数であるが，8歳までは明らかに200 $beats \cdot min^{-1}$を上回っているので，少なくとも8歳までは，野外実験ではあるが，確実に最大酸素摂取量が発現されたものと判定することができる。さらに，心拍数については，それ以上の年齢において，わずかながら徐々に低下しており，18歳女子では188.7$beats \cdot min^{-1}$になっている。こうした心拍数の低下傾向は，すでに著者が明らか

表1 横断的にみた幼児・青少年における有酸素性能力（最大酸素摂取量）の発達

年齢（年）		3	4	5	6	7	8	9	10	11	12	13	14	15	16	17	18
被検者数	男	8	13	38	35	33	35	22	23	26	34	17	21	19	23	22	7
	女	6	24	33	24	22	23	17	13	20	26	22	19	19	17	23	9
絶対値最大酸素摂取量（L/分）(VO_2max, $L \cdot min^{-1}$)	男	**0.655	0.792	***0.924	***1.045	***1.166	**1.358	*1.502	1.543	1.652	1.879	2.062	***2.552	***2.998	***2.995	***3.047	***2.997
	女	0.523	0.766	0.822	0.892	1.023	1.197	1.349	1.567	1.620	1.744	1.982	2.040	2.199	2.134	2.206	2.072
体重当たり最大酸素摂取量（mL/kg/分）($VO_2max \cdot TBW^{-1}$, $mL \cdot kg^{-1} \cdot min^{-1}$)	男	*42.6	47.5	***50.5	***49.4	***49.9	***52.0	**52.9	*53.4	***51.7	***52.5	**55.6	***55.2	***58.3	***54.9	***54.0	***52.4
	女	35.9	45.1	44.9	45.6	46.6	47.7	48.9	49.5	46.0	47.4	48.4	44.0	44.7	43.6	43.1	40.1
最高心拍数（拍/分）($HRmax$, $beats \cdot min^{-1}$)	男	204.8	199.7	202.2	203.9	200.5	203.4	199.6	195.2	191.1	194.5	193.8	194.0	191.1	190.0	193.2	190.0
	女	208.3	204.1	205.3	204.4	*205.2	206.0	199.1	197.3	**197.5	195.1	193.8	194.4	188.9	191.1	194.6	188.7
最大酸素脈（mL/拍）($MaxO_2$-pulse, $mL \cdot beat^{-1}$)	男	**3.2	4.0	***4.6	***5.1	***5.8	***6.7	*7.5	7.9	8.6	9.7	10.7	***13.2	***15.6	***15.8	***15.8	**15.8
	女	2.5	3.8	4.0	4.4	5.0	5.8	6.8	7.7	8.2	8.9	10.3	10.5	11.7	11.2	11.4	11.1
呼吸商（respiratory quotient, RQ）	男	1.02	1.17	1.11	1.04	1.02	1.04	1.07	1.09	1.10	1.13	1.06	1.11	1.07	1.05	1.04	1.11
	女	1.07	1.18	1.12	1.04	1.03	1.06	**1.11	1.08	1.13	1.09	1.07	1.13	1.10	1.10	1.10	1.08
5分間走（m）	男	—	799	***861	***934	***983	***1026	***1040	***1085	***1131	***1199	***1241	***1302	***1343	***1327	***1320	***1340
	女	—	779	763	824	889	915	944	983	1017	1094	1138	1123	1089	1064	1060	1024

* $p<0.05$, ** $p<0.01$, *** $p<0.001$：t検定による群の比較でみられた性差の有意水準　標準偏差は割愛されている

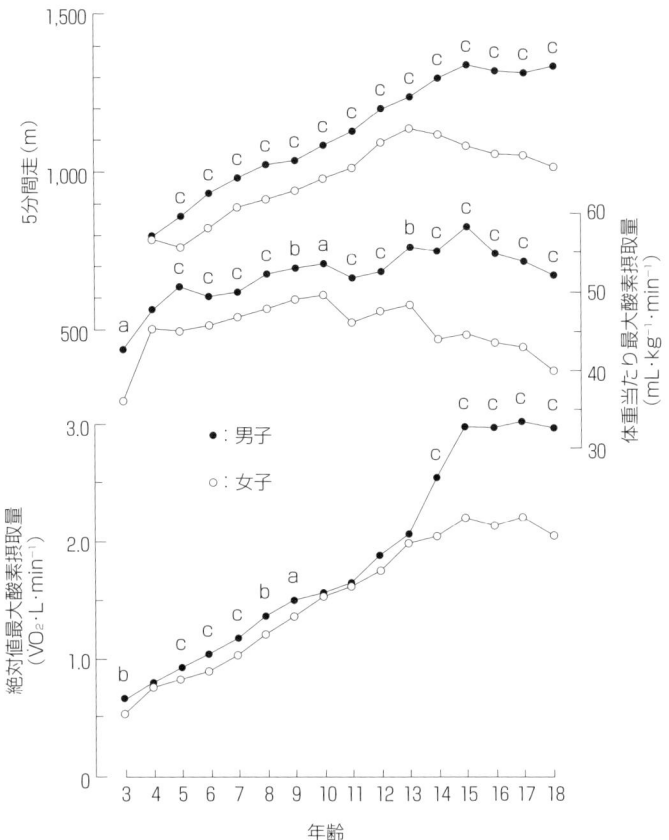

図6　幼児および青少年の最大酸素摂取量・5分間走の発達（性差の検定を含む）
　　a, p＜0.05；b, p＜0.01；c, p＜0.001

にしてきたように，農村においては日常生活における通学時等の身体活動水準が高く[62, 63]，ある程度トレーニングされた状態にあり，そのために，最大努力時の心拍数が，そのトレーニング効果として低下していたためと考えられる。しかし，呼吸商については，1.0を上回っているので，これらの年齢においても最大酸素摂取量が得られたものと見なすことができる。

　そこで，絶対値最大酸素摂取量についてみると，13歳までは，途中9歳まで男子が女子をわずかに上回りながらも，男女ともに年齢に応じて直線的に増加していることが分かる。このことを，絶対値最大酸素摂取量（y，L·min^{-1}）の年齢（x，歳）に対する回帰直線の式により，相関係数（correlation coefficient, r）を添えて表してみると，

　　男子では　　$\hat{y}=0.1354x+0.2417$，（r＝0.995）

　　女子では　　$\hat{y}=0.1388x+0.1150$，（r＝0.993）

となる。そして，相関係数の値が1.0の場合は，すべての点が同一直線上に乗るので，r＝0.99という値からすれば，男子が女子をわずかに上回りながらも，ともに同じ傾斜でしかも直線的に増加していくことをはっきりと確認することができる。13歳を越

えると，女子では伸びが止まって平らになり，いわゆるプラトー（plateau）の状態を示し，ほぼ$2.0L・min^{-1}$という値で落ち着いている。一方，男子では思春期を過ぎると，骨格筋の増量のためもあって，15歳にかけて急激に発達し，その後はほぼ$3.0L・min^{-1}$という値で落ち着き，やはりプラトーを示している。したがって，15歳以後の思春期を過ぎて見られるプラトーの状態における値では，男子と女子の比率が3対2になっていることが分かる。

　体重当たり最大酸素摂取量は，Buskirkら[7]，亀井ら[28]がすでに指摘したように，エネルギーの立場からみると，有酸素性の持久走の成績を左右する主要因になっている。そして，この値は，持久走のように外部に向けて展開する物理的な仕事を反映していることから，有酸素性作業能力（aerobic work capacity）とも呼ばれており，また，近頃ではむしろ有酸素性パワー（aerobic power）とも言われている。

　それでは，今述べたように，有酸素性持久走の成績が，体重当たり最大酸素摂取量（$\dot{V}O_2max・TBW^{-1}$）によってなぜ左右されるのかという理由を考えてみよう。それは，大まかではあるが，次のように説明することができる。まず，走行中には，単位時間（分，min）の酸素摂取量（VO_2, $L・min^{-1}$）に持久走時間（分，min）を掛けた量の酸素量をエネルギー発生のために摂取・消費し，同時にその間に体重（kg）をある距離（m）だけ移動させるという仕事をするから，それは

　酸素摂取量×時間（走行時エネルギー）＝体重×距離（走行時仕事量） ……………(6)

というように表すことができる。次いで(6)の両辺を（体重×時間）で割ると，

$$\frac{酸素摂取量 \times 時間}{体重 \times 時間} = \frac{体重 \times 距離}{体重 \times 時間} \quad\quad (7)$$

となり，(7)では，左辺で時間が消去され，右辺で体重が消去されて，

$$\frac{酸素摂取量}{体重} = \frac{距離}{時間}(＝速度) \quad\quad (8)$$

という式が導かれる。この(8)の左辺は体重当たり酸素摂取量を意味し，右辺は速度になるので，エネルギーの立場からすると，体重当たり酸素摂取量が走行速度を左右するということが分かる。数分間の短い持久走においても，競走ということになると，幼児でもほぼ最大酸素摂取量のレベルで走るので，体重当たり最大酸素摂取量がその持久走の成績に大きく影響することが分かる。ちなみに，マラソンのようにかなりの速度でしかも長時間にわたって走る場合には，最大酸素摂取量という最高のレベルでは，到底走り続けることはできない。マラソン走行中は，血中乳酸濃度$2.5mmol・L^{-1}$という有酸素性の状態で走ることが知られているので[15]，その状態における体重当たり酸素摂取量の値が成績の良し悪しを大きく左右することになる。持久走は，もともと，ある距離を移動するのに要する時間で評価されるので，余剰脂肪が多く，そのために体重当たり酸素摂取量の値が低くなってしまう肥満児にとっては，どうしても不利である。

　ところで，こうした体重当たり最大酸素摂取量の値を，再び表1から眺めてみると，4歳を除き，すべての年齢において男子が女子を，統計的にみて有意（$p<0.05, 0.01,$

0.001）に速くなっており，したがって，幼児の段階からすでに性差が存在しているということが，ここで初めて明らかにされた。そして，こうした性差の存在は，3歳から認められたということから，生まれながらの，すなわち生得的（inborn）な要因に負うところが大きいものと考えられる。なお，4歳児において有意の性差が認められなかったのは，女児の被検者において標本の偏りがあったためと思われる。

さて，3歳児においては，男児の42.6mL・kg^{-1}・min^{-1}，女児の35.9mL・kg^{-1}・min^{-1}というように，これらの値が一段と低くなっていることから，3歳では持久性の運動は避けるべきであろう。しかし，4歳になると，男児では47.5mL・kg^{-1}・min^{-1}，女児でも45.1mL・kg^{-1}・min^{-1}というようにかなり高まるので，距離ないし持続時間を短くすれば，持久走は可能である。次いで，4歳からは，男子では途中わずかな変動を伴いながら，15歳の58.3mL・kg^{-1}・min^{-1}まで上昇傾向を示しているが，それを過ぎるとわずかながら減少し，18歳では52.4mL・kg^{-1}・min^{-1}となっている。女子では，13歳の48.4mL・kg^{-1}・min^{-1}までほとんど伸びが見られず，それを過ぎると，男子同様に低下傾向を示し，18歳では40.1mL・kg^{-1}・min^{-1}となっている。特に，14歳からその性差は一層大きくなっていくけれども，それは，女子においては，性徴の現れとして体脂肪量が大きく増加し，それが体重の増加に拍車をかけているためであり，それに対して，男子では，女子の体脂肪量による増加とは違って，酸素を利用する能力が備わった骨格筋の増加により体重が増加したためである。そして，そこではそれぞれいわゆる「女らしいからだつき」あるいは「男らしいからだつき」が備わってきたということになる。同様に，5分間走における性差もますます大きくなっている。

また，最大努力時における1回心拍出量を意味する最大酸素脈（maximal oxygen pulse, MaxO$_2$-pulse, mL・$beat^{-1}$）においても，これまた，幼児の段階から男子が女子を上回っている。この酸素脈というのは，1分間酸素摂取量を1分間心拍数で割った値である。そこで，(5)の式の1分間心拍出量を(3)に代入して，

1分間酸素摂取量＝1回心拍出量×1分間心拍数×（動脈血中酸素含有量－還流混合静脈血中酸素含有量）・・(9)

という式を導き，さらに，その両辺を心拍数で割ると，酸素脈は

酸素脈＝1回心拍出量×（動脈血中酸素含有量－還流混合静脈血中酸素含有量）

・・・(10)

というように表すことができる。そして，最大努力時においては，動静脈酸素較差（動脈血中酸素含有量－還流混合静脈血中酸素含有量）には性差がないというGodfreyの報告[19]と，この本実験において被検者の最高心拍数に性差が見られなかったということなどを勘案すると，最大酸素脈において男児が女児を上回っているのは，男児の1回心拍出量がより大きいためであると考えられる。次いで，このような男児における1回心拍出量の大きさは，体重20kgまでは心容積（heart volume, HV）に性差がないというNghiemの報告[45]，思春期前は心重量（heart weight, HW）に性差がないという岡の報告[47]，さらに本実験において被検者の歴年齢からみた身長・体重に性差がないこと（表1），身長区分からみた体重にも性差がないこと（表2）などを考慮すると，男児の心筋の収縮力がより大きいためと思われる。

体重当たり最大酸素摂取量によって大きく影響される5分間走においては，再び表

表2　身長幅からみた幼児・青少年の最大酸素摂取量と5分間走の平均値

身長階級幅 (cm)		95~100	100~105	105~110	110~115	115~120	120~125	125~130	130~135	135~140	140~145	145~150	150~155	155~160	160~165	165~170	170~175	175~180	180~185
被検者数	男	2	20	18	26	28	29	41	34	29	25	15	14	17	24	34	10	1	1
	女	7	20	27	21	17	18	25	15	23	17	42	48	21	9	1	—	—	—
身長	男	99.5	106.6	107.7	112.4	117.3	122.2	127.6	132.6	137.8	142.3	147.2	153.1	157.2	163.2	166.8	172.3	175.0	181.8
	女	98.3	102.7	107.6	112.9	117.7	121.9	127.2	132.3	137.6	142.7	147.8	152.4	156.8	161.4	167.9	—	—	—
絶対値最大酸素摂取量 (L/分) ($VO_2max, L \cdot min^{-1}$)	男	0.572	0.816	*** 0.927	** 0.970	*** 1.801	** 1.197	** 1.371	** 1.509	** 1.695	1.812	1.958	** 2.367	** 2.496	*** 3.031	3.040	3.204	2.808	2.847
	女	0.722	0.745	0.820	0.894	0.972	1.069	1.267	1.369	1.499	1.752	2.037	2.122	2.085	2.283	2.363	—	—	—
5分間走 (m)	男	781	* 810	*** 867	*** 908	*** 939	*** 987	*** 1041	*** 1097	*** 1129	*** 1174	*** 1188	*** 1286	*** 1304	*** 1333	1314	1345	1340	1440
	女	755	780	782	812	853	904	924	964	1025	1073	1083	1099	1061	1083	1030	—	—	—

* $p<0.05$, ** $p<0.01$, *** $p<0.001$：t検定による各群の比較でみられた性差の有意水準　標準偏差は割愛されている

1から眺めてみると，まず，4歳を除くと，すべての年齢において男子が女子を上回っていることに気づく。男子では，4歳の799mから15歳の1,343mまでほぼ直線的に増加しており，これを5分間走（y，m）の年齢（x，歳）に対する回帰直線で示すと，

$\hat{y}=47.34x+628.84$　（r＝0.995）

のようになる。そして，15歳を過ぎるとプラトー状態に入り，18歳では1,340mになっている。一方，女子においては，5歳の763mから13歳の1,138mに至るまで直線的に増加しており，同じく回帰直線で示すと，

$\hat{y}=43.90x+556.78$　（r＝0.992）

となり，それを過ぎると，男子とは異なり低下の傾向が見られ，18歳では1,024mとなっている。また，4歳女児の779mという値は，標本の偏りのためか幾分高くなっているようなので，この回帰直線から算出してみると732mという値が得られた。

3.4. 相対成長からみた有酸素性能力の発達

　成長期には，暦年齢からみると，発育・発達において早熟の子どもと奥手の子どもがおり，それは遺伝的要因と環境的要因の両者によるものである。40年ほど前に都市部と農村部の体格や運動能力等の比較を試みた際に，都市部では農村部よりも初潮年齢（menarche）が若く，しかも体格も大きく，そして50m走においては優れていたが，持久走では劣っているということを確認することができた[62]。また，その間の高度経済成長期に，青少年の体格は著しく増大したが，その反面，体力の5大構成要素である筋力（muscle strength）・スピード（speed）・持久力（endurance）・柔軟性（flexibility）・調整力（coordination）に関わる運動能力も，環境の変化によって大きく低下しているこも明らかになった[54, 57, 88]。

　そこで，暦年齢を隠蔽し，それとは無関係に，身長という長さ（ℓ）の尺度（dimension）に対して，有酸素性能力がどのような関わりをもって発達していくのかを相対成長（allometric or dimensional analysis of growth）の技法を用いて検討を試みた。この方法はAsmussenら[1, 2]や著者[64]によってすでに試みられている。

　この方法の手順は，本研究の場合，各被検者のデータをもとに，表2に示されているように，5cmの身長区分ごとに，暦年齢とは無関係に，その区分に該当する身長・絶対値最大酸素摂取量・5分間走の測定値を集め，それぞれの平均値・標準偏差を算出することから始まる。ちなみに，Asmussenら[1, 2]の場合は，Åstrand[a]のデータを利用したものであり，そこでは身長区分を10cmとしているが，この大きさの区分範囲は，詳細に検討するに当たっては大きすぎるものである。

　次いで，相対成長の式，$y=b \cdot x^a$を用いるが，この式においてyは従属変数であり，この場合は絶対値最大酸素摂取量（L·min^{-1}）または5分間走（m）である。また，xは独立変数でこの場合は身長（cm）である。そして，aは相対成長係数（allometric coefficient）と呼ばれ，身長に対する勾配または変化率を意味している。そして，この式は指数方程式であるから，それを変換して，$\log y = \log b + a \log x$という対数方程式で表すことができる。

さらに，こうした変換に合わせて，すでに表2に求められている自然数である平均値を常用対数の値に変換し，縦・横軸ともに常用対数のグラフ用紙の横軸に身長，縦軸に絶対値最大酸素摂取量または5分間走をプロットする。そして，図7・図8において見られるように，それぞれのグラフにおいて直線が当てはまる範囲を決定し，それぞれの範囲において対応するlogxとlogyの値をもとに，回帰直線の式を算出する。

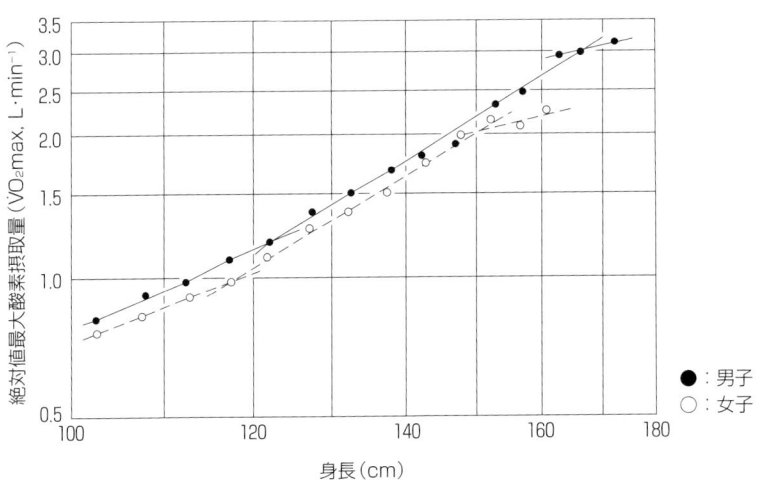

図7　相対成長から見た絶対値最大酸素摂取量（y, L·min⁻¹）の身長（x, cm）に対する回帰

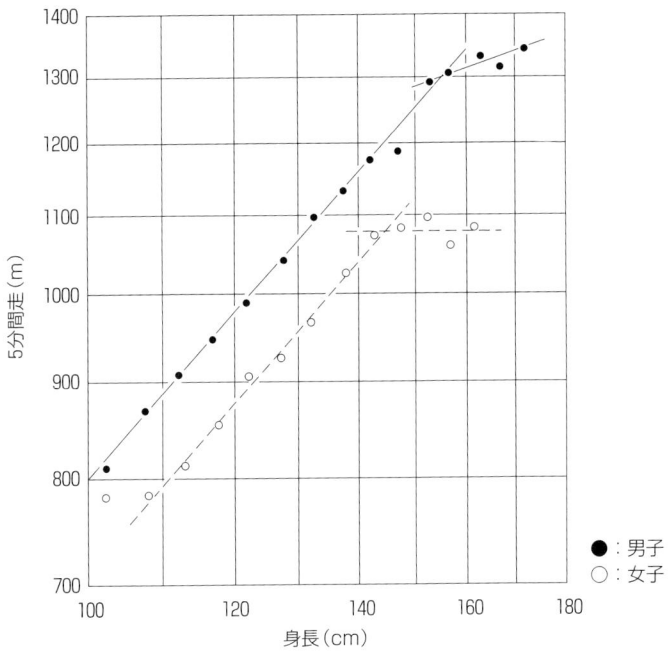

図8　相対成長から見た5分間走（y, m）の身長（x, cm）に対する回帰

そうすると，bおよびaの値が決まるので，それをもとの指数方程式に戻せばよいわけである。また，こうして求められたいくつかの直線の交点を変移点（critical point）と呼んでおり，当然のことながら，そこでaの値が変わる。

こうした相対成長における基本的な考え方は，理論的な式と実測値による式との間に隔たりがある場合，そこにはどのような質的・機能的要因が存在するのかを検討するというものである。例えば，筋力は，理論的には筋の横断面積すなわち長さの2乗に比例するが，実際には3乗に比例しており[1,2]，したがって，そこには質的な神経系の機能的改善が一つの要因として存在し，それが筋力増加の方向へ大きく寄与しているというように解釈するわけである。

図7は，求められた次の回帰指数方程式により，身長と絶対値最大酸素摂取量の関係を図示したものである。

男子では，第1の変移点（123.8cm, 1.225L·min^{-1}）までは
$$y = 3.0444 \times 10^{-5} \cdot x^{2.200}$$
となり，それを過ぎてから第2の変移点（167.4cmm, 3.088L·min^{-1}）までは
$$y = 4.7002 \times 10^{-7} \cdot x^{3.066}$$
となっている。

一方，女子では，第1の変移点（117.4cm, 1.026L·min^{-1}）までは
$$y = 1.0700 \times 10^{-4} \cdot x^{1.925}$$
となり，そこから第2の変移点（149.8cm, 2.033L·min^{-1}）までは
$$y = 5.0316 \times 10^{-7} \cdot x^{3.037}$$
となっている。したがって，これらの式から幼児が属している第1の変移点までは，男女ともに$a ≒ 2.0$であり，それを越えると第2の変移点まで，男女ともに$a ≒ 3.0$というように変移係数の値aは一層大きくなっている。このように，絶対値最大酸素摂取量は，第1の変移点までは身長という長さの尺度に対して2乗に比例して発達し，それを越えると第2の変移点まで3乗に比例して発達していくということが新たに見い出された。

そこで，絶対値最大酸素摂取量は，もともと1分間当たりの体積を意味しているので，単位時間（t）における体積（長さℓの3乗すなわちℓ^3）ということになり，ℓ^3/tというように表される。ところが，この式は，時間（t）の尺度が長さ（ℓ）の尺度に比例することを考慮すると，Åstrand[b]も指摘しているように，tにℓを代入することができるので，
$$ℓ^3 / ℓ = ℓ^2$$
となり，理論的には身長という長さの尺度の2乗に比例して発達することになる。したがって，第1の変移点までは，こうした理論値とまったく一致して発達していることが確認された。

ところが，第1の変移点を越すと，身長という長さの3乗に比例するようになるので，そのことを，今度は$ℓ^3 = ℓ^2 \times ℓ = ℓ^2 \times t$というように表してみると，持続性という時間の要素が加味されたものと解釈することができる。それは，持久性運動時に摂取できる酸素の総量の増大を意味することになり，このような持久性運動がより長く持続できるようになっていくことを示唆している。もちろん，その背景には有酸素

性・無酸素性能力という質的改善が存在していることは言うまでもない。このように、相対成長の考えから分析してみると、注目すべき事柄として、第1変移点までは、幼児を含めて、持久走の距離ないし持続時間はあまり長くとらないほうがよいということがうかがわれる。

　5分間（持久）走が、5分間当たりの走行距離であるから、ある種の走行速度を示していることは言うまでもない。それは、図8に示されているように、男子では、第1の変移点（154.4cm, 1,296m）までは

　　$y = 4.8867 \cdot x^{1.1050}$

女子では、第1の変移点（144.7cm, 1,080m）までは

　　$y = 4.1191 \cdot x^{1.1191}$

となっており、男女ともに、身長という長さの1乗（$a \fallingdotseq 1.0$）に比例していることが分かる。

　もともと、速度（v）＝距離（ℓ）／時間（t）であるが、すでに述べたように、時間（t）は長さの尺度（ℓ）に置き換えることができるので、理論的には、$v = \ell / \ell = \ell^0 = 1$ というように、長さの尺度に対しては独立となり、したがって、理論的には速度は長さの尺度とは無関係であるということになる。ところが、このようにaが理論値よりも高くなっているのは、やはり走行歩幅に有利となる量的な脚長の増大とか、有酸素性・無酸素性能力における質的改善が一層大きくなっていくことを意味するものである。そのうち、絶対値最大酸素摂取量における第1の変移点までは主として長さの尺度が関与し、それを過ぎると質的改善が大きく関与してくるというように考えられる。しかし、第2の変移点を過ぎると、

　男子では、$y = 2.3508 \times 10^2 \cdot x^{0.3384}$，

　女児では、$y = 1.0832 \times 10^3 \cdot x^{-0.0007}$

となり、aの値は理論値0に近くなり、発育期を過ぎると、持久走における成績は身長とはあまり関係がなくなってくることを示している。

　これまで、こうした種々の尺度から発達を眺めてきたが、その中で「時間（t）の尺度が長さ（ℓ）の尺度に比例する」ということについて少し触れてみよう。まず、力（f）は加速度（α）と質量（m）の積としてf＝α×mのように表され、これを変形すると、$\alpha = f/m$となる。ところが、fは長さの2乗すなわち面積（ℓ^2）に比例するからf＝ℓ^2となり、またmは体積（ℓ^3）に比例するのでm＝ℓ^3というように表され、そしてこの両者を先の$\alpha = f/m$に代入すれば、$\alpha = \ell^2/\ell^3 = \ell^{-1}$となる。次いで、この式に加速度（$\alpha$）の$\alpha = \ell/t^2$を代入すれば、$\ell/t^2 = \ell^{-1}$となり、それは$t^2 = \ell^2$を経てt＝$\ell$となる。こうして、「時間という尺度と長さという尺度は相互に置きかえることができる」ということが分かる。

4章 総合的にみた幼児の体力[76]

　3章で扱われた幼児の有酸素性能力に関する実験において，体重当たり最大酸素摂取量の値は，幼児期においてすでに男児が女児を上回るという性差が存在することが明らかにされた。また，4歳からは，その値が成人に匹敵していることから，ある程度の持久走が可能であることも提示した。

　そこで，この実験においては，こうした有酸素性能力も含めて，全般的な体力の実態はどうなっているのかを把握しようとしたものである。したがって，測定項目には，有酸素性能力という要素を意味する最大酸素摂取量・5分間走の他に，スピードの要素として25・50m走，パワーの要素として立ち幅跳び，力の要素として筋力（背筋力・握力）等が含まれている。その他，身長・体重はもとより，皮脂厚（skinfold thickness）についても，栄研式皮脂厚計を用い，右側の上腕背部・肩甲骨下角部・腸骨稜部・臍部の4ヵ所を計測した。

　被検者は，週に1～2回，1,000m前後の持久走を実施している栃木県A幼稚園年長組男女児それぞれ46名，39名合計85名であった。

　最大酸素摂取量は，グラウンド上の100mのトラックを4周し，その後引き続き全力で30秒間走り，その間に採気された呼気量と，ショランダー微量ガス分析器による呼気分析値から求められた。表3は，グラウンド走における負荷条件を，5歳9ヵ月（5歳6ヵ月～5歳11ヵ月），6歳3ヵ月（6歳0ヵ月～6歳5ヵ月），6歳6ヵ月（6歳6ヵ月～）に区分してまとめたものである。有酸素性能力において男児が女児を上

表3　年長組（5～6歳）幼児の400mグラウンド走による最大酸素摂取量測定の負荷条件

年　齢	5歳6ヵ月～11ヵ月		6歳0ヵ月～5ヵ月		6歳6ヵ月～		合　計	
性　別	男	女	男	女	男	女	男	女
被検者数	19	19	21	13	6	7	46	39
採気前400-m 所要時間（秒）	* 143.7 (9.6)	151.1 (9.1)	** 138.4 (9.9)	147.7 (7.8)	* 130.8 (8.9)	141.2 (7.2)	*** 139.6 (10.5)	148.2 (9.1)
採気前400-m 走行速度（m/秒）	2.79 (0.20)	2.65 (0.15)	2.90 (0.20)	2.71 (0.14)	3.07 (0.25)	2.83 (0.15)	2.87 (0.22)	2.70 (0.16)
採気30秒間の走行距離（m）	* 90.78 (8.03)	88.00 (6.38)	** 95.90 (8.24)	89.30 (6.80)	* 105.16 (8.40)	92.42 (7.15)	*** 95.00 (9.38)	89.23 (6.86)

＊ $p<0.05$, ＊＊ $p<0.01$, ＊＊＊ $p<0.001$：性差の有意水準　平均値（標準偏差）

回っているという性差のために，こうした負荷条件においてもすでに性差が認められている。25・50m走および立ち幅跳びは松田ら[40]の方法に準拠して測定した。5分間走については，公園に設けた200mのトラックに5m間隔の区分線を引き，一度に6～8名ずつ各自別個の区分線からスタートし，全力で走るようにした。なお，5分間走については，1回目を練習とし，3日後に2回目の測定を行ない，その記録を成績として採用した。握力と背筋力については，竹井器機製の児童用の筋力計により2回測定し，良いほうの記録を成績とした。

4.1. 有酸素性能力および5分間走

表4は，5歳9ヵ月（5歳6ヵ月～5歳11ヵ月），6歳3ヵ月（6歳0ヵ月～6歳5ヵ月），6歳6ヵ月（6歳6ヵ月～）という三つの区分と，さらに年長組全体としての合計という区分に従ってまとめた有酸素性能力に関する測定結果である。そして，これらの値を基に，性差の検定も含めて，図示したものが図9である。

まず，最大酸素摂取量が獲得されたか否かを判定基準により検討してみると，心拍数は202.9～208.3 beats·min^{-1}の範囲にあり，いずれも200 beats·min^{-1}を上回っており，また，呼吸商も1.014～1.065の範囲にあっていずれも1.0を上回っているので，本実験においても最大酸素摂取量が得られたものと見なすことができる。

そこで，体重当たり最大酸素摂取量について見ると，男児の49.1～51.0 mL·kg^{-1}·min^{-1}，女児の45.2～47.9 mL·kg^{-1}·min^{-1}は表1における男児5，6歳児のそれぞれ50.5，49.4 mL·kg^{-1}·min^{-1}，女児5，6歳児のそれぞれ44.9，45.6 mL·kg^{-1}·min^{-1}に匹敵するも

表4　年長組（5～6歳）幼児の最大酸素摂取量および5分間走

年齢	5歳6ヵ月～11ヵ月		6歳0ヵ月～5ヵ月		6歳6ヵ月～		合計	
性別	男	女	男	女	男	女	男	女
被検者数	19	19	21	13	6	7	46	39
絶対値最大酸素摂取量 (L/分) (VO₂max, L·min^{-1})	* 0.931 (0.138)	0.846 (0.074)	*** 1.048 (0.155)	0.865 (0.076)	* 1.101 (0.169)	0.886 (0.097)	*** 1.006 (0.168)	0.859 (0.086)
体重当たり最大酸素摂取量 (mL/kg/分) (VO₂max·TBW^{-1}, mL·kg^{-1}·min^{-1})	* 49.3 (3.6)	46.4 (3.8)	*** 49.1 (2.8)	45.2 (3.1)	51.0 (2.8)	47.9 (3.2)	*** 49.4 (3.2)	46.3 (3.6)
呼吸商 (Respiratory quotient, RQ)	1.047 (0.073)	1.065 (0.090)	1.056 (0.078)	1.031 (0.068)	1.014 (0.065)	1.042 (0.067)	1.047 (0.073)	1.050 (0.075)
心拍数(拍/分) (HR, beats·min^{-1})	202.9 (8.4)	207.9 (7.7)	207.0 (8.9)	204.3 (7.4)	208.3 (8.2)	204.2 (5.6)	205.5 (8.2)	206.0 (7.5)
5分間走(m)	*** 888.3 (48.6)	725.3 (44.5)	*** 924.5 (49.4)	776.9 (47.0)	*** 956.6 (34.6)	782.2 (62.9)	*** 913.8 (52.9)	752.4 (55.9)

＊ $p<0.05$, ＊＊ $p<0.01$, ＊＊＊ $p<0.001$:性差の有意水準　平均値（標準偏差）

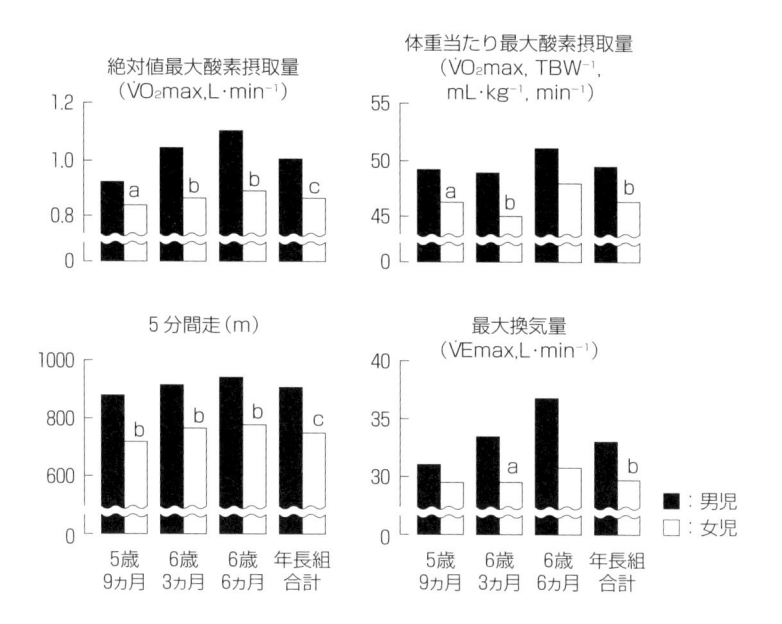

図9 年長組幼児の有酸素性能力および5分間走における性差
a, p＜0.05；b, p＜0.01；c, p＜0.001

のである。また，体重当たり最大酸素摂取量によって大きく左右される5分間走においては，男児では年齢区分にしたがって888.3，924.5，956.6mというように徐々に伸びており，また，女児においても725.3，776.9，782.2mというようにやはり徐々に伸びている。これらの値は，男児においては同じ表1の男児5，6歳児のそれぞれ861，934mに匹敵するものであったが，女児においては表1の女児5，6歳児のそれぞれ763，824mよりもわずかに劣るものであった。そして，この実験においても有酸素性能力および5分間走において男児が女児を凌駕していることが再確認された。

次に，絶対値最大酸素摂取量（y, L・min^{-1}）が体重（x, kg）とどのような関わりをもっているのかを知るために，回帰直線を求め，それに標本数（n）と相関係数（r）を付して図示したものが図10である。その結果，

男児では　y＝0.051x－0.025, (n＝46, r＝0.900)

女児では　y＝0.024x－0.408, (n＝39, r＝0.563)

となり，相関の程度では男児がかなり高く，また回帰係数（勾配）を見ると，男児が女児の2倍になっていることが分かる。このことは，男児では体重の増加にともなって有酸素性能力が比較的均一に，しかも女児よりも高い割合で発達していくことを示すものである。それに対して，女児ではかなりのばらつきが認められるが，その背景には有酸素性能力そのもののばらつきのほかに，脂肪の増加による体重のばらつきが考えられる。その理由として，上腕背部・肩甲骨下角部・腸骨稜部・臍部における皮脂厚の年長組合計の平均値において，女児のそれぞれ10.4，5.8，5.3，5.3mmは，男児のそれぞれ8.7，4.9，4.7，4.4mmよりも大きく，とりあえず群の比較によるt検定を試みたところ，そこには有意の（p＜0.01）性差が認められたからである。この点

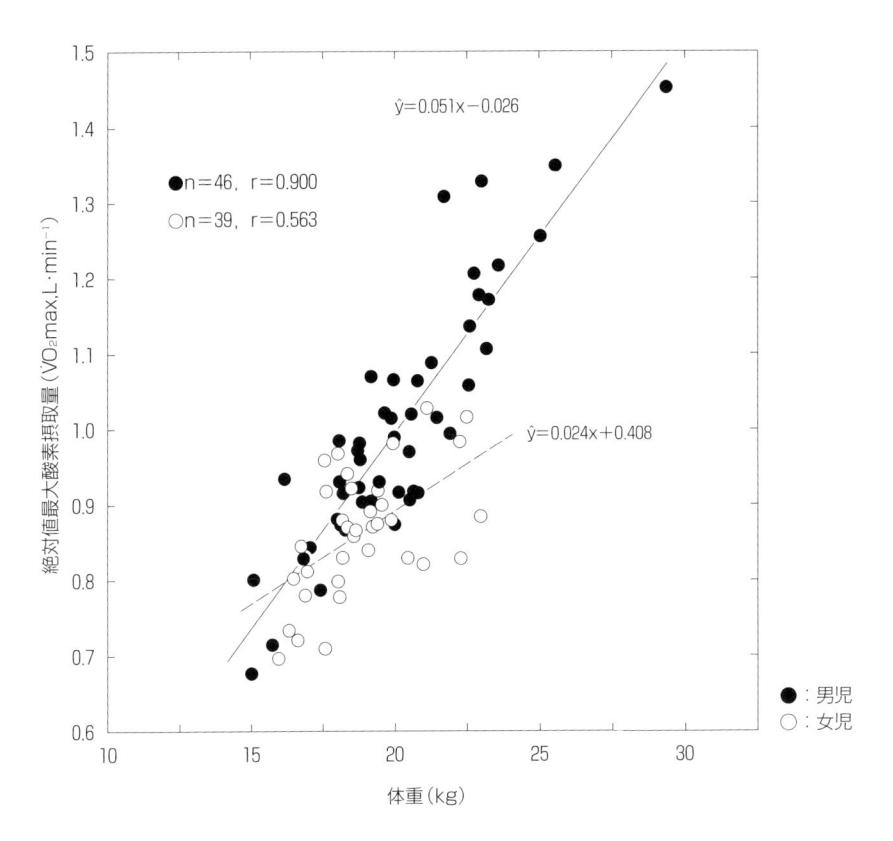

図10 年長組幼児における体重と絶対値最大酸素摂取量の相関

に関しては，身体組成（body composition）の立場から皮脂厚の分布の様子を検討したり，さらに脂肪量（fat weight）を正確に測定したうえで，その脂肪量を取り除いたいわゆる除脂肪体重（lean body weight，LBW）当たりの最大酸素摂取量を比較することなどによって一層明らかにされるであろう。

4.2. 25・50m走, 立ち幅跳びおよび筋力

　これらの年齢別・性別にみた平均値を，同じように，5歳9ヵ月（5歳6ヵ月～5歳11ヵ月），6歳3ヵ月（6歳0ヵ月～6歳5ヵ月），6歳6ヵ月（6歳6ヵ月～）という年齢区分に応じて，性差の検定結果とともに図示したものが図11である。以下，これらの年齢区分そして年長組合計という順に，繰り返し平均値を述べていくことにする。

　まず25m走においては，男児5.9, 5.6, 5.3, 5.6秒，女児6.1, 5.8, 5.8, 5.9秒となっており，年長組合計では男児の5.6秒が女児の5.9秒よりも有意に（$p<0.01$）速くなっている。また，50m走においては，男児11.7, 10.8, 10.2, 11.1秒，女児12.1, 11.4, 11.6, 11.7秒であり，年長組合計においては男児の11.1秒が女児の11.7秒よりも有意に（$p<$

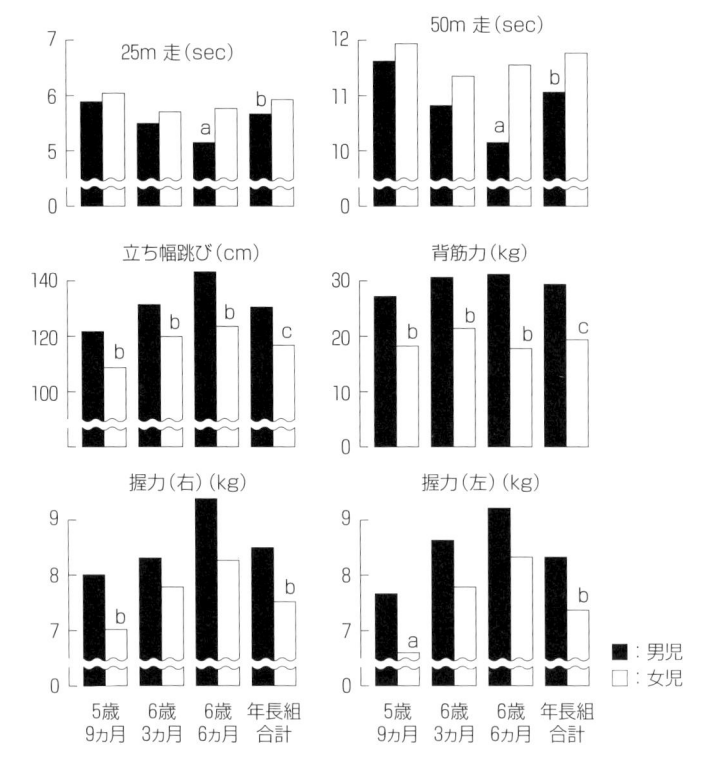

図11 年長組幼児の短距離走・立ち幅跳び・筋力における性差
　　a, p<0.05；b, p<0.01；c, p<0.001

0.01）速くなっている。

　立ち幅跳びにおいては，男児の122，131，142，128cmは，女児の109，120，123，115cmをそれぞれ有意に（p<0.05，0.01）上回っている。

　背筋力では，男児の26.6，29.6，30.0，28.4kgは，女児の17.6，20.5，17.2，18.6kgをそれぞれ有意に（p<0.01）しかもかなり大きく上回っている。

　右の握力においては，男児の場合8.0，8.5，9.3，8.4kg，女児の場合7.0，7.8，8.2，7.5kgとなり，年長組合計では男児の8.4kgが女児の7.5kgを有意に（p<0.01）上回っており，また，左の握力においても，男児の場合7.6，8.5，9.1，8.2kg，女児の場合6.5，7.8，8.4，7.3kgとなり，年長組合計では男児の8.2kgが女児の7.3kgを有意に（p<0.01）上回っていた。

　したがって，これまで述べてきた結果から，有酸素性能力のみならず，こうしたスピード・パワー・筋力に関しても，すでに幼児期から男児が女児を上回っていることが明らかにされた。そこで，こうした性差が本来生得的に備わっていたものなのか，あるいは環境要因によるものか，さらに両者の相互作用によるものかは定かではない。しかし，著者も携わった栃木県全幼稚園連合会[55]による1,313名を対象とした幼児の体格・運動能力の測定結果によれば，すでに3～4歳の年少組において，男児の25m走の7.8秒が女児の8.4秒よりも有意に（p<0.001）速くなっており，また，男児の立

ち幅跳びの80cmが女児の72cmを有意に（p＜0.01）上回っているということが明らかにされている。そこで，こうした低い年齢において性差が認められたことや，この年齢に至るまでの生活環境にさほど差異があるとは思われないので，有酸素性能力の場合も含めて，やはり生得的な要因に負うところがかなり大きいように思われる。ともあれ，現実に有酸素性能力以外の他の体力要素においても，すなわち体力・運動能力全般にわたり，男児が女児を凌駕しているということを常に銘記して対処する必要がある。

4.3. 測定項目相互の相関マトリックス

　体力の構成要素に関わる測定項目が，相互にどのように関わりをもっているのかを知るために，測定項目相互の相関係数を算出し，表5に示されているような相関マトリックスを作成した。そこで，まず気づくことは，男児では有意の相関をもつ組み合わせの数が圧倒的に多いのに対して，女児ではあまり見受けられないということである。すなわち，男児の場合では，有酸素性作業能力を意味する体重当たり最大酸素摂取量との組み合わせにおいて有意性が見られなかった場合を除けば，他のすべての測定項目相互の間に有意の（p＜0.01, 0.001）相関が認められた。ところが，女児においては，体重当たり最大酸素摂取量に加えて最大喚気量および絶対値最大酸素摂取量までも，他の測定項目との間に相関が認められなかった。

　そうしたなかで，まず身長・体重といった体格との関わりから見ると，男児では，唯一体重当たり最大酸素摂取量との間を除くと，他のすべての測定項目との間に有意の相関が認められた。しかし，女児では，最大換気量・絶対値最大酸素摂取量・握力を除くと，有意の相関の組み合わせはほとんど認められなかった。このことは，皮脂厚において女児が男児を有意に上回るという性差と，身長と体重との相関において女児の r＝0.687が男児の r＝0.878よりも低いという性差から読み取ることができる。このことは，換言すれば，先の皮脂厚の値から，女児では体重に占める脂肪の量とその比率（%fat）が男児より大きく，またその個人差も大きく，そのために，女児では体格に応じて，運動能力・体力を発揮しにくいことを意味している。

　しかし，25・50m走・走り幅跳び・筋力などの相互に見うけられた有意の相関や，また，25・50m走といった短距離走と5分間走という持久走との間に見られた有意の相関から，体力の構成要素を反映しているこれらの測定項目は，体格との対応とは異なり，相互に並行して発達しているということが分かる。

　ところで，体重当たり最大酸摂取量と5分間走との間には，前者が後者の成績を大きく左右することが分かっているので，男児では，予想通り有意の（p＜0.01）相関（r＝0.417）が認められたものの，女児ではまったく有意性が見受けられなかった（r＝0.049）。このように，女児において相関が認められなかったのは，上述したように，体脂肪の量と，その体重に占める比率（%fat）が男児よりも大きく，しかも個人差が大きいということが，かなり影響している。

　また，25・50m走といった短距離走と，5分間走という持久走との間には，男児では，

表5　5～6歳幼児における体格・有酸素性能力・運動能力・筋力相互の相関係数

年長組男児（5～6歳），被検者数46

測定項目	身長	体重	最大換気量	絶対値最大酸素摂取量	体重当たり最大酸素摂取量	25m走	50m走	立ち幅跳び	握力(右)	握力(左)	背筋力	5分間走
身　長	＼	***0.878	***0.572	***0.794	0.069	***0.668	***0.571	**0.400	***0.512	***0.601	**0.403	**0.532
体　重	***0.687	＼	***0.718	***0.890	0.031	***0.496	***0.543	**0.452	***0.501	***0.676	**0.543	***0.517
最大換気量	*0.355	*0.346	＼	***0.779	*0.342	*0.341	*0.371	*0.317	***0.498	***0.622	***0.530	**0.406
絶対値最大酸素摂取量	***0.625	***0.563	***0.607	＼	**0.394	***0.540	***0.564	***0.490	***0.552	***0.640	***0.530	***0.629
体重当たり最大酸素摂取量	0.039	0.257	0.145	**0.429	＼	0.251	0.203	0.231	0.103	0.156	0.090	**0.417
25m走	0.213	0.143	0.174	0.307	0.074	＼	***0.963	***0.727	**0.380	***0.523	***0.473	***0.706
50m走	0.253	0.167	0.238	0.319	0.018	***0.923	＼	**0.700	**0.393	***0.523	***0.486	***0.667
立ち幅跳び	0.300	0.129	0.009	0.291	0.116	***0.578	***0.612	＼	**0.442	**0.437	***0.548	***0.657
握力(右)	**0.473	*0.324	0.162	*0.399	0.151	**0.418	**0.480	**0.516	＼	***0.730	***0.468	***0.610
握力(左)	**0.404	0.261	0.123	0.274	0.121	***0.529	***0.514	***0.589	***0.701	＼	***0.610	**0.442
背筋力	0.203	0.208	0.033	0.038	*0.336	0.308	**0.410	0.120	0.150	0.070	＼	*0.360
5分間走	0.204	0.023	0.111	0.114	0.049	***0.559	***0.547	***0.697	*0.354	*0.380	0.134	＼

年長組女児（5～6歳），被検者数39

＊ p＜0.05, ＊＊ p＜0.01, ＊＊＊ p＜0.001：相関係数の有意水準

それぞれ有意の（p＜0.001）比較的高い相関（r＝0.706, 0.667）が見うけられた。また，女児においても，それぞれ有意の（p＜0.001）相関（r＝0.559, 0.547）が認められた。そして，25m走の所要時間（男児5.9～5.3秒，女児6.1～5.8秒）・50m走の所要時間（男児11.7～10.2秒，女児12.1～11.6秒）から，これらの短距離走は，エネルギーの立場から見ると非乳酸性の無酸素性能力によるものであり，したがって，これら短距離走と，有酸素性能力に負うところが大きい5分間走との間に見られた有意の相関は，平均値ではすでに述べたように男児が女児を上回っているものの，男女児ともに，両者の能力はおおむね並行して発達していることがうかがわれる。

4.4. 運動時におけるエネルギー発生のメカニズム

　これからの記述においては，こうした非乳酸性の無酸素性能力とか，有酸素性能力といったエネルギー発生機構に関わる内容について言及することが多くなるので，ここでは運動時における運動強度と時間経過を考慮に入れながら，その大筋を述べてみよう。

　ところで，このようなエネルギー発生の中味を知るには，当然のことながら，運動負荷様式との関連性を考慮する必要がある。そこには，原則として，運動開始と同時に全力で行ない，時間の経過にともなって出力は低下してくるが，それでもなお全力で続けていくといった場合と，それとは反対に，軽い運動から始めて徐々に強度を高めていき，ついには持続できなくなるまで追い込んでいくといった二つの様式がある。前者の場合は，いきおい無酸素性のエネルギー発生から出発するが，やがて，やむなく有酸素性のエネルギー発生に切り替えざるをえないという過程をたどるものであるが，後者の場合は，それとは反対に有酸素性のエネルギー発生から出発して，その出力を高めながら，やがてその上に無酸素性のエネルギー発生を徐々に上乗せしていくという過程をたどるものである。本研究で扱われている漸増負荷法は後者に属するものであり，最大酸素摂取量（$\dot{V}O_2max$）や，4章4.5.3.に述べられている無酸素性作業閾値（anaerobic threshold, AT）等の測定に広く用いられている。

　そこで，前者の負荷様式を取り上げ，図12により，800〜1,000mを最初からトップスピードで走る場合を頭に描きながら，時間経過に伴うエネルギー発生機構を眺めてみよう。この図12の上図においては，縦軸は全エネルギーに占めるエネルギー源の役割分担の比率を大まかに示しており，横軸は時間経過を示している。

　運動開始と同時に最初に動員されるエネルギー源は，すでに述べたように，骨格筋の収縮・弛緩の直接的エネルギー源としてのATP（アデノシン3リン酸, adenosine-PO_4〜PO_3〜PO_3）であり，それはADP（アデノシン2リン酸, adenosine-PO_4〜PO_3）とPi（リン酸，PO_3）に分解する。しかし，ATPの骨格筋に含まれている量は，表6に示されているように，極めて少なくわずか2〜3秒で枯渇してしまう。そうすると，骨格筋は収縮・弛緩ができなくなるので，こうして一旦失われたATPを，繰り返しなんとしても再合成し続けていかなければならない。そのためにまず登場してくるのが，次に続く無酸素性の解糖作用へのつなぎ役を果たしているクレアチンリン酸別名ホスホクレアチン（creatine phosphate or phosphocreatine, Cr〜PO_3）であり，それはローマン反応（Lohmann reaction）と呼ばれている次のような反応により，

　　$ADP + Cr\text{〜}PO_3 \rightarrow ATP + Cr$

ATPが再合成される。しかし，Cr〜PO_3も骨格筋中に含まれる量は少なく，これもわずか10秒程度でピークを過ぎてしまう。

　次いで関与してくるのが，炭水化物の一種で別名ブドウ糖と呼ばれるグルコースの乳酸（lactic acid or lactate）までの分解を意味する無酸素性の解糖作用であり，その過程で発生するエネルギーによって，ATPは勿論のことCr〜PO_3をも再合成する。そ

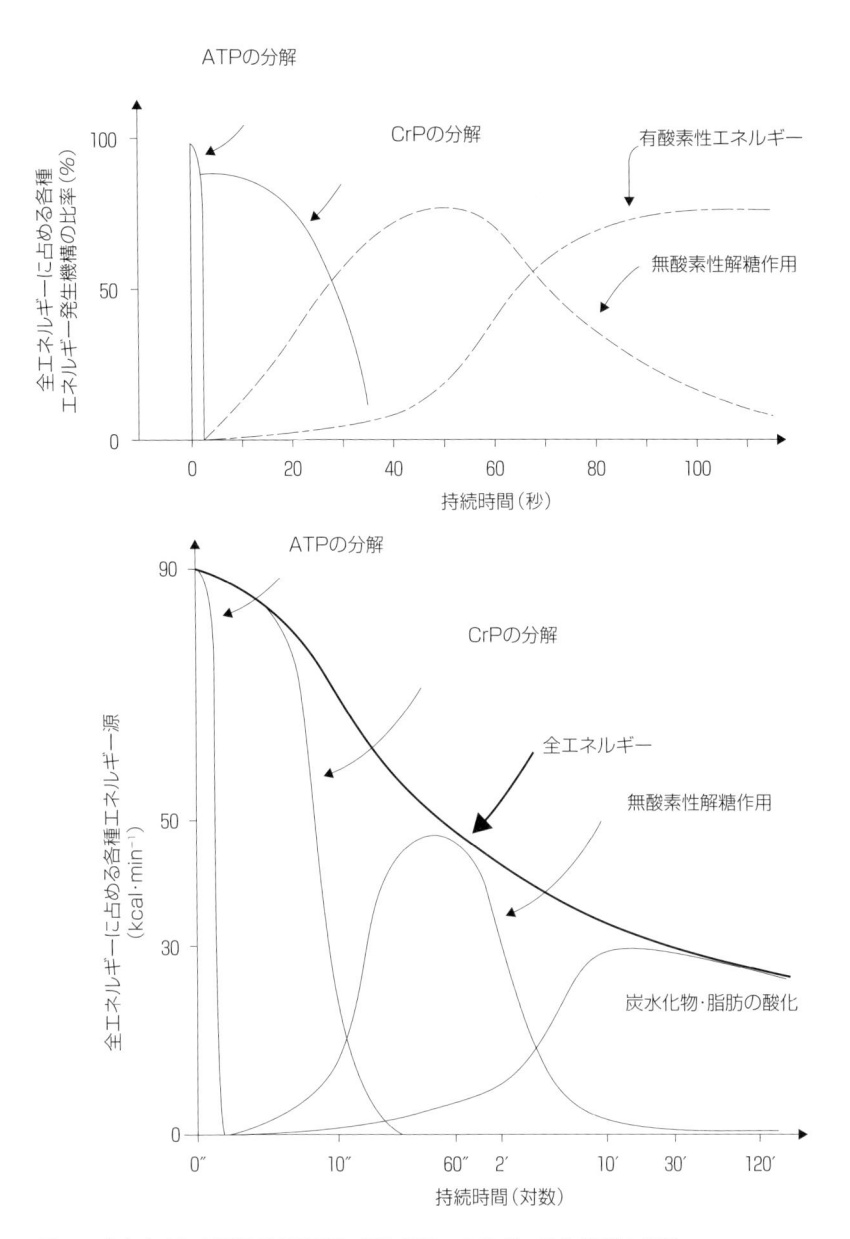

図12　全力疾走における時間経過に伴う各種エネルギー発生機構の推移
（上図，Keul Jら[f]；下図，Fox ELら[d]）

して，それがピークに達するのは40〜50秒前後であり，その後はその関与度は低下していくが，その間に，それに代わって，いま産生されたばかりの乳酸や，あらたにグルコースや，次いで中性脂肪に由来する脂肪酸等を，酸素の供給のもとに酸化することによって生ずるエネルギーにより，多くのATPが有酸素性に再合成される段階に入っていく。こうした有酸素性の過程に入ってくると，それまで息をこらえ文字通り気張って走ってきた状態から，酸素欲しさに急激に呼吸が烈しくなってくるのが実感

表6　筋収縮の直接的・間接的エネルギー源

エネルギー源	含有量 μmol/筋1g	エネルギー発生の化学反応	エネルギー発生量
アデノシン3リン酸（ATP）	～3	ATP → ADP + Pi	機械的仕事と熱
クレアチンリン酸（CrP）	～20	CrP+ADP → ATP+Cr[a]	20μmol ATPの再合成
グリコーゲン	～100	無酸素性にピルビン酸[b]を経て乳酸へ分解	300μmol ATPの再合成
		有酸素性にピルビン酸を[c]経てCO_2とH_2Oへ分解	3900μmol ATPの再合成

[a]：ローマン反応　[b]：無酸素性解糖作用　[c]：TCA回路・呼吸鎖（電子伝達系）

として分かるようになる。そして，こうした一連のエネルギー発生の過程の中で，乳酸の産生をもたらす無酸素性の解糖作用のピークまでの時間は50秒前後であり，そこまでは，その名が示す通り，酸素がほとんど関与しないことから無酸素性過程（anaerobic process）に属するものである。そのうち，adenosine-PO_4～PO_3～PO_3とCr-PO_3による時間帯はホスファゲン系（phosphagen system）と呼ばれており，その時間帯の12～13秒は，乳酸の産生とは直接関わりをもたないので，非乳酸性の無酸素性過程（alactic anaerobic process）と呼んでいる。そして，それに続く乳酸を産生する無酸素性の解糖作用（anaerobic glycolysis）の時間帯を乳酸性の無酸素性過程（lactic anaerobic process）として区別されている。ちなみに，数秒間でもよいから，緊急事態に備え，息をこらえ気張ってどのくらいの距離を走れるかを知っておいてもよいのではないだろうか。

　図12の下図は，エネルギーの出力（energy output）の絶対量を縦軸にとり，また，時間を120分に延長しそれを対数に変換して横軸にとり，そして時間経過にともなう総出力の低下と，その中に占める各種エネルギー発生機構の関与の度合いを成人について示したものである。マラソンのように，長時間にわたり，かつかなりの出力で運動を持続するような場合を例にとれば，スタート当初に発生した乳酸を酸化し，引き続き中性脂肪に由来する脂肪酸の酸化に切り替え，この有酸素性の状態で，しばらくの間，走行を持続するようになっていくことがわかる。もちろん，最後にスパートをかける場合には，万を持して貯めておいた炭水化物（グリコーゲン）を燃焼させてゴールに向かうことは言うまでもない。

　こうしたラストスパートの意味は，酸素1Lは，脂肪の燃焼よりも炭水化物の燃焼に関わったほうがエネルギー発生量がより大きいことからも，うなずくことができる。なぜならば，次の4章4.5.1.においてさらに掘り下げて説明されているように，1個のパルミチン酸（$C_{16}H_{32}O_2$）分子の酸化において130個のATP分子を再合成する場合は，次の化学方程式において，

$$C_{16}H_{32}O_2 + 23O_2 = 16CO_2 + 16H_2O$$

1個の酸素分子（0℃，1気圧という標準状態で22.4Lに相当する）は，130ATP/23O_2という計算から分かるように，5.65個のATPを再合成するが，それに対して，1個のグルコース（$C_6H_{12}O_6$）の酸化において38個のATPを再合成する場合は，同じように

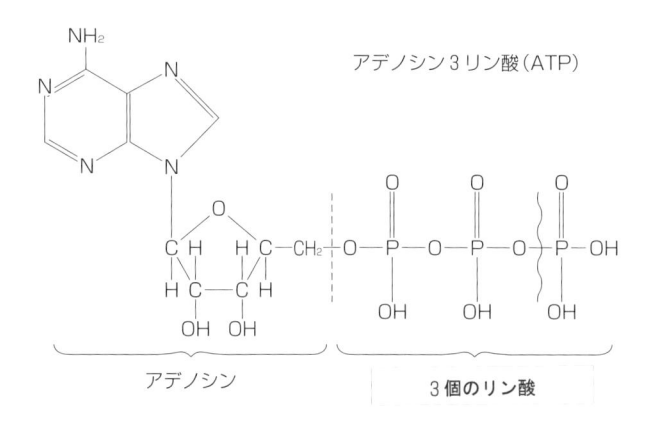

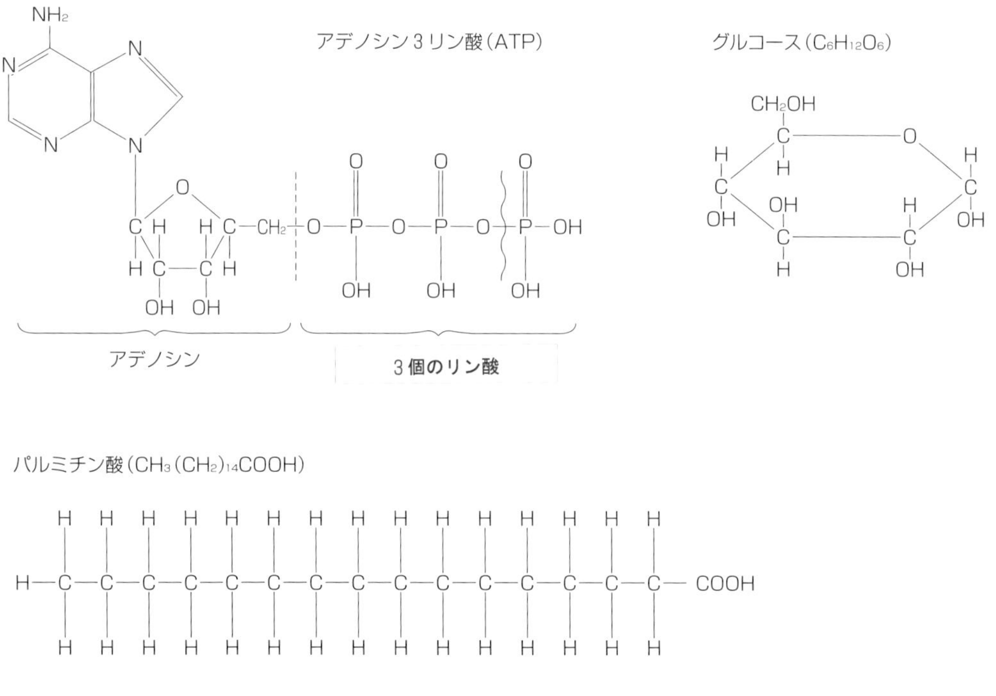

考えて，次の式から，
　$C_6H_{12}O_6 + 6O_2 = 6CO_2 + 6H_2O$
1個の酸素は，38ATP/6O₂という計算から，より多い6.33個のATPを再合成できるからである。

　こうしてみると，本実験における短距離走と5分間走の対比は，前述したように，非乳酸性の無酸素性能力と，有酸素性能力の対比ということになる。そこで，こうした両者間の有意の相関は，男女児ともに認められていることから，幼児では非乳酸性の無酸素性能力と，有酸素性能力が共に比較的並行して発達していることが分かる。すなわち，短距離走が速い幼児はおおむね5分間走も速いということになる。

4.5. エネルギー発生の生化学的背景

　これまで，骨格筋の収縮・弛緩のエネルギー源や，それが発生するエネルギーが無酸素性過程によるものか，あるいは有酸素性過程によるものかについて述べてきたが，これから乳酸の問題がしばしば取り上げられるので，身体運動負荷の様態における乳酸の位置付けを特に強調しながら，改めて生化学的背景の概念を述べることにする。

　まず図13は，直接的エネルギー源であるATPと，間接的エネルギー源に属するパルミチン酸（palmitic acid）とグルコース（glucose）の構造式を示したものである。

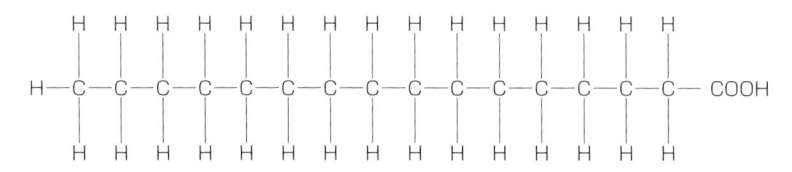

図13　ATP，パルミチン酸（脂肪酸）およびグルコース（炭水化物）の構造式（Peter M[h]）

そして，骨格筋においては，酸素が十分あれば，グルコースよりもむしろ脂肪酸が優先してエネルギー源として利用されるようになっている。換言すれば，脂肪酸は有酸素性のもとでのみATPを再合成できるからであり，そして運動強度が高まるなどして酸素が不足してくると，有酸素性ばかりでなく無酸素性のもとでもATPを再合成できるグルコースが，脂肪酸に替わってこれまでよりも一層多く利用されるようになるということである。

ちなみに，脳においては，常に十分な酸素供給のもとにグルコースのみがエネルギー源として使われており，したがって，脳は酸素とグルコースの不足に対しては極めて敏感である。

4.5.1. 脂肪酸の有酸素性分解

間接的エネルギー源として脂肪酸が分解するとき，それは，運動強度が比較的低く，したがって，酸素が十分に存在する条件のもとで有酸素性に進行するものである。ところで，いわゆる脂肪は中性脂肪のことであり，これは1個のグリセリンに3個の脂肪酸が緩やかに結びついてできあがった複合体である。したがって，それが酵素リパーゼ（lipase）の作用によって分解し，そこに生じた脂肪酸が，間接的エネルギー源として動員されるというものである。

図14は，こうした脂肪酸が，ミトコンドリアの中にある呼吸鎖（respiratory chain）において，ADP+Pi→ATPというかたちで，ATPを再合成するまでの過程を簡略化して図示したものである。そこには，これから述べるような分子式ないし構造式といった化学式は示されていないが，身体運動との関わりから，大まかな生化学的流れを掴むのには分かりやすい模式図である。しかし，そのなかで分子レベルからさらに進んで電子レベルまで詳しい理解を求めるには，どうしても生化学の専門書を紐解く必要がある。とはいえ，手始めとしては，脂肪酸からどのようにして水素が抜き出され，そしてその水素が，十分な酸素の供給のもとで，呼吸鎖を渡りながらどのようにしてATPを再合成するのかというようにとらえた方がよいであろう。

さて，血液中の脂肪酸は，筋細胞（筋線維）の筋形質（sarcoplasma）の中に取り込まれると，1個のATPの分解によって生じたエネルギーを利用して補酵素CoA（coenzyme A，CoA）と結びつき活性脂肪酸になる。また同じように，筋細胞の中に筋原線維の間に挟まれて存在する中性脂肪も利用されるが，いずれもその際に使われたATPは，いわば脂肪酸の旅立ちに当たって手にする餞別のようなものであり，また新しく企業を興す会社でいえば先行投資のようなものである。こうして元気づいた活性脂肪酸はミトコンドリアの中に入り込み，ベータ酸化作用（β-oxydation）と呼ばれている回路を進んで行く。

ここでいうCoAは，一般的な表記であり，生化学的変化をたどる場合には，その中に含まれるチオール基（thiolic group or radical，・SH）が他の物質との結合・解離に関わっているので，特に浮き彫りにして，H・S-CoAと言うように表記される。そして，パルミチン酸とH・S-CoAが次のように反応して

$$CH_3 \cdot (CH_2)_{14} \cdot COOH + H \cdot S\text{-}CoA \rightarrow CH_3 \cdot (CH_2)_{14} \cdot CO \cdot S\text{-}CoA + H_2O$$
　　（パルミチン酸）　　（CoA）　　　　（パルミチルCoA）

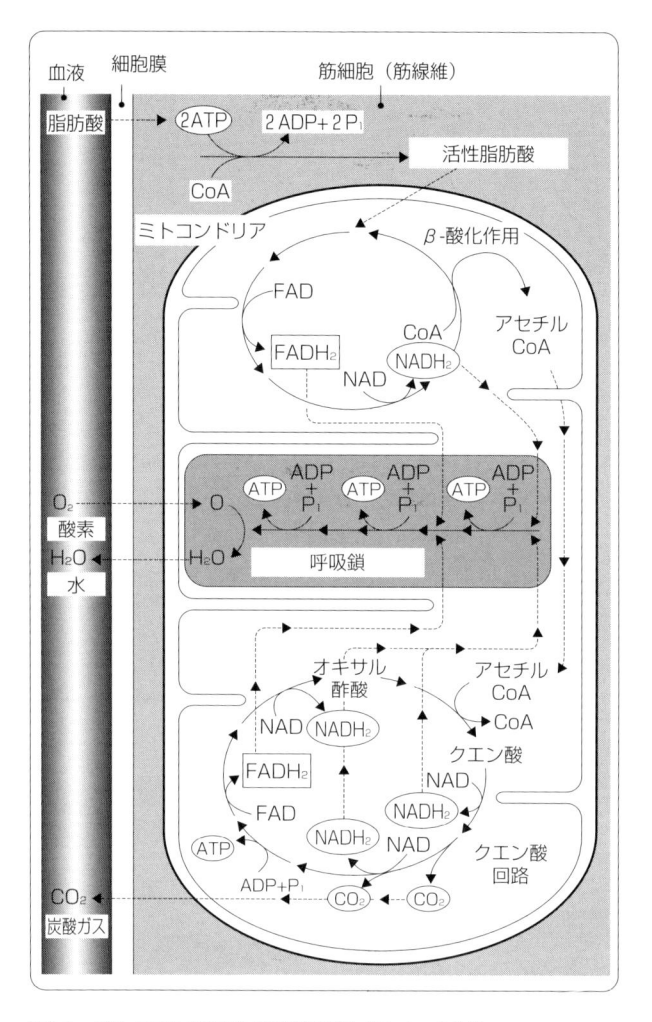

図14 パルミチン酸の有酸素性分解（Peter M[h)]）
　補酵素NADやFADがβ-酸化作用・TCA回路においてパルミチン酸から水素（H_2）を取り込み NAD-H_2やFAD-H_2となって呼吸鎖へ水素（H_2）を運びATPを再合成する。そして最後に水素（H_2）は酸素（O_2）と結合し水（H_2O）になる。しかし運動強度が高まり酸素が不足してくるとそれに応じて水素の流れは頭打ちになってくる。

パルミチルCoAが生ずるが，これが先の活性脂肪酸である。そして，ミトコンドリアにおけるβ-酸化作用の第1段階で1組のH_2を失うという酸化がおこり，そのH_2は酸化型のFAD（flavin adenine dinucleotide，フラビンアデニンジヌクレオチド）という補酵素が受け取り還元型のFAD-H_2ができる。第2段階ではH_2Oが加わってから再びH_2を失うという酸化がおこり，そのH_2は同じく酸化型のNAD（nicotinamide adenine dinucleotide，ニコチンアミドアデニンジヌクレオチド）という補酵素と結びつき，還元型のNAD-H_2が生ずる。こうした酸化過程を経て残った$CH_3 \cdot (CH_2)_{12} \cdot CO \cdot CH_2 \cdot CO \cdot S\text{-}CoA$と，次に示されているように，新たに加わった別の$H \cdot S\text{-}CoA$と反応し，

$$CH_3 \cdot (CH_2)_{12} \cdot CO \cdot CH_2 \cdot CO \cdot S\text{-}CoA + H \cdot S\text{-}CoA \rightarrow$$
$$CH_3 \cdot (CH_2)_{12} \cdot CO \cdot S\text{-}CoA + CH_3CO \cdot S\text{-}CoA$$
（ミリスチルCoA）　　（アセチルCoA）

となって第1周が終わる。そして、ミリスチルCoAはパルミチルCoAから2組のCH$_2$を失った形であり、それは、その後引き続き第2周に入る。

こうして、第1周で生じたNAD-H$_2$は同じくミトコンドリアの中にある呼吸鎖に向かい、そこに入る時に水素（H$_2$）を離しNADという還元型に戻るが、そのH$_2$は呼吸鎖を流れる過程で3個のATPを再合成し、その終末で動脈血から入ってきた酸素（O$_2$）と結びつき、水（H$_2$O）となる。FAD-H$_2$は呼吸鎖の途中で入るために再合成されるATPは2個である。そこで、いつも念頭におくべきことは、ミトコンドリアの呼吸鎖に酸素が十分供給されている限りは、NAD-H$_2$は3個、FAD-H$_2$は2個のATPを再合成することができるということである。

一方、アセチルCoAはパルミチン酸から受け取った2個の炭素（C）を含み、3カルボン酸回路（tricarboxylic acid cycle，TCA回路）へ向かい、その回路の最終段階で4個のCを持ったオキサル酢酸（oxalacetic acid）と反応し、CoAを離しながら6個のCを持つクエン酸（cytric acid）となり、TCA回路の新たな出発となる。この回路は、その出発点の成分がクエン酸であることからクエン酸回路（cytric acid cycle）ともいい、また発見者の名にちなんでクレブス回路（Krebs cycle）とも呼ばれている。そして、その回路の過程で、H$_2$を抜き出す役割を持ついくつかの酵素、すなわち脱水素酵素（dehydrogenase）の作用により、NAD-H$_2$が3個、FAD-H$_2$が1個できるが、それらは呼吸鎖において11個のATPを再合成し、それにこの回路の過程で独自に再合成される1個のATPを加えると、TCA回路では合計12個のATPを再合成できることになる。それにすでにβ-酸化作用で再合成された5個のATPを加えると17個のATPとなるが、最初の先行投資として利用された1個のATPを差し引くと、第1周のβ-酸化作用に当たっては最終的に合計16個のATPが再合成されたことになる。

同様に、第2周目から第7周目までの6周においては、各周それぞれ2組のCH$_2$を失いながらも、いずれも先行投資を必要としないので、16ATP＋17ATP×6＝118ATPというように、118個のATPが再合成される。そして、最後に1個のアセチルCoAが残るが、それは回転できずにそのままTCA回路に入り12個のATPを再合成するので、それを加えると、結局1個のパルミチン酸は130個のATP（16ATP＋6×17ATP＋12ATP＝130ATP）を再合成できるということになる。したがって、余分に2組のCH$_2$を持つステアリン酸の場合は、余分に1周できるので17個のATPが加わり、147個のATPが再合成される。そして、3個のパルミチン酸を持つ中性脂肪であれば、それだけで、130ATP×3＝390ATPにも達する。

ところが、こうした脂肪酸の分解によるATPの再合成は、運動強度が低い段階であり、次第にそれが高まり酸素の供給が不十分になってくると、次第にグルコースの関与度が大きくなり、そして、最大努力時にはグルコースが主体となり、次に続く無酸素性の状態でもATPを再合成できるという態勢を整えることになる。

4.5.2. グルコースの有酸素性分解

　グルコースは，もともと安静時では，それが互いに鎖状に繋がってできたグリコーゲン（肝臓・筋肉などに含まれる動物デンプン）として筋原線維の間に貯蔵されている。しかし，激しい運動になると，それが加水分解によって途切れ，間接的エネルギー源として重要な役割を担うようになる。このようにグリコーゲンが途切れることをグリコーゲン分解作用（glycogenolysis）と呼んでいる。一方，インスリン（insulin）というホルモンの作用により，血糖と呼ばれている血液中のグルコースも筋線維の中へ取り込まれ，エネルギー源として動員されている。

　図15は，パルミチン酸の場合にならって，グルコースが呼吸鎖においてATPを再合成するに到るまでの過程を示したものである。まずグルコースの場合も，1個のATPを分解し，そのPi（〜PO_3）を取り込んでグルコース6-リン酸（glucose 6-phosphate）となり，さらに進んでもう1個のATPの分解によるPi（〜PO_3）を取り込み，2個のPi（〜PO_3）を含むフルクトース1,6-2リン酸（fructose 1,6-diphosphate）すなわち（CH_2O〜PO_3)$_2$・CO・(HOCH)$_3$ができる。

　次いで，それが分解して，3個の炭素（C）と1個のリン酸を含む3炭糖リン酸（triose-phosphate）であるグリセルアルデヒド3リン酸（glyceraldehyde 3-phosphate, CHO・HCOH・CH_2〜PO_3）が2個できる。ここで注目すべきことは，これからの過程で，これら2個のグリセルアルデヒド3リン酸がそれぞれ同じ道筋をたどるということである。そして，それぞれ，まず1個のPi（〜PO_3）とNADを取り込み，NAD-H_2を生み出すがそれは3個のATPの再合成につながり，同時に2個のPi（〜PO_3）を持った1,3-ジホスホグリセレート（1,3-diphosphoglycerate, COO〜PO_3・HCOH・CH_2〜PO_3）ができる。その後，続いて2個のATPを再合成しながら，ついにはピルビン酸（別名，焦性ブドウ酸，pyruvic acid, CH_3・CO・COOH）となる。

　そして，このようにグルコースからピルビン酸に至るまでの行程を，有酸素性の解糖作用（aerobic glycolysis）と呼んでいる。なぜならば，このピルビン酸は，酸素が十分に存在していれば，ミトコンドリアの中へ入ることができるからである。

　そして，ミトコンドリアの中へ入ると，NADとCoAの参加のもとに，NAD-H_2とアセチルCoAを生み出すが，このNAD-H_2は3個のATPを再合成し，アセチルCoAは，脂肪酸の場合にも見られたように，TCA回路を介して12個のATPを再合成する。こうしてみると，1個のグリセルアルデヒド3リン酸からは，酸素が十分に存在すれば，呼吸鎖を通過して水を作るまでに20個のATPが再合成されるが，グリセルアルデヒド3リン酸は，すでに述べたように，2個あるからその2倍となり，40個のATPになる。しかし，先に2個のATPを先行投資しているので，それを差し引くと，結局，1個のグルコースは38個のATPを再合成できるということになる。こうしてみると，この数は1個のパルミチンによって再合成される130個のATPと比較すると，はるかに少ないものである。また，解糖作用はミトコンドリアの外で進行するものであり，さらに，この解糖作用においてフルクトース1,6-2リン酸が生ずる前段に不可欠な酵素として，ホスホフルクトキナーゼ（phosphofruktokinase, PFK）があるが，思春期前の子どもではこの量が少ないという報告[13]がある。これは成人のように高いレベルの解糖作用を持っていないこと，すなわちこの作用がなお未発達の状態にあること

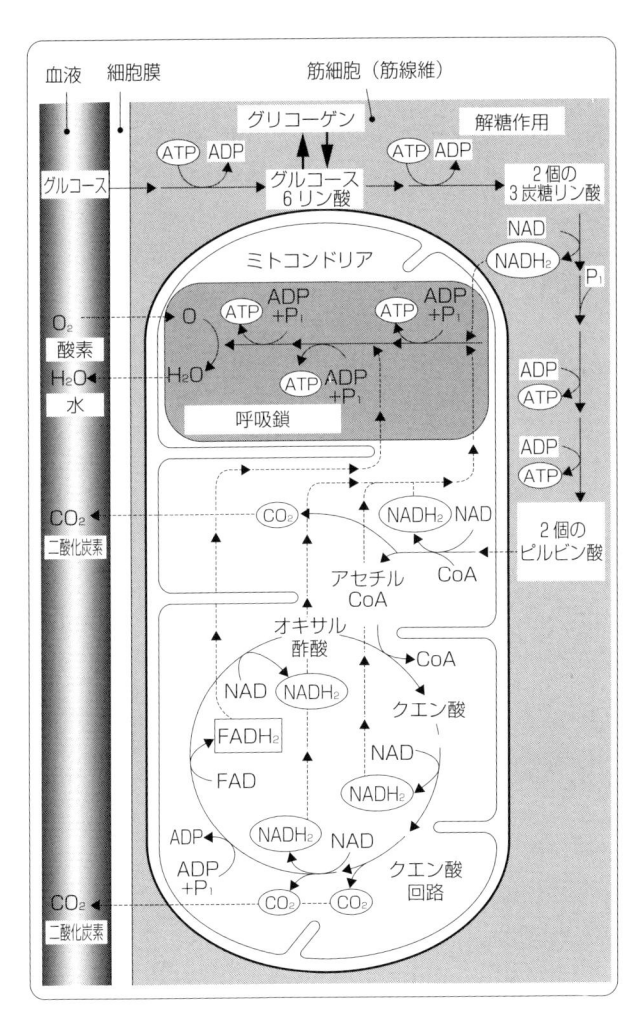

図15 グルコースの有酸素性分解（Peter M[h)]）
　補酵素NADやFADが解糖作用・TCA回路においてグルコースから水素（H_2）を取り込み，NAD-H_2やFAD-H_2となって，パルミチン酸と同じように，呼吸鎖へ水素（H_2）を運びATPを再合成する。そして最後に水素（H_2）は酸素（O_2）と結合し水（H_2O）になる。しかし酸素が不足してくると水素（H_2）の流れは頭打ちになってくる。
　脂肪酸は本来有酸素性に分解するので，運動強度が高まり無酸素性状態に入ると，グルコースがエネルギー源の主体となる。
　したがって，体力レベルの低い肥満の人では，運動強度が少しでも高まると脂肪酸に代わってグルコースが燃焼するようになってしまう。

を示している。

4.5.3. 筋形質における無酸素性の解糖作用による乳酸の産生

　　　　運動がさらに激しくなり，呼吸循環機能によって骨格筋に送られてくる酸素が不足してくると，呼吸鎖では，押し寄せてくるNAD-H_2やFAD-H_2をもはや受け入れきれなくなり，したがって，これまで有酸素性に再合成されてきたATPの量は頭打ちに

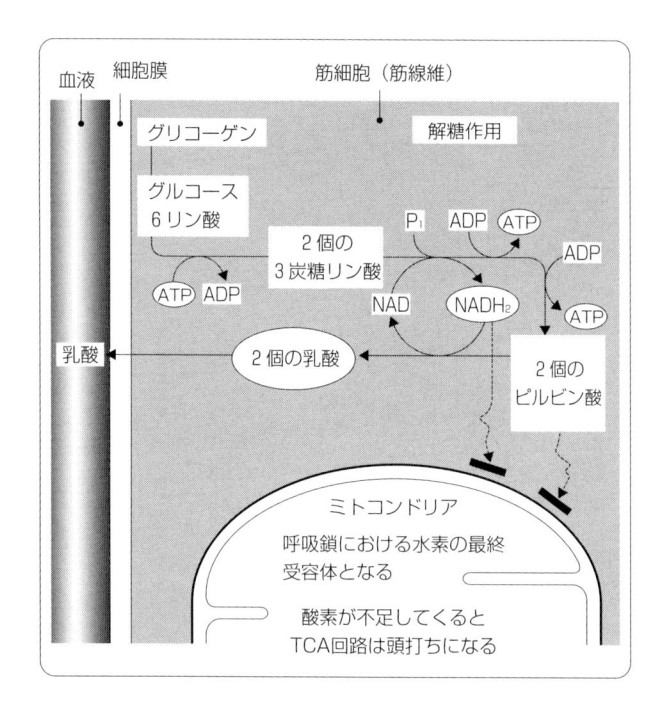

図16 無酸素性解糖作用（Peter, M[h])）
　グルコースの有酸素性分解の過程で，運動強度が高まるにつれて酸素が不足し無酸素性の状態に入ってくると，水素（H_2）の流れは頭打ちになってくる。するとその遡及効果のため，ピルビン酸・$NAD-H_2$・$FAD-H_2$はミトコンドリアの中に入れず滞ってしまう。この段階になると$NAD-H_2$はピルビン酸に水素（H_2）を渡し乳酸をつくりながらNADとなり，再び解糖作用に入り込み無酸素性の状態でさらにATPを再合成するようになる。

なってくる。そのことは，さかのぼってTCA回路における$NAD-H_2$や$FAD-H_2$の産生を抑制し，ひいては図16に示されているように，解糖作用の過程で産生された$NAD-H_2$はもとより，ピルビン酸さえもそれ以上ミトコンドリアの中へ入り込めなくなり，この両者は行き場を失い筋形質の中に溜まってくる。それでも，より激しい運動を続けようとすれば，それに応えられるように，これまでとは打って変わって，酸素なしにすなわち無酸素性のもとでATPを再合成する段階に入っていく。それは，図16からも分かるように，行き場を失ったピルビン酸（$CH_3 \cdot CO \cdot COOH$）が，これまた同じように行き場を失って滞っている$NAD-H_2$のH_2を受け入れて乳酸（lactic acid or lactate, $CH_3 \cdot CH \cdot OH \cdot COOH$）とNADを産生するが，とりわけ，そのNADが，ADP（adenosine-$PO_4 \sim PO_3$）とPi（$\sim PO_3$）と一緒に解糖作用の流れに入り込み，再び$NAD-H_2$を産生しながらATPを再合成するというものである。

　それにもかかわらず，運動強度がなお一層高まれば，それだけ余分の乳酸を生み出しながらATPを再合成し続けるが，やがて応じきれずに限界に達し，運動を停止するというオールアウトの状態になるか，あるいは運動強度を低下せざるを得なくなる。

　こうした乳酸の増加は，そのまま血中乳酸の増加をもたらすので，運動強度に対する血中乳酸濃度（blood lactate concentration, LA）の変化が分かれば，有酸素性に産

生されたATP量の上に無酸素性のATPが加重されていく推移を読み取ることができる。そして，解糖作用に関して，酸素が十分にあってピルビン酸がミトコンドリアに入っていける場合には有酸素性の解糖作用と呼び，酸素が不足してピルビン酸がミトコンドリアに入れず，そのまま乳酸にまで到る場合を無酸素性の解糖作用と呼んで区別している。

　こうした有酸素性から無酸素性への推移に着目し，文字通り有酸素性→無酸素性移行相（aerobic→anaerobic transition）とか，無酸素性作業閾値（anaerobic threshold, AT）という概念が導入され，その判定基準も実験的に設定されている。そして，有酸素性→無酸素性移行相は，漸増負荷法において，血液1L中の乳酸量が2 mmolから4 mmol·L^{-1}までの範囲を指している。またATは血液1Lの中に含まれる乳酸が4 mmolを越す時点（4 mmol·L^{-1}LA）を指すものであり，無酸素性に産生されるATP量が急激に増え始めることを意味している。とりわけ，無酸素性作業閾値（AT）は，最大酸素摂取量とともに有酸素性能力の有力な判定基準となっており，トレーニング処方の作成やトレーニング効果の確認に当たって重要な指標となっている。

　なお，筋収縮・弛緩の間接的エネルギー源である脂肪酸やグルコースから，脱水素酵素の働きによって抜き取られた水素を受け取り，呼吸鎖まで運ぶ役割を果たしているNADは，その成分としてビタミンBの複合体の一つであるニコチン酸を含み，また同じ働きのFADはリボフラビンすなわちビタミンB$_2$を含んでいる。また，脂肪酸やグルコースから炭素を抜き取りβ-酸化作用やTCA回路へ送り込む作用をもつCoAも，ビタミンB$_2$複合体の一種であるパントテン酸を含んでいる。このことは，エネルギー発生にあたっては，これらのビタミンB群がいかに重要であるかを示すものである。

5章 グラウンド5分間走における幼児の呼吸循環機能応答の特性[73]

　この実験からは，もっぱら幼児の有酸素性能力に焦点を合わせ，これまで通りの野外実験から始まって段階的に実験室実験へと移っていったわけであるが，その手始めとして，まず文部省（現・文部科学省）によるスポーツテストの持久走に着目した。そこでは，有酸素性能力を知る運動能力テストとして，中・高校生においては，男子1,500m女子1,000mの持久走が行なわれている。そして，その平均所要時間は，性・年齢を通して見ると，およそ4分30秒～5分30秒の範囲におさまっている。そこで，この所要時間を参考にして，走行時間を5分に設定し，その間に走ることができる距離を改めて5分間走とした。4～18歳を対象として測定した結果についてはすでに3章において紹介されている。本実験では，こうした5分間走という持久走を用い，その際に生ずる幼児の呼吸循環機能の応答（response）の特性を，中学生と比較しながら検討したものである。

5.1. 5分間走における測定手順と呼吸循環機能の変化

　栃木県A幼稚園年中組（4～5歳）男女児それぞれ5名，栃木県F中学校男子4名を被検者とした。幼児では150m,中学生では250mのトラックを公園または校庭に描き，走行距離の判定を容易にするために5mごとに区画線を設けた。10分間の座位による安静の後，ウォーミングアップなしで5分間走に入ったが，それは，運動開始直後の安静レベルからの変化をできるだけ明確にとらえるためであった。走行中，伴走者は被検者の内側でダグラスバッグを支え（写真1，3章3.1.），口頭による励ましの言葉をかけながら，1分毎にコックを切り替え連続的に呼気を採気した。そして，走行終了直後から，その場で座位の姿勢をとり，回復過程として走行終了後1分（1分間採気），3分（2分間採気），6分（3分間採気），10分（4分間採気），15分（5分間採気），20分（5分間採気）の時点でコックを切り替え，連続して合計20分間の呼気採気を行なった。心拍数は，安静時の開始から回復時の終了時まで，テレメーターにより連続的に記録した。

　表7は，5分間走における1分毎の走行距離・走行速度を平均値で示したものである。走行距離をみると，男児では，1分目170m，2分目156m，3分目152m，4分目154m，5分目163mであり，女児では，それぞれ177m，156m，148m，150m，155mであり，そして中学生男子では，それぞれ290m，251m，261m，263m，283mであった。こうした1分毎の走行速度を見ると，最初の1分目が最も速く，その後は少し遅くなり，

表7　年中組（4～5歳）男女児および中学生男子（13～14歳）の5分間走における1分毎にみた走行距離と走行速度

時間経過（分）		1分目	2分目	3分目	4分目	5分目
男児5名(n=5)	走行距離(m)	169.8 (18.8)	156.2 (12.0)	151.8 (10.2)	154.2 (9.3)	163.2 (9.8)
女児5名(n=5)		176.8 (9.6)	155.6 (6.1)	148.2 (5.9)	149.6 (10.3)	155.2 (4.1)
中学生男子4名(n=4)		290 (39)	251 (25)	261 (16)	263 (13)	283 (12)
男児5名(n=5)	走行速度(m/秒, V, m·min^{-1})	2.83 (0.30)	2.60 (0.20)	2.53 (0.17)	2.57 (0.16)	2.72 (0.16)
女児5名(n=5)		2.95 (0.16)	2.59 (0.10)	2.47 (0.10)	2.49 (0.17)	2.59 (0.07)
中学生男子4名(n=4)		4.83 (0.64)	4.18 (0.42)	4.35 (0.26)	4.39 (0.21)	4.47 (0.20)

平均値（標準偏差）

　そして，最後の5分目が再び速くなるという具合であった。また，全走行距離では男児794m，女児784mとなっており，これらの値は3章の表1における男女児4歳のそれぞれ799m，779mとほぼ一致している。また，中学生男子は1,348mであり，それは同じく表1における男子14歳の1,302mよりもかなり大きく，18歳の1,340mに匹敵するものであった。したがって，表8にみられる走行時5分目に得られた最大酸素摂取量に相当する2.974L·min^{-1}も18歳の2.997L·min^{-1}とほぼ同じ値であった。こうしてみると，本実験における中学生男子は有酸素性能力においてかなり優れているものと見なすことができる。

　次いで，こうした5分間走行負荷に対する呼吸循環機能の変化を示したものが表8である。心拍数においては，男児では1分目で一気に173.4beats·min^{-1}まで高まり，その後は徐々に増加し，最後の5分目では198.8beats·min^{-1}に達している。一方，女児では，それぞれ171.1beats·min^{-1}，200.2beats·min^{-1}となっている。絶対値酸素摂取量においては，男児の5分目が，ラストスパートのためか，やや高めになっていることを除けば，男女児共に2分目からほぼプラトー状態が成立していることが分かる。そして，5分目における男児の0.923L·min^{-1}，女児の0.853L·min^{-1}という値は，5分目の男児心拍数198.8beats·min^{-1}，同じく女児心拍数200.2beats·min^{-1}，さらに呼吸商が1.0に達していることから，最大酸素摂取量と見なすことができるが，これらの値は，表1に示されている4歳児の最大酸素摂取量の値よりもやや大きい。こうしてみると，この5分間走において，2分目から5分目までの4分間に見られたプラトー状態は，少なくとも有酸素性能力を最大限に動員し，かつ有酸素性エネルギー発生の上限で走り続けたことになる。もちろん，無酸素性のエネルギーがそれに上乗せされていることも否めない。こうしてみると，5分間走のみならず，男子1,500m走，女子1,000m走においても，有酸素性能力のほぼ上限のレベルで走っていることがうかがわれる。

　このように，持久走のような持久性の運動において成立する酸素摂取量のプラトー状態を，一般に定常状態（steady state）と呼んでいる。それは，ある時点の運動強度において，エネルギー発生のために必要とされる酸素量すなわち酸素要求量

表8 年中組（4～5歳）男女児および中学生男子（13～14歳）の5分間走とその回復時における心拍数・酸素摂取量

変数	被験者数	安静時	5分間走行時					走行後回復時					
			1分目	2分目	3分目	4分目	5分目	0～1'	1'～3'	3'～6'	6'～10'	10'～15'	15'～20'
心拍数 (拍/分) (HR, beats·min⁻¹)	男児5名 (n=5)	103.0 (12.7)	173.4 (11.4)	186.6 (14.7)	192.6 (10.5)	195.2 (8.3)	198.8 (8.8)	166.0 (11.5)	126.8 (10.5)	117.4 (10.1)	118.0 (10.0)	117.8 (11.1)	115.2 (11.4)
	女児5名 (n=5)	104.2 (7.1)	171.1 (6.9)	194.0 (5.7)	196.4 (5.8)	197.4 (7.0)	200.2 (5.6)	174.0 (11.5)	137.8 (7.2)	124.2 (6.5)	122.2 (7.8)	121.1 (8.3)	119.2 (9.6)
	中学生男子 (n=4)	71.8 (1.7)	164.7 (11.4)	183.8 (7.1)	187.3 (6.3)	191.3 (5.9)	195.3 (5.5)	171.5 (4.4)	132.3 (14.0)	109.5 (10.2)	105.0 (12.3)	99.5 (12.3)	96.5 (12.0)
絶対値 酸素摂取量 (L/分) ($\dot{V}O_2$, L·min⁻¹)	男児5名 (n=5)	0.163 (0.034)	0.677 (0.092)	0.862 (0.091)	0.859 (0.137)	0.865 (0.103)	0.923 (0.133)	0.512 (0.089)	0.217 (0.053)	0.172 (0.021)	0.165 (0.018)	0.159 (0.018)	0.158 (0.031)
	女児5名 (n=5)	0.154 (0.017)	0.616 (0.120)	0.827 (0.129)	0.837 (0.102)	0.854 (0.095)	0.853 (0.088)	0.585 (0.130)	0.255 (0.045)	0.187 (0.018)	0.169 (0.021)	0.160 (0.009)	0.156 (0.012)
	中学生男子 (n=4)	0.246 (0.025)	2.020 (0.211)	2.534 (0.220)	2.644 (0.155)	2.876 (0.168)	2.974 (0.161)	2.268 (0.377)	0.858 (0.285)	0.575 (0.240)	0.385 (0.035)	0.367 (0.018)	0.302 (0.008)
呼吸商 (RQ) ($\dot{V}CO_2·\dot{V}O_2^{-1}$)	男児5名 (n=5)	0.824 (0.112)	0.826 (0.059)	0.960 (0.076)	0.931 (0.040)	0.910 (0.062)	1.021 (0.054)	0.940 (0.087)	0.971 (0.075)	0.860 (0.048)	0.811 (0.045)	0.799 (0.028)	0.758 (0.026)
	女児5名 (n=5)	0.792 (0.038)	0.931 (0.076)	1.057 (0.068)	1.021 (0.046)	1.015 (1.015)	1.000 (0.017)	1.068 (0.076)	1.102 (0.133)	1.002 (0.044)	0.865 (0.030)	0.828 (0.028)	0.772 (0.014)

平均値（標準偏差）

（oxygen demand）と，それに対して過不足なく供給される酸素量すなわち酸素供給量（oxygen supply）が等しくなった状態ということである。換言すれば，酸素の需要と供給のバランスがとれている状態である。そして，こうした定常状態における酸素摂取量のレベルやその状態が持続できる時間は，走行速度という一種の運動強度によって異なることはいうまでもない。

ちなみに，表8により，エネルギー消費の立場から，安静時の酸素摂取量を基準として，この5分間走という負荷によって，運動時・回復時を通して余分に摂取された正味の酸素摂取量すなわち酸素需要量（oxygen requirement）を算出してみると，男児では3.863L，女児では4.044L，男子中学生では17.429Lとなった。そして，これらの値は，酸素1Lはおよそ5kcalに相当することから，正味の消費カロリーに換算すると，それぞれ19.32kcal，20.22kcal，87.10kcalということになる。このように，幼児の5分間走における正味の消費カロリーがおよそ20kcalということは，それが発育に影響するような値ではないことが分かる。なお，こうしたカロリー消費量の算出手順は，すでに述べたように，肥満・痩身といった身体組成（body composition）に対する運動処方の問題を理解し，認識していく上で重要である。

5.2. 5分間走における心拍数・酸素摂取量の運動時における増加率および回復時における回復率

運動負荷に対する呼吸循環機能の応答の様子を知る方法として，心拍数・酸素摂取量の負荷開始後の運動時の変化，負荷終了後の回復時の変化をそれぞれ増加率・回復率でとらえるというやり方がある。増加率（increase rate）というのは，運動時のある時点における増加率を知ろうとする場合に，運動開始前の安静時の値と運動終了時の最高値との差を100%としたとき，運動時におけるその時点の値と安静時の値との差が，どのくらいの比率に相当するのかを求めればよい。実際には，運動開始後30秒，1分，1分30秒などといった具合に変化過程を眺めることになる。その算出式を，ある時点の心拍数の増加率について示すと，

$$心拍数の増加率 = \frac{（運動時のある時点の心拍数）-（安静時の心拍数）}{（運動終了時の心拍数）-（安静時の心拍数）} \times 100$$

となり，そして，回復率（recovery rate）についても同じように考えると，

$$心拍数の回復率 = \frac{（回復時のある時点の心拍数）-（安静時の心拍数）}{（運動終了時の心拍数）-（安静時の心拍数）} \times 100$$

というように表すことができる。

これらの式により，表8に示されている心拍数と絶対値酸素摂取量の平均値から，時間の流れに従って，採気の時間区分ごとに運動時の増加率および回復時の回復率を算出してみた。

心拍数に関しては，男児の場合，走行時増加率は73.0，87.3，93.5，96.2，100%となり，回復時における回復率は34.2，75.2，85.0，84.3，84.6，87.3%であった。女児

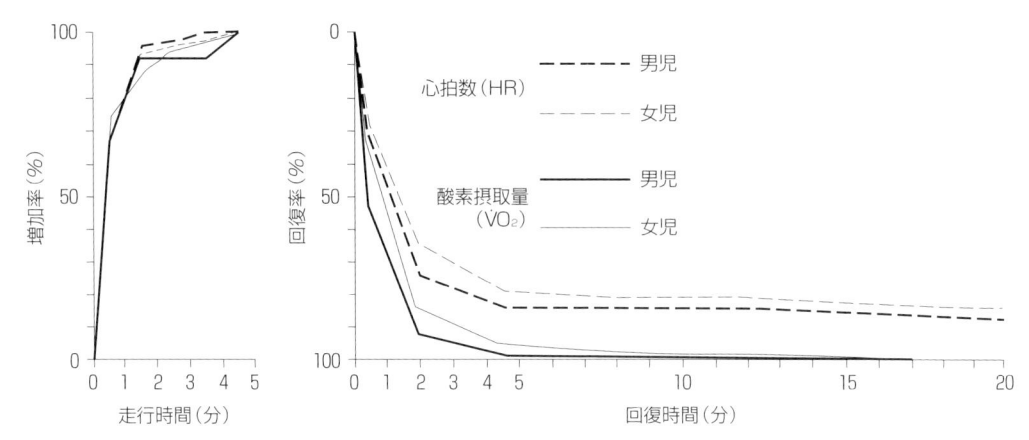

図17　幼児の5分間走における心拍数・酸素摂取量の増加率・回復率

では，増加率は69.4，94.5，96.0，97.1，100.0%，回復率は27.3，65.0，79.2，81.2，82.0，84.0%となった。

　一方，絶対値酸素摂取量においては，男児の場合，増加率は67.7，91.9，91.6，92.3，100%となり，回復率は54.1，92.9，98.8，99.8，100.5，100.7%となった。女児では，増加率は66.1，96.3，97.7，100.1，100.0%となり，回復率は38.3，85.6，95.3，97.9，99.2，99.7%となった。そして，これらの比率を，その変化過程を知り比較することをねらいとして，図示したものが図17である。

　そこで，まず気づくことは，走行終了直後の回復過程において，酸素摂取量が心拍数よりもかなり早く回復しているということである。その理由は一般に次のように考えることができる。運動終了直後から心拍数が回復していく過程で，すでに運動時に分泌されていたアドレナリンや，運動によって高められた体温などが，それなりにあるレベルの心拍数を維持し，そのために血液循環も保証されるわけであるが，そのことが運動時に低下していた還流混合静脈血中酸素含有量の補填や，それにより引き続き，同じく低下していた骨格筋中のミオグロビン酸素結合量を取り急ぎ補うのを助けている。このようにして，酸素が運動時に消費され不足していた分を急いで補填してしまえば，もはや酸素はさほど必要とされず，酸素に関しては早急に回復したことになり，心拍数の回復に先行するというわけである。

　また，回復過程において，安静時レベルを上回る正味の酸素摂取量を酸素負債（oxygen debt）と呼んでいるが，そのうち，今述べたように，主として運動時に低下してしまった還流混合静脈血中酸素含有量や，ミオグロビン酸素結合量等を補填するために，回復時の初頭に現れ，しかも急速に低下していく酸素摂取量の部分を，非乳酸性の酸素負債（alactic oxygen debt）と呼んでいる。それに対して，引き続き回復時において，運動時に産生された乳酸を酸化により消却するのに時間を要するため，かなり緩慢に低下していく酸素摂取量が見受けられる。したがって，こうした酸素摂取量を乳酸性の酸素負債（lactic oxygen debt）と呼んでいる。こうしてみると，酸素負債には，回復の初期に急速な回復を示す非乳酸性の酸素負債と，その後，緩慢な回復を示す乳酸性の酸素負債の2種類があるということになる。

ちなみに，ミオグロビン（myoglobin, Mb）は，血液中のヘモグロビンに似ており，骨格筋中にもあって酸素と結合しており，その酸素に対する親和力はヘモグロビンよりも大きく，いわば骨格筋における酸素の貯蔵という役割をもっている。したがって，運動開始後，間もなく酸素が使われる段階になると，呼吸循環機能により大気中の酸素が骨格筋に届くまでのつなぎ役を果たしている。例えば，クジラの肉がより赤いのは，ミオグロビンが多いためであり，それは水中で長く活動できることを意味している。

　話をもとに戻して，図17において次に気づくことは，心拍数・酸素摂取量ともに，回復率において男児が女児よりもわずかではあるが早いということである。その理由としては，5分間走における負荷条件をみると，すでに述べたように，男児794m，女児784mというようにほとんど差がないにもかかわらず，女児の5分目の体重当たり最大酸素摂取量45.4mL・kg^{-1}・min^{-1}は男児の50.8mL・kg^{-1}・min^{-1}よりもかなり低く，そのために必然的により多くの無酸素性のエネルギーを上乗せし，乳酸が余分に産生されたためと思われる。その証拠として，表8に示されているように，走行時のみならず回復過程の始めの部分で呼吸商が男児よりも高くしかも1.0を上回っている。換言すれば，同じ強度の持久性負荷においては，その後の回復において，女児が男児よりも遅くなるということである。

　次に，男児と中学生男子を比較してみたものが図18である。そこで，増加率について見ると，心拍数および絶対値酸素摂取量ともに，男児と中学生男子との間にさほど差異は認められなかった。回復率については，中学生男子も，男女児と同じように，同一時点においては絶対値酸素摂取量が心拍数よりも大きく，したがって，絶対値酸素摂取量が心拍数よりも回復が早い。ところが，注目すべき顕著な差異として，絶対値酸素摂取量および心拍数ともに男児が中学生男子よりもはるかに回復が早く，男児においては酸素摂取量が5分，心拍数が20分で回復しているのに対して，中学生では20分経過しても両者ともに回復していない。こうしてみると，男児と中学生男子の5分間走における呼吸循環機能の応答の差異は，特に回復期に顕著であり，男児が中学生男子よりもかなり早い回復を示すことが明らかにされた。

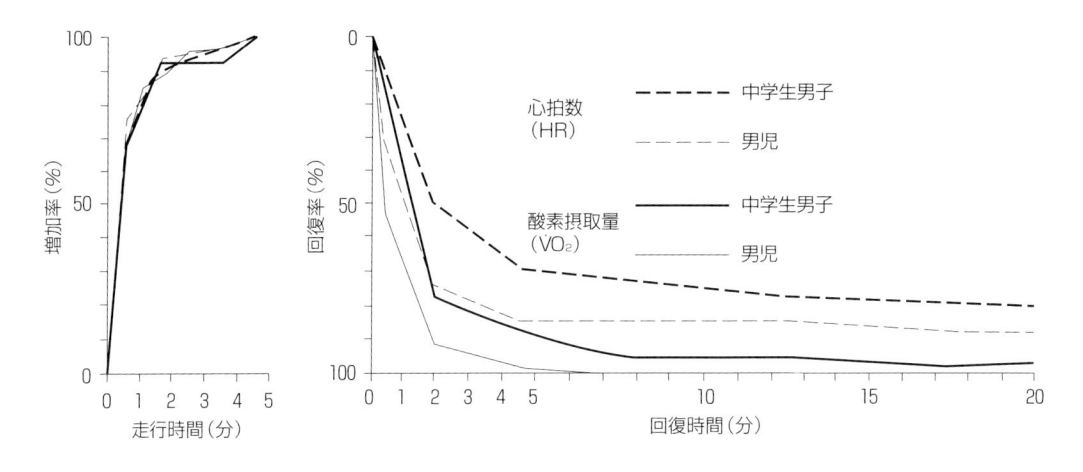

図18　5分間走における心拍数・酸素摂取量の増加率・回復率に見られた男児と中学生男子の差異

その理由としては，まず，全力走行により運動強度が高まり，骨格筋において有酸素性のエネルギー発生が頭打ちになると，乳酸の産生をともなう糖の無酸素性解糖作用が起こり，そこで発生した無酸素性エネルギーを上乗せすることによって，さらに運動を続けることになる。ところが，Eriksson[13]の報告によれば，こうした無酸素性能力は思春期前は未発達の状態にあるとされており，したがって，幼児ではどんなに努力しても，無酸素性の状態とはいえさほど乳酸は産生されず，しかもBouchardら[3]が指摘しているように，全体重に占める骨格筋量の比率が小さいために，乳酸の産生量は一層少なくなる。そのために，回復時にはその乳酸を分解・消却するのに必要な，長時間にわたる乳酸性の酸素負債量は少なくて済むわけで，心拍数も含めて，回復は必然的に早くなる。また，Lehmannら[36]の所見によれば，幼児では，運動時においても成人の場合のように，内臓への血流量は低下しないということが指摘されている。したがって，コリ回路（Cori cycle）の過程で，肝臓における血中乳酸のグリコーゲンへの再合成が促進され，運動時でも血中乳酸濃度の上昇をその分だけ，抑制することになり，それが，回復の速さになお一層の拍車をかける要因になっていると考えられる。

なお，コリ回路というのは，まず，運動により骨格筋で産生された乳酸が，血液中に拡散し，血液循環によって肝臓に達すると，グリコーゲンに再合成され一旦は肝臓に貯蔵される。ところが，必要に応じてブドウ糖（グルコース）となり，血糖として再び骨格筋に到着し，エネルギー源として直ちに再利用されるか，あるいは骨格筋中にグリコーゲンとして貯蔵される。このように，炭水化物である糖が骨格筋から肝臓へ，そして再び骨格筋へと回り戻ってくる現象をコリ回路と呼んでいる。

ともあれ，後述の実験において述べられているように，段階的漸増負荷によるトレッドミル走行実験において，最大努力時の最高血中乳酸濃度は，幼児では小学生[79]とは変わらないが，中学生[77, 78]・高校生[83]・成人[56]よりもかなり低いことを新たに確認している。こうしてみると，幼児では，最大努力時の運動においても比較的有酸素性の状態で終始し，運動後の回復は早いということである。

換言すれば，このようなエネルギーの立場からみると，もともと幼児は運動を行なってもさほど疲れない存在ということになる。それだけに，幼児は外界の対象物に対して強い興味・関心を示し，それを直ちに行動に移す余裕があり，遊びなどの身体活動と一体化した姿で知情意という精神活動ができるようになっている。こうした活発な遊びのなかで，大脳が疲労すると深い睡眠に入れるわけで，遊びによる身体活動が先行することなく，一律に無理に午睡をとらせるプログラムは原則に反する面もあるのではないだろうか。午睡の時間に，睡眠に入らず単に横になっている幼児も多く見受けられた。

ところで，これまで運動負荷後の呼吸循環機能の回復は幼児においてはかなり早く，その理由として，幼児では無酸素性能力が未発達の状態にあり，したがって，運動時に産生される乳酸量が少ないためであるということを示唆してきた。そこで，表8の値から，男児および中学生男子の心拍数・絶対値酸素摂取量について，同じ尺度の上で図示すると，図19のようになり，増加率や回復率とはかなり違った様子になってくる。心拍数について見ると，男児では安静時の103.0 beats・min^{-1}と最高心拍数の

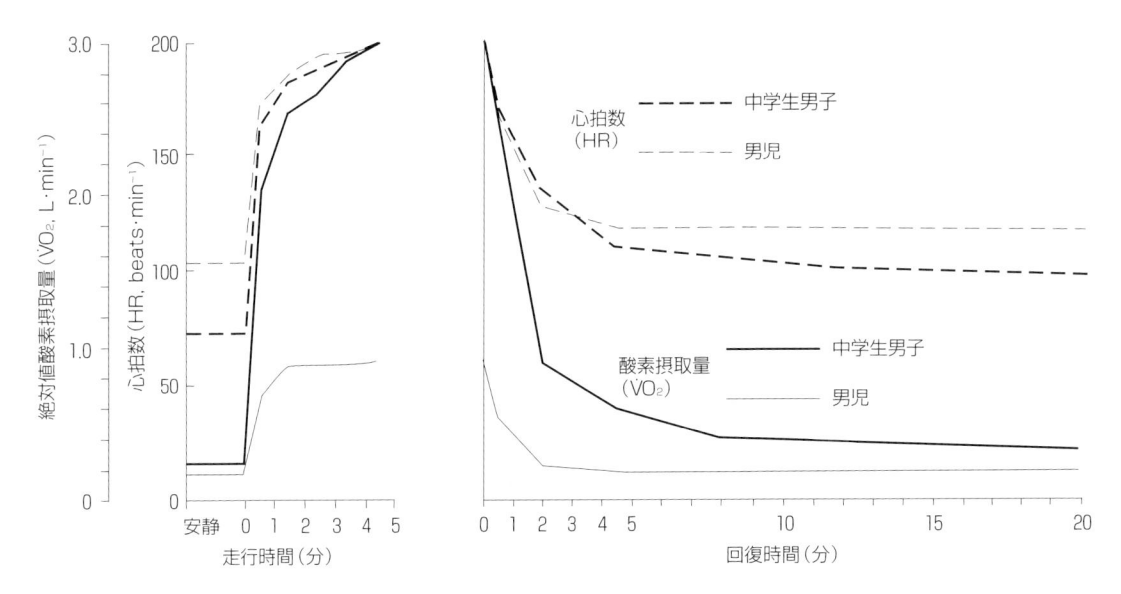

図19　5分間走における心拍数・酸素摂取量の変化に見られた男児と中学生男子の差異

198.8beats・min^{-1}の差が95.8beats・min^{-1}であるのに対して，中学生男子では（195.3－71.8）beats・min^{-1}＝123.5beats・min^{-1}というように1.3倍の大きさになっている。したがって，中学生男子では，呼吸循環機能が発達しているとはいえ，回復時においてその分だけ遅れるのではないかということが考えられる。

そして，男児においては，もちろん女児もそうであるが，このように安静時心拍数が高くなっているのは，その機構についてはこの後の実験の6章6.1.にも述べられているが，次のように考えられる。子どもは，安静状態においてさえ，外界から絶えず入ってくる刺激が大脳皮質の活動水準を高めており，そのことが，延髄にある心臓抑制中枢へ神経衝撃（インパルス，impulse）を送ることになり，次いで迷走神経を介して洞結節に対する抑制を軽減し，その結果必然的に交感神経が優位に立ち，心拍数を高めているように思われる。そして，こうした状態は，興味・関心によって触発され，いつ起こってもよい運動に対する準備体制として解釈できないであろうか。幼児の生き生きとした表情から，大脳皮質の意識に関わる中枢の活動水準の高さを想像することができるので，このことについては，子どもの遊びに対する本来の意欲水準と，それに伴う運動における呼吸循環機能の応答との関連性という立場から，今後なお一層検討されるべき重要課題であろう。

酸素摂取量についても，絶対値最大酸素摂取量と絶対値安静時酸素摂取量の差が絶対値安静時酸素摂取量の何倍に当たるかを見ると，中学生男子の場合は，（2.974－0.249）L・min^{-1}＝2.745L・min^{-1}が0.249L・min^{-1}の11.0倍になっているのに対して，男児の場合では，（0.923－0.163）L・min^{-1}＝0.760L・min^{-1}は0.163L・min^{-1}のわずか4.7倍に過ぎず，中学生男子が圧倒的に大きくなっている。したがって，こうした差異そのものも，心拍数の場合と同じように，中学生において安静値のレベルまで戻るのにより時間がかかる一つの要因になっているものと思われる。

6章 グラウンド30m走と3分間走における循環機能応答の差異[67]

　まず，短距離走としてその距離を30mとし，一方，持久走として，5章のグラウンド5分間走の実験において，走行開始後3分で，もはや有酸素性でしかも最高レベルの定常状態が成立していることから，負荷として3分間走を選んだ。これらの2種類の走行を選んだということは，エネルギー発生の立場から見ると，短距離走における非乳酸性の無酸素性能力と持久走における有酸素性能力を対比させたということにもなる。この実験では，こうした相反するエネルギー発生機構を対比させながら，心拍数・血圧を手掛かりとして，幼児における循環機能の応答の特性を把握しようとしたものである。被検者は，栃木県A保育園の年中組男女児それぞれ20名合計40名で，いずれも全力で走るようにした。

　走行実験に先だって，安静時の基準値を得るために，登園後20〜30分の仰臥位の後，心拍数と血圧を測定した。なお，この測定は隔日に3回行なわれ，その再現性についても検討した。

　そこで得られた心拍数の平均値は，男児では第1回目86.6beats・min^{-1}，第2回目76.7beats・min^{-1}，第3回目82.2beats・min^{-1}となり，相互の相関係数は0.70，0.77，0.82であった。同様に，女児についてみると，平均値はそれぞれ86.9beats・min^{-1}，86.4beats・min^{-1}，85.7beats・min^{-1}，相関係数は0.84，0.85，0.86となっている。

　次いで，最高血圧は男児では平均値94.0mmHg，101.4mmHg，97.8mmHg，相関係数0.64，0.37，0.37となり，女児では平均値99.5mmHg，99.6mmHg，93.0mmHg，相関係数0.67，0.76，0.78となっている。さらに，最低血圧は，男児では平均値51.9mmHg，47.9mmHg，47.9mmHg，相関係数0.69，0.21，0.33となり，女児では平均値55.6mmHg，50.8mmHg，47.3mmHg，相関係数0.70，0.46，0.69となっている。したがって，安静時においては，再現性は，血圧よりも心拍数においてより高く，また，女児が男児よりも高いという傾向が見受けられた。

　また，走行に入る前に，10分間の座位の姿勢を保った後，走行開始前のスタート前安静時（以下，便宜的に，前安静時と呼ぶことにする）ともいうべき状態の心拍数・血圧も測定した。

　そして，準備運動の後で走行に移ったが，いずれも伴走者がつき，特に30m走においては，わずかに被検者に先行して走り，できるだけ良い記録がでるようにした。走行終了後の回復時においては，30m走の場合は5分まで，3分間走では10分まで，それぞれ1分毎に座位の姿勢で血圧を測定した。心拍数は，テレメーターにより前安静時・走行時・回復時を通して連続的に記録し，変化をより細かく把握するために，15秒区分で整理した。

表9は、これら30m走における所要時間・走行速度および3分間走における走行距離・走行速度について示したものである。全力疾走による30m走の所要時間は、男児7.72秒、女児8.45秒となっており、したがって、これらの所要時間から判断すると、いずれも非乳酸性の無酸素性エネルギー発生機構のもとに運動が行なわれたことになる。一方、全力3分間走においては、最初の1分程度までは、非乳酸性から乳酸性の無酸素性のエネルギー発生機構のもとに行なわれたであろうが、その後の2分間は、それに代わって、有酸素性のエネルギー機構のもとに進行したことになる。したがって、これらの走行負荷は、非乳酸性の無酸素性エネルギー発生機構による運動と、有酸素性のエネルギー発生機構による運動を対応させたことになる。なお表9においては、いずれも男児が女児を有意に（$p<0.05, 0.01$）上回っている。さらに、表10は、心拍数の変化過程を回復5分まで、15秒間隔の心拍数の平均値・標準偏差をもって示したものであり、また、図20は、これら平均値を4倍し1分間に換算して図示したものである。

表9　年中組（4〜5歳）幼児の30m走および3分間走における負荷条件

走行負荷	30m走行		3分間走	
	走行時間（秒）	走行速度（m/秒）($m \cdot s^{-1}$)	走行距離（m）	走行速度（m/秒）($m \cdot s^{-1}$)
男児, 20名 (n=20)	7.72 (0.65)	3.92 (0.33)	455.85 (30.77)	2.53 (0.17)
女児, 20名 (n=20)	8.45 (0.65)	3.56 (0.26)	439.30 (32.18)	2.42 (0.24)

平均値（標準偏差）

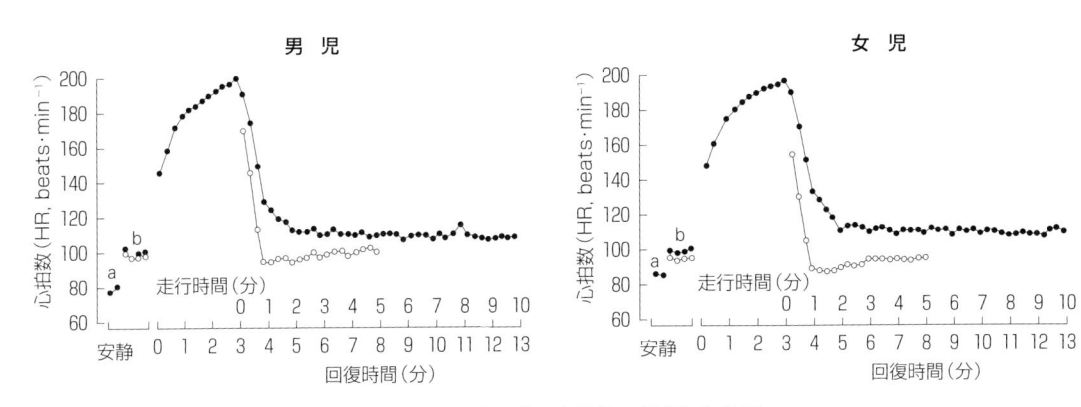

図20　年中組（4〜5歳）幼児における30m走と3分間走の心拍数に見られた差異
　　○　30m走による心拍数の変化
　　●　3分間走による心拍数の変化
　a．安静時；b．スタート直前安静時

表10 年中組（4～5歳）幼児の30m走および3分間走における15秒間心拍数の変化

男児

走行負荷	安静		スタート前安静				走行時			
								1	2	3（分）
30m走	19.2 (1.9)	20.6 (2.2)	24.8 (3.3)	24.1 (3.3)	24.1 (2.6)	24.5 (2.7)	25.1 (3.1)			
3分間走	19.2 (1.9)	20.6 (2.2)	25.4 (3.3)	24.0 (3.3)	24.7 (3.5)	25.1 (3.1)	28.4 (3.7)	30.8 (4.3)	29.6 (3.9)	29.2 (3.3) 28.1 (3.7) 27.7 (3.7)

走行負荷	走行後回復時												
	1		2				3	4	5（分）				
30m走	42.2 (3.2) 36.3 (3.4)		32.4 (4.7)				24.0 (3.4)	24.4 (3.9)	23.7 (2.9)	24.1 (3.5)		24.7 (3.5)	25.0 (3.4)
3分間走	47.4 (3.1) 43.3 (4.0)		42.3 (3.7)				27.7 (3.7)	29.2 (3.3)	28.1 (3.7)	29.2 (3.3)		29.2 (3.3)	25.1 (3.1)

女児

走行負荷	安静		スタート前安静				走行時			
								1	2	3（分）
30m走	21.6 (3.2)	21.4 (2.4)	23.9 (3.1)	23.4 (3.6)	23.8 (3.5)	23.7 (2.7)	25.0 (3.4)			
3分間走	21.6 (3.3)	21.4 (2.4)	24.7 (3.8)	24.4 (3.4)	24.6 (2.9)	23.7 (2.7)	30.8 (4.3)	31.9 (4.3)	30.4 (3.5)	29.2 (3.9) 27.4 (3.3)

走行負荷	走行後回復時									
	1		2		3	4	5（分）			
30m走	38.9 (2.3) 32.4 (4.7)		22.2 (3.5) 22.0 (3.6)		22.8 (3.8)	22.3 (3.7)	23.7 (2.6)			
3分間走	47.2 (3.1) 42.3 (4.3)		32.9 (4.2) 29.2 (3.9)		28.3 (3.2)	27.4 (3.4)	27.3 (3.1)			

*走行終了直後の回復における始めの連続する3個の心拍数から推測した値
平均値（標準偏差）

（※46.0、※42.0 は走行終了直後の回復における始めの3個の連続する心拍数から推測した値）

6.1. 走行時における心拍数の増加

　3分間走においては，運動終了時に男児では199.6beats・min^{-1}，女児では196.6beats・min^{-1}に達している。他方，30m走における走行終了時の心拍数は，回復45秒まで急速かつ直線的な低下を示す心拍数，すなわち表10における男児の42.2，36.3，28.4 beats/15sec，女児の38.9，32.4，26.2/15secを用いて，時間に対する回帰によって推測すると，男女児それぞれ46.0，42.0/15secとなり，次いで，それらを4倍すると，男児では184.0beats・min^{-1}，女児では168.0beats・min^{-1}となり，わずか男児7.72秒，女児8.45秒という短時間に，寸時ではあるが，かなり高いレベルの心拍数に達することが分かる。また，これらの値は3分間走で見られた最高心拍数のそれぞれ92%，89%に相当している。さらに，男児が女児よりも高い心拍数のレベルを示したことも注目される。

　ところで，30m走のような短距離走において全力疾走を行なうと，なぜこのような短時間のうちに高いレベルの心拍数に達するのであろうか。その理由について，改めて少し説明を試みてみよう。まず，このように短時間に急速に起こる変化は，時間を要する体液性の化学的変化（血中アドレナリン・カリウム・乳酸濃度の増加等）によるものとは考えられず，速効的な神経性の働きによることは明らかである。

　もともと，心臓には心拍数を減少させるという抑制的な働きをもつ迷走神経が，延髄の心臓抑制中枢から出発して，右心房にある洞結節（心臓の歩調取りまたはペースメーカーと呼ばれている）へきており，また，一方では，心拍数を増加させるという促進的な働きをもつ交感神経が胸部脊髄から出発して心筋全体に入り込みネットワークを作っている。そこでは，迷走神経の末端から分泌されるアセチルコリン（acetylcholine）という化学物質が洞結節に対して抑制的に作用し，心拍数を低下させている。他方，交感神経の末端から分泌されるアドレナリン（adrenaline）別名エピネフリン（epinephrine）は，心筋に作用し心拍数を高める働きをもっている。そして，こうした相反する拮抗的な働きをもつ2種類の神経のバランスの上に，随時ある一定の心拍数が保たれているわけであり，いずれかの神経が完全に無活動になることはない。

　このような神経の道筋を背景として，まず，運動が開始されるや否や，Bowen[4]やGasserら[17]が指摘しているように，大脳皮質の運動中枢や，活動している骨格筋・関節の感覚受容器から出発して延髄に達したインパルスが，延髄の心臓抑制中枢の働きを抑制する。そうすると，迷走神経から分泌されるアセチルコリンの量が減少し，それが本来心拍数を低下させるように働いている洞結節の活動を低下させる。すると，交感神経の働きが必然的に優勢になり，結果的に心拍数が増加することになる。またLythgoeら[37]は，こうした運動開始直後に見られる急速な心拍数の増加という順応の早さは，交感神経の緊張の増大よりも，迷走神経の緊張の軽減によるものであり，しかもそれは経済的であり，この神経性要因がその後に続く酸素需要量ともいうべき摂取量の急速な増加を容易にする先行条件になっていると述べている。そして，さらに

運動が続くと，交感神経自体の働きも高まり，心拍数を一層増加させることになる。
　こうした速効性の神経性機能の道筋により，運動開始と同時に心拍数が大きく高まり，そのことが，骨格筋の絞り出し作用（milking action）別名筋ポンプ（muscle pump）により，急激に増加する還流混合静脈血を心臓に停滞させることなく，とりあえず先へ送り出すことが可能になる。また，好都合なことには，こうした還流混合静脈血量の増加そのものが，大静脈や心房内の圧力を高めるようになると，その圧力が刺激となって，心拍数を高めるというベインブリッジの反射（Bainbridge's reflex）を亢進し，心拍数をなお一層高めるのに役立つ。さらに，運動を持続すれば，それに伴う体温の上昇が心筋自体に作用して心拍数を高め，また，副腎髄質から持続的に分泌されるアドレナリンも心拍数の増加に加担することになる。このように，運動開始後は，神経性・体液性の要因が時間の経過にともなって幾重にも加重され，心拍数が高まっていくわけである。
　また，30m走の終了時点において，男児が女児よりも高い心拍数を示したのは，表10からも分かるように，男児の走行速度が女児よりも大きく，したがって，骨格筋の活動がより活発になるからである。そのために，骨格筋から中枢へ送られる神経衝撃の単位時間における数がより多くなり，同時に還流混合静脈血の量もより多くなる。したがって，それに応じて迷走神経の働きが抑制され，またベインブリッジの反射が一層促進され，心拍数が高まるということになる。

6.2. 走行終了後の心拍数の回復

　まず，図20から，3分間走について見ると，1分まで急速に回復し，ついで2分まではややゆるくなり，その後は極めて緩慢に回復していくことが分かる。これは，前安静時心拍数を用いて回復率を算出してみると，走行終了後1分で男児71％女児67％，2分で男児88％女児90％，そして，5分で男児91％女児90％となっている。
　他方，30m走の回復過程を改めて眺めてみると，注目すべき事実が見受けられた。すなわち，走行終了後1分までは3分間走の場合よりも急速に回復しており，その時点では，男児104％女児109％というように，ともに，前安静時よりも低いという陰性相（negative phase）の状態に入っているということである。2分でもまだ男児104％女児107％となっており，そして，5分後どうやら男児98％女児100％に達するという経過をたどっている。そこで，この陰性相の発現率を見ると，男児では，20名のうち16名（80％）にも達し，その陰性相の持続時間は，短い者は15秒，長い者は2分45秒にも及んでいる。女児では，20名のうち12名（60％）に見られ，その持続時間の短い者は30秒，長い者は4分30秒にも及んでいる。そして，こうした心拍数における陰性相は，写真2に示されているように，突然出現するということである。ところが，3分間走の回復時において陰性相を示した者は，男女児それぞれわずか1名であり，持続時間も15秒に過ぎず，30m走とはまったく異なった様子が見られる。
　さて，30m走といった短距離走の回復期において，こうした心拍数の陰性相が現れる理由としては，やはり神経性の反射としてとらえるのが妥当のように思われる。す

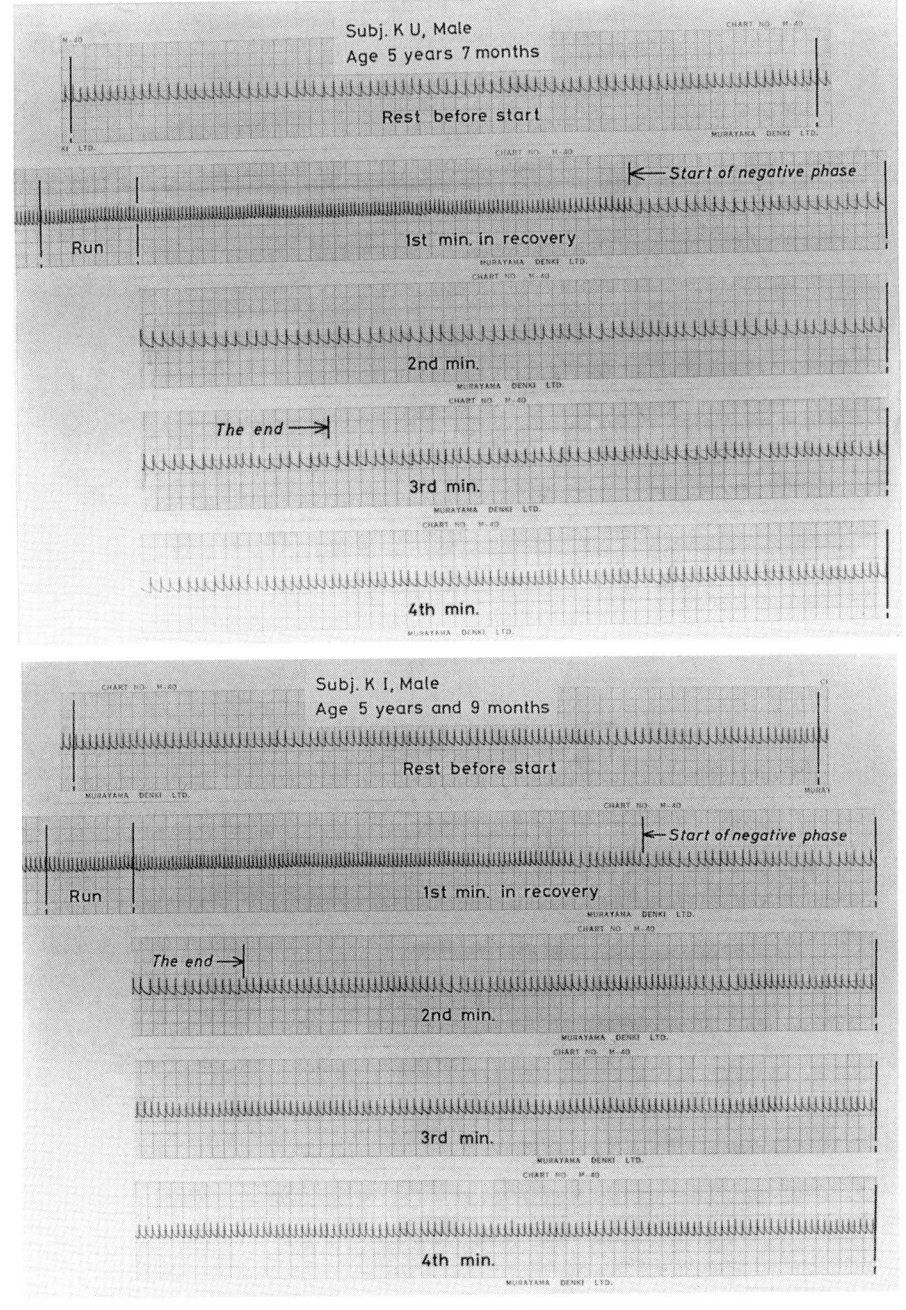

写真2 30m短距離走行後の回復時に突然現れた心拍数の陰性相
　　　　（矢印の範囲が陰性相）

　なわち，30m走における秒速は，表9からも分かるように，男児では3分間走の1.6倍，女児でも1.5倍にも達しており，したがって，30m走は走行持続時間は短いが，心臓への還流混合静脈血量は一気に増加し，同時に，前述したように，これに対応するた

めにかなり高い心拍数に達している。ところが，急に走行を停止すると，骨格筋の絞り出し作用も同時に停止するので，還流混合静脈血量は一気に低下する。もし，心拍数の低下が，3分間走終了後のように，緩慢で心拍数レベルが高いと，心臓は空ポンプのようになり，それは血圧の低下につながり，ひいては脳への血流量の低下や，冠動脈経由による心筋への血流量の低下を招きかねないであろう。それを避けるために，突然の骨格筋の活動停止にともなう迷走神経の活動レベルの復活が急速に心拍数を低下させ，同時に低下した還流混合静脈値量にもかかわらず，時間的余裕をもって心室に血液を十分に満たしてから，その血液を送り出し，血圧を維持できるようにしている。そのためもあって，図21に見られるように，心拍数の陰性相に当たる時期の最高血圧には特別な低下は見られず，血液循環は保証されていることが分かる。したがって，こうした短距離走の後に見られる心拍数の陰性相は目的にかなった合理的な現象と考えられる。そして，短距離走の実施は，このような一連の反射機能を高めることができるというある種のトレーニングにもなるであろう。しかし，こうした短距離走ばかりでなく持久走の後にも急に止まるのではなく，還流混合静脈血量を急に低下させないために，引き続き軽い走行を実施するように心掛け，それをいわゆるクーリングダウン（cooling down）として習慣づけることが望まれる。

　ところで，心筋は生理的な無理のない範囲であれば，伸ばされれば伸ばされるほど，その反動で力強く大きく収縮するという性質があり，それはスターリング（Starling）の法則として知られている。運動開始直後の還流混合静脈血量の増加によって必然的にもたらされる心室の拡張は，その血液を停滞させることなく勢いよく駆出するのに，好都合なものである。反対に，急に運動を止め心室に血液が満たされなくなれば，前述したように，駆出される血液量は一気に少なくなり，血圧は低下することになる。これまで，日常生活のなかで，急に走って急に止まった後，いわゆる貧血を起こし，気分が悪くなったという経験をしたことはないだろうか。こうしてみると，短距離走や持久走の後には，引き続き軽く走り，それから休むようにしたほうがよいということが分かる。そうすれば安全でもあり回復も早くなる。

6.3. 走行終了時の血圧とその回復

　図21の作成のもとになった血圧の値から，走行停止時の血圧を推定すると，30m走では男女児ともに最高血圧130mmHg，最低血圧50mmHgとなり，また，3分間走では男女児ともに150mmHg，最低血圧50mmHgとなっている。ここで注目されるのは，7～8秒間の30m走においても，最高血圧は最大努力による3分間の持久走の87%にも達しているということであり，それは還流混合静脈血量の急激な増加による1回拍出量の増加を改めて裏づけるものである。

　また，健康な成人男子では，自転車エルゴメーターによる段階的漸増負荷法の最終段階において得られた最高血圧240mmHgは，安静時の最高血圧120mmHgの約2倍に達しているが，この実験において得られた幼児の最大努力時の持久走における最高血圧150mmHgは，成人男子よりもかなり低く，また安静時の最高血圧100mmHgの約1.5

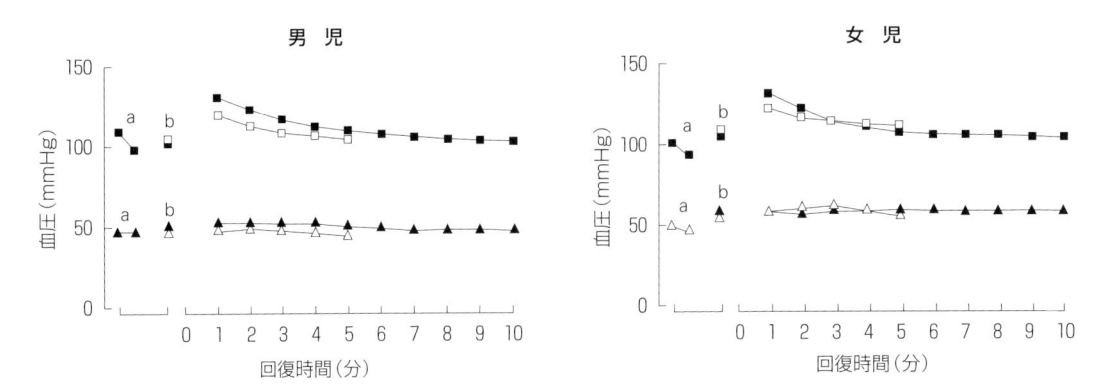

図21 年中組（4〜5歳）幼児における30m走と3分間走後の回復時血圧の変化に見られた差異
　　□　30-m走後の最高血圧の変化
　　■　3分間走後の最高血圧の変化
　　△　30-m走後の最低血圧の変化
　　▲　3分間走後の最低血圧の変化
　　a．安静時；b．スタート直前安静時

　倍に相当するものであり，これまた成人男子よりも低い。このことは，本来の姿として，幼児は心臓循環系においても未発達の状態にあることを示すものである。したがって，こうした最大努力による持久走は，幼児にとっては，成人の場合とは違って大きな負担になることを意味するものであり，長い時間の持久走は避けるべきである。幼児における持久走実施上の処方については，追って10章10.4.において心拍数・酸素摂取量・呼吸商・血中乳酸濃度等と関連づけながら紹介する。

　一方，最低血圧は，成人の場合では運動時においても安静時と同じ値を示すことが分かっている。そのわけは，運動時においては，骨格筋における末梢の小動脈・毛細血管・細静脈等が，安静時とは違ってすべて動員されかつ最大限に拡張するために，心臓から駆出された血液は抵抗なく円滑に骨格筋へ流れ込むことができるからである。そして，高度にトレーニングされた成人では，血液が末梢へむしろ吸い込まれるので，低下する傾向にあることも知られている。この実験においても，走行直後の心拍数の様子から判断すると，走行時の最低血圧は安静時と変わらなかったものと思われる。

　また，走行直後における最高血圧の回復を見ると，30m走の場合では男女児ともに5〜6分で回復しているのに対して，3分間走では10分前後を要しているが，それは，循環機能が末梢組織等の回復に要する血液循環を保証する時間ということになるであろう。

7章 トレッドミル3分間各種走行速度の呼吸循環機能応答の様相[71]

　この実験以降は，これまでの野外実験から実験室実験に移し，グラウンド走行とは違って，走行速度を正確にかつ一定にコントロールできるトレッドミル走行を負荷手順として活用した。そこで，この実験では，6章におけるグラウンド3分間走をさらに発展させ，持久走のより合理的な実施方法を見い出すために，各種走行速度の3分間走行中における呼吸循環機能の応答の特性をとらえようとしたものである。また，この実験では，同一被検者に対して2～3日おきに反復して測定を繰り返すことになるので，被検者に対する負担を考慮して，取りあえず走行時のみの測定にとどめることにした。

　これまで5章と6章において，グラウンド走行に対する呼吸循環機能の応答について検討してきたが，ここで，それに関わる先行または同時研究のいくつかを紹介することにしたい。幼児を対象としたこの種の研究は，Robinson[49]によって始めて着手されており，心拍数・酸素摂取量における運動開始後の加速（acceleration）と運動終了後の減速（deceleration）は幼児においてより大きく，それは循環系順応の性向（liability of circulatory adjustment）によるものとしている。石河ら[22]は，最大酸素摂取量を基準とし，それ以下の各種相対的強度に相当する速度でトレッドミル走行を実施し，運動開始後の心拍数・酸素摂取量の増加率において幼児が成人よりも高いことを確認しているが，それは幼児の心拍数応答（heart rate response）が大きいためであると述べている。その他に，吉田ら[60]，波多野ら[20]，および前嶋ら[38]による研究も見受けられるが，いずれも，被検者が男児のみであり，また，測定項目が心拍数か酸素摂取量のいずれかであったり，心拍数・酸素摂取量の両者の測定も運動時に限られたものである。

7.1. 水平トレッドミル走行における実験手順

　この実験では，被検者として，5章における同一被検者が，ほとんど時期を同じくして参加したものである。実験に先だって，心電図による検査を行ない，循環器専門医の診断により異常のないことを確認した。また，ここで，これから後に進められた一連の実験において，すべてこうした検査を行なったことを予め付記しておく。

　本実験に先立ち，各被検者について水平にセットしたトレッドミル上で歩行から走行動作に移行できる速度を知ること，また，被検者に少しでもトレッドミル走行自体に慣れてもらうことを目的として，予備実験を行なった。そこでは，第1段階として

60m・min^{-1}の速度で歩行から入り，2分毎に速度を20m・min^{-1}ずつ高め，走行動作が成立した段階で3分間走り，続いて次の段階を3分間走るようにした。その結果，年中組ではおよそ100m・min^{-1}でほぼ走行動作が成立することを見出した。

　数日後の本実験においては，まず，初日に第1段階として100m・min^{-1}の速度で3分間走り，ついで，2〜3日後の第2日目に第2段階として走行速度を20m・min^{-1}高め120m・min^{-1}で3分間走った。このようにして，2〜3日間隔で段階ごとに20m・min^{-1}ずつ走行速度を上げ，3分間持続できなくなる段階まで走行テストを繰り返した。各走行段階において，心拍数は安静時・運動時を通して連続的に記録し，呼気に関しては，安静時として，15分間座位による休息の後で5分間の採気を行ない，運動時においては，男児では1分毎にコックを切り替え，その後の女児の実験では，さらに詳細に検討できるように30秒毎に切り換え，連続的に採気した。そして，走行時には検者の口頭による励ましの動機づけを試みた。走行開始に当たっては，ウォーミングアップなしで，予め所定の速度で流れているベルトの上に，検者が後方から両腕で支えていた被検者を下ろし，その時点を走行開始時間とした。走行開始時のこうした取り扱いは，走行開始直後の呼吸循環機能の変化をできるだけ忠実に把握するための措置であった。写真3は，幼児のトレッドミル走行実験の様子を示したものであるが，そこ

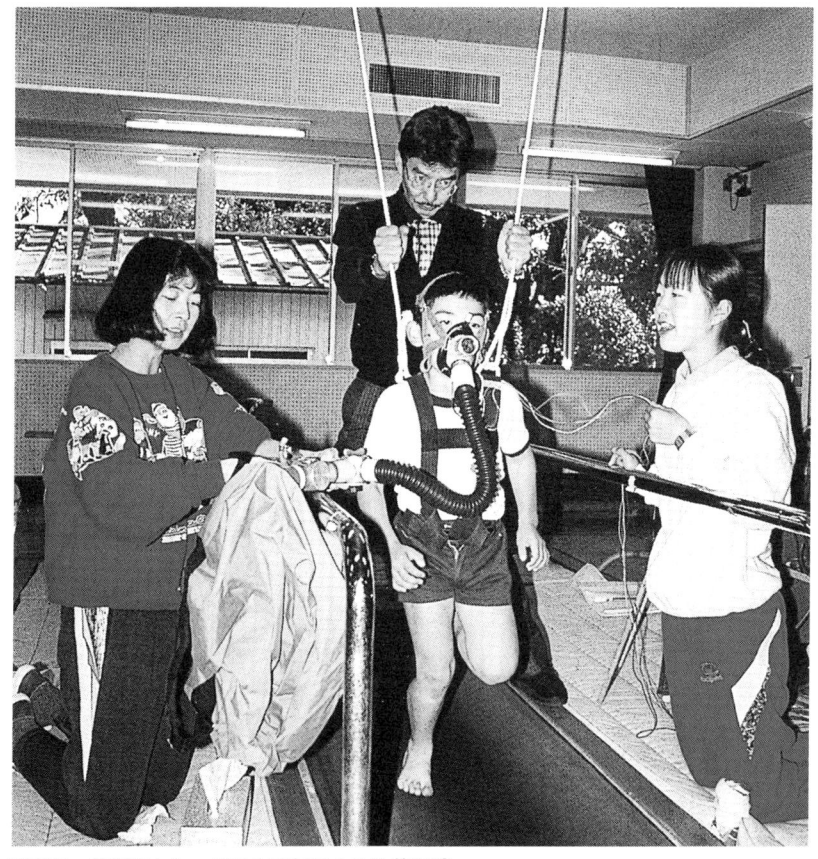

写真3　幼児のトレッドミル走行による負荷実験

では，万一転倒しそうになった場合に備えて，ズボン付きの肩掛けバンドに，天井につながるロープを結び，さらに被検者のすぐ背後に1名の検者を配置した。こうした安全に対する手順は，予備実験においても施されたことはいうまでもない。Mrzend ら[44]も，幼児のトレッドミル走の実施に当たっては，細心の注意が必要であることを強調している。そのためもあってか，現在に至るまでの数多くの測定において，走行中に転倒したものは皆無であったことを付記しておきたい。なお，呼気採気に当たって使用したガスマスクは，幼児用に改良したものであり，そこには，呼吸数を記録することができる温熱感知装置すなわちサーミスターが取り付けてあり，したがって，呼吸数も知ることができるようにした。

7.2. 定常状態の成立

こうした一連の実験において，すべての被検者5名が3分間走り切れた走行速度は，男児では160m・min^{-1}までであり，180m・min^{-1}になると2分30秒までしか走り切れなかった1名を除く4名が走り切り，そして200m・min^{-1}になると全被検者が揃ってどうにか1分まで走ることができた。一方，女児では男児よりも1段階低く，全被検者が走り切ることができた走行速度は140m・min^{-1}までであり，160m・min^{-1}になると2分30秒までしか走れなかった1名を除く4名が走り切り，そして180m・min^{-1}になると全被検者が揃ってどうにか1分30秒まで走ることができた。そして，各種走行速度について，時間経過にともなう心拍数・酸素摂取量の変化を，平均値と標準偏差をもって示したものが表11・表12であり，さらに，これらの平均値により図示したものが図22である。

定常状態が成立したのは，心拍数についてみると，男児の場合，100m・min^{-1}においては1分30秒からであり，その時の心拍数レベルは174〜176beats・min^{-1}であった。そして，その心拍数は180m・min^{-1}または200m・min^{-1}の走行速度で見られた各被検者の最高心拍数（maximal heart rate, HRmax）の平均値207.2（198〜216）beats・min^{-1}に対する比率で表すと約84%に相当する。そして，このことを86%HRmaxのように表す。また，120m・min^{-1}においても1分30秒からであり，その心拍数レベル181〜182beats・min^{-1}は88%HRmaxに相当する。女児では，100m・min^{-1}においては1分30秒からであり，その心拍数レベル175〜176beats・min^{-1}は，160m・min^{-1}または180m・min^{-1}においてみられた各被検者の最高心拍数の平均値206.8（200〜220）beats・min^{-1}の85%HRmaxに相当する。また，120m・min^{-1}においても同じく1分30秒からで，その心拍数レベル188〜190beats・min^{-1}は91%HRmaxに相当している。

次いで，同様にして，酸素摂取量における定常状態についてみると，男児の場合，100m・min^{-1}においては2分からで，その酸素摂取量レベル0.608〜0.628L・min^{-1}は，最大酸素摂取量（maximal oxygen uptake, $\dot{V}O_2$max）の平均値0.900（0.830〜1.017）L・min^{-1}からみると68〜70%$\dot{V}O_2$maxに相当し，また，120m・min^{-1}においても2分からで，その酸素摂取量レベル0.726〜0.734L・min^{-1}は81〜82%$\dot{V}O_2$maxとなり，さらに140m・min^{-1}においてもこれまた2分からで，その酸素摂取量レベル0.768〜0.772L・min^{-1}は85

表11 年中組（4～5歳）幼児の水平トレッドミル3分間走行時の各種走行速度における心拍数(拍/分)の変化過程

走行速度(m/分) (V, m·min^{-1})	性別	安静時	3分間走行時					
			0～30″	30″～1′00″	1′00″～1′30″	1′30″～2′00″	2′00″～2′30″	2′30″～3′00″
100	男	104.0 (10.4)	149.6 (9.9)	166.8 (6.1)	174.4 (9.1)	175.6 (9.8)	174.6 (10.3)	174.0 (10.4)
	女	106.4 (6.8)	151.4 (10.4)	166.0 (7.5)	172.4 (7.5)	175.6 (7.4)	174.8 (8.8)	176.4 (8.3)
120	男	105.0 (12.1)	152.4 (7.8)	168.8 (5.8)	175.2 (3.0)	180.8 (5.0)	181.6 (6.7)	182.4 (4.8)
	女	110.8 (10.1)	158.8 (10.6)	172.8 (8.6)	182.4 (9.4)	188.4 (12.4)	190.4 (13.4)	189.6 (14.1)
140	男	103.6 (12.1)	156.0 (9.3)	177.2 (4.1)	182.4 (6.5)	187.6 (6.5)	188.0 (3.7)	190.0 (8.8)
	女	102.6 (6.6)	166.4 (8.4)	181.6 (7.9)	188.0 (7.3)	192.4 (7.0)	195.2 (8.8)	196.8 (6.1)
160	男	101.8 (5.6)	159.2 (4.1)	183.6 (5.7)	192.4 (6.2)	195.6 (7.4)	198.8 (8.3)	203.6 (7.0)
	女	108.0 (8.2)	174.0 (8.9)	190.6 (14.1)	199.2 (10.8)	203.2 (8.7)	204.0 (8.9)	208.0 (8.6)
180	男	100.0 (8.0)	166.8 (5.0)	188.4 (3.8)	196.0 (5.1)	201.6 (2.6)	202.4 (6.8)	202.2 (5.2)
	女	106.4 (6.8)	174.8 (15.3)	196.4 (9.1)	204.0 (8.6)	―	―	―
200	男	101.6 (11.6)	178.8 (12.0)	202.4 (10.1)	―	―	―	―
	女	―	―	―	―	―	―	―

平均値（標準偏差）

～86%$\dot{V}O_2$maxに相当する。女児の場合，100m·min^{-1}においては1分30秒からで，その酸素摂取量レベル0.624～0.632L·min^{-1}は，最大酸素摂取量の平均値0.823（0.768～0.906）L·min^{-1}から見ると76～78%$\dot{V}O_2$maxに相当し，また120m·min^{-1}においては2分からで，その酸素摂取量レベル0.668～0.692L·min^{-1}は81～84%$\dot{V}O_2$maxに相当している。

　こうしてみると，4～5歳の男女児共通に完全な定常状態が成立し，そのレベルで走行が持続できるような走行速度は，100m·min^{-1}と120m·min^{-1}であるということになる。そして，心拍数からみた心臓に対する負荷強度は，歩行から走行動作が始めて成立する100m·min^{-1}という遅い走行速度においても，男女児ともに85～86%HRmaxに達しており，また，120m·min^{-1}ではわずかに高く88～90%HRmaxとなっている。したがって，これら2種類の走行速度は，呼吸循環機能に対してかなりの負担になっており，しかも，トレーニング強度としても十分であることを示唆している。

表12 年中組（4〜5歳）幼児の水平トレッドミル3分間走行の各種走行速度における絶対値酸素摂取量（L/分）の変化過程

走行速度(m/分) ($V, m\cdot min^{-1}$)	性別	安静時	3分間走行時					
			$0 \sim 30''$	$30'' \sim 1'00''$	$1'00'' \sim 1'30''$	$1'30'' \sim 2'00''$	$2'00'' \sim 2'30''$	$2'30'' \sim 3'00''$
100	男	0.148 (0.018)	0.500 (0.061)		0.628 (0.089)		0.608 (0.065)	
	女	0.140 (0.090)	0.363 (0.045)	0.561 (0.034)	0.624 (0.039)	0.604 (0.051)	0.631 (0.069)	0.632 (0.065)
120	男	0.151 (0.025)	0.585 (0.050)		0.726 (0.075)		0.734 (0.077)	
	女	0.156 (0.015)	0.402 (0.021)	0.593 (0.049)	0.655 (0.055)	0.668 (0.061)	0.670 (0.059)	0.692 (0.068)
140	男	0.147 (0.024)	0.602 (0.041)		0.768 (0.043)		0.772 (0.073)	
	女	0.115 (0.007)	0.419 (0.040)	0.638 (0.091)	0.668 (0.065)	0.713 (0.074)	0.704 (0.084)	0.753 (0.079)
160	男	0.158 (0.020)	0.659 (0.034)		0.830 (0.057)		0.862 (0.087)	
	女	0.149 (0.010)	0.450 (0.028)	0.721 (0.050)	0.780 (0.047)	0.784 (0.083)	0.801 (0.064)	0.794 (0.060)
180	男	0.143 (0.032)	0.681 (0.042)		0.865 (0.012)		0.892 (0.068)	
	女	0.140 (0.090)	0.519 (0.050)	0.767 (0.045)	0.803 (0.063)	—	—	—
200	男	0.130 (0.023)	0.588 (0.097)	0.880 (0.093)	—	—	—	—
	女	—	—	—	—	—	—	—

平均値（標準偏差）

　一方，酸素摂取量においては，その相対的比率（%$\dot{V}O_2max$）は，心拍数の場合よりも低く，また，女児が男児よりもわずかに高い傾向を示している。すなわち，100m・min^{-1}においては，男女児それぞれ68〜70%$\dot{V}O_2max$，76〜78%$\dot{V}O_2max$であり，120m・min^{-1}においては，それぞれ81〜82%$\dot{V}O_2max$，81〜84%$\dot{V}O_2max$となっており，骨格筋における有酸素性のエネルギー発生能力もかなり動員されていることが分かる。

　また，酸素摂取量の場合，今述べたように，100m・min^{-1}において男児が女児よりも余裕をもっている。しかも，男児では140m・min^{-1}においても，女児とは違って，定常状態が成立しており，その上，体重当たり最大酸素摂取量においても男児の50.8mL・kg^{-1}・min^{-1}が女児の45.4mL・kg^{-1}・min^{-1}を有意に上回っているという事実などを考慮すると，持久走の実施に当たっては幼児期とはいえ性差を考慮する必要がある。

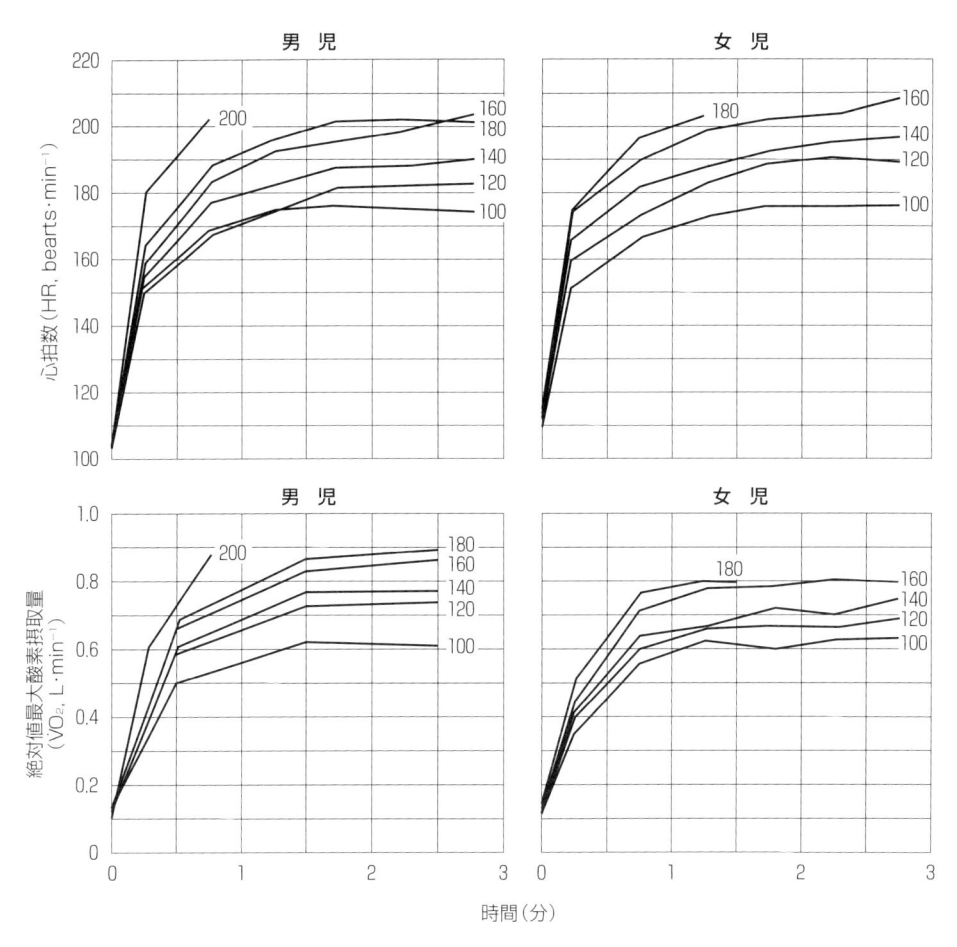

図22 水平トレッドミル上の各種走行速度における男女児の心拍数・酸素摂取量の時間経過に伴う変化
(数値は走行速度, m/分)

7.3. 最高心拍数・最大酸素摂取量の発現

　そこで，全被検者が走り切れた各種走行速度において，最後の2分30秒から3分までの30秒間の心拍数を1分間に換算してみると，その平均値（最高値〜最低値）は，男児の場合，100m·min^{-1}で174.0（162〜186）beats·min^{-1}，120m·min^{-1}で182.4（174〜186）beats·min^{-1}，140m·min^{-1}で190.0（182〜202）beats·min^{-1}，そして160m·min^{-1}で203.6（194〜212）beats·min^{-1}というように徐々に高まっていく。一方，女児においては，100m·min^{-1}で176.4（166〜188）beats·min^{-1}，120m·min^{-1}で189.6（178〜206）beats·min^{-1}，そして140m·min^{-1}で196.8（188〜210）beats·min^{-1}というように，男児と同じく，徐々に高まっている。1名が走り切れなかった男児180m·min^{-1}においては，4名の平均値は202.2（196〜208）beats·min^{-1}であり，前段階の走行速度160m·min^{-1}

における203.6（194〜212）beats·min^{-1}よりもわずかに低いが，それは，走行速度に対して他の被検者よりも高い心拍数を示したこの1名の被検者の心拍数が，走り切れなかったために，加えられなかったからである。そこで，その被検者のその直前の30秒間の心拍数を用いて，5名として算出すると203.6（196〜212）beats·min^{-1}となった。同じように，1名が走り切れなかった女児160m·min^{-1}における4名の平均値は208.0（204〜220）beats·min^{-1}であったが，その直前の心拍数を用いて5名として計算すると206.4beats·min^{-1}となった。最終段階の走行速度においては，男児では200m·min^{-1}で全被検者がともに1分までしか走れなかったが，その平均心拍数は202.4（192〜216）beats·min^{-1}であり，また，女児では180m·min^{-1}において全被検者がいずれも1分30秒までしか走れなかったが，その平均心拍数は204.0（196〜216）beats·min^{-1}であった。

そして，この実験を通して，各被検者が示した最高心拍数から求めた平均値は，表13に示されているように，男児では，すでに述べたように，207.2（198〜216）beats·min^{-1}，そして女児では206.8（200〜220）beats·min^{-1}であり，同時に最高心拍数にかなり大きな個人差が認められた。ところで，こうした最高心拍数のばらつきから，最大酸素摂取量の判定基準として，一律200beats·min^{-1}とするのには問題があり，195beats·min^{-1}以上を目安としてもよいように思われる。なお，ある女児に見られた220beats·min^{-1}は，これまでの実験生活において見られた最も大きい最高心拍数である。

同じようにして，酸素摂取量についてみると，各走行速度における男児の最後の3分目の酸素摂取量は，平均値（最高値〜最低値）で示すと，100m·min^{-1}で0.608（0.547〜0.715）L·min^{-1}，120m·min^{-1}で0.734（0.624〜0.804）L·min^{-1}，140m·min^{-1}で0.772（0.676〜0.828）L·min^{-1}，160m·min^{-1}で0.862（0.730〜0.946）L·min^{-1}，180m·min^{-1}で

表13 年中組（4〜5歳）幼児の水平トレッドミル上の3分間各種走行速度における最終段階の直前，および最終段階で得られた心拍数・酸素摂取量

被検者	心拍数（拍/分） (HR, beats·min^{-1})		絶対値酸素摂取量（L/分） (VO$_2$, L·min^{-1})	
	最終段階の直前の段階	最終段階	最終段階の直前の段階	最終段階
男 児				
M S	204	196	0.928	0.941
T O	196	198	0.784	0.745
M T	208	192	0.928	0.901
K T	210	216	1.017	0.982
T H	206	210	0.829	0.830
平均値	204.8	202.4	0.897	0.880
標準偏差	5.4	10.1	0.092	0.084
女 児				
H F	204	198	0.880	0.820
S T	200	202	0.891	0.906
R U	200	196	0.768	0.761
M M	220	216	0.746	0.778
A O	208	208	0.785	0.772
平均値	206.4	204.0	0.814	0.807
標準偏差	8.3	8.1	0.067	0.059

は4名で0.892（0.784〜0.928）L·min^{-1}, そして, 200m·min^{-1}では0.880（0.745〜0.982）L·min^{-1}となった。しかし, 180m·min^{-1}の場合に, 1名の2分目の値を用いると平均値は, 少し高くなり0.897L·min^{-1}となる。女児の最後の2分30秒から3分までの酸素摂取量は, 100m·min^{-1}で0.632（0.571〜0.725）L·min^{-1}, 120m·min^{-1}で0.692（0.612〜0.772）L·min^{-1}, 140m·min^{-1}で0.753（0.654〜0.833）L·min^{-1}, 160m·min^{-1}では4名で0.794（0.746〜0.880）L·min^{-1}, そして, 180m·min^{-1}で0.803（0.758〜0.906）L·min^{-1}となった。しかし, 160m·min^{-1}の場合に, 1名の2分目の値を用いると平均値は0.814L·min^{-1}となり, わずかに高くなる。

7.4. 呼吸商・呼吸数の変化

表14は, 呼吸商の各種走行速度における時間経過にともなう変化を平均値・標準偏差で示したものである。どうにか走り切った男児の180m·min^{-1}においては, 最大酸素摂取量の判定基準からみて, 呼吸商において2分目が1.057, 最後の3分目が1.047というように1.0を上回っており, また, 心拍数も3分目において, 表11に見られるように, 202.2beats·min^{-1}というように200beats·min^{-1}を上回っている。こうしてみると, この走行段階の3分目には, 最大酸素摂取量が得られたものと判定することができる。女児の場合も同様であり, 160m·min^{-1}においても最後に連続する二つの30秒間の呼吸商が1.124, 1.081, そして, 最後の30秒間の心拍数も208.0beats·min^{-1}に達している。

さらに, 最終段階の走行速度においても, 男児の200m·min^{-1}の場合, 呼吸商・心拍数において, それぞれ1.044, 202.4beats·min^{-1}, 女児の180m·min^{-1}の場合でも, それぞれ1.137, 203.6beats·min^{-1}となっていることから, 走行開始後1分が経過した時点で, もはや最大酸素摂取量が発現していることがわかる。そして, 男児では180m·min^{-1}における5名として計算した0.897L·min^{-1}と200m·min^{-1}における0.880L·min^{-1}との間に差がほとんど見られず, また, 女児でも160m·min^{-1}の5名として計算した0.809L·min^{-1}と180m·min^{-1}における0.803L·min^{-1}との間には差が見られていない。

こうしてみると, 幼児では走行速度が十分であれば, 走行開始後1分を経過した時点で最大酸素摂取量が発現するということが明らかにされた。同時に, このことは, 全力で1分間走れば呼吸循環機能や, 骨格筋におけるすべてのエネルギー発生機構を最大限に動員できることを意味するものである。また, 呼吸商が1.0を上回ると無酸素性のエネルギー発生機構が関与してくるという立場から見ると, 男児では160m·min^{-1}の走行速度で3分目から, 180m·min^{-1}で2分目から, そして, 200m·min^{-1}では30秒から, それぞれ乳酸性の無酸素性運動がわずかながら加担するようになることがわかる。そして, このことは, 女児では, 160m·min^{-1}の1分30秒から, そして, 180m·min^{-1}の30秒からということになる。

このように, 心拍数・酸素摂取量における定常状態の成立と, 呼吸商が1.0またはその直前のレベルという条件を考慮すると, 有酸素性能力の改善をもたらす持久走の走行速度としては, これらの被検者においては, 年中組男児で120〜140m·min^{-1}, 年中組女児で100〜120m·min^{-1}が適切であると考えられる。

表14 年中組（4〜5歳）幼児の水平トレッドミル3分間走行の各種走行速度における呼吸商の変化過程

走行速度(m/分) (V, m·min⁻¹)	性別	安静時	3分間走行時					
			0〜30″	30″〜1′00″	1′00″〜1′30″	1′30″〜2′00″	2′00″〜2′30″	2′30″〜3′00″
100	男	0.876 (0.095)	0.865 (0.111)		0.912 (0.054)		0.893 (0.068)	
	女	0.874 (0.010)	0.799 (0.060)	0.779 (0.076)	0.876 (0.084)	0.880 (0.056)	0.889 (0.071)	0.919 (0.119)
120	男	0.869 (0.093)	0.788 (0.110)		0.904 (0.066)		0.910 (0.045)	
	女	0.826 (0.058)	0.767 (0.038)	0.812 (0.059)	0.925 (0.074)	0.954 (0.072)	0.978 (0.037)	0.972 (0.068)
140	男	0.965 (0.133)	0.840 (0.061)		0.963 (0.030)		0.989 (0.046)	
	女	0.830 (0.053)	0.801 (0.089)	0.885 (0.093)	0.928 (0.145)	0.966 (0.128)	0.951 (0.066)	0.965 (0.062)
160	男	0.908 (0.093)	0.845 (0.089)		0.999 (0.076)		1.017 (0.046)	
	女	0.814 (0.063)	0.854 (0.074)	0.921 (0.103)	1.089 (0.050)	1.125 (0.046)	1.124 (0.045)	1.081 (0.012)
180	男	0.904 (0.088)	0.901 (0.091)		1.057 (0.064)		1.047 (0.039)	
	女	0.874 (0.010)	0.848 (0.055)	1.021 (0.062)	1.137 (0.053)	—	—	—
200	男	0.857 (0.025)	0.890 (0.060)	1.044 (0.086)	—	—	—	—
	女	—	—	—	—	—	—	—

平均値（標準偏差）

呼吸数 (respiration rate or breath rate, RR or BR) においては，表15に示されているように，安静時では男児の場合，1分間につき25〜30回（以下25〜30breaths·min⁻¹というように表す）であるが，女児ではわずかに少なく20〜25breaths·min⁻¹となっている。そして，いずれも成人の12〜15breaths·min⁻¹のおよそ2倍になっていることが分かる。

走行時においては，一見して男児が女児を大きく上回っていることが分かる。男児では，120，140，160，180m·min⁻¹の走行速度において，最初の30秒間で70〜75breaths·min⁻¹というように，走行速度とはほとんど無関係に，一気に安静時のおよそ3倍のレベルまで高まってしまう。ところが，最後の2分30秒〜3分00秒においても70〜80breaths·min⁻¹というように，時間経過にともなう増加はほとんどみられない。しかし，最大努力による最終段階の200m·min⁻¹になると，最初の30秒，それに続く30秒ともにおよそ90breaths·min⁻¹にも達しており，それは，成人の60breaths·

表15 年中組（4～5歳）幼児の水平トレッドミル3分間走行の各種走行速度における
呼吸数（回/分）の変化過程

走行速度(m/分)	性別	安静時	3分間走行時					
($V, m\cdot min^{-1}$)			0～30″	30″～1′00″	1′00″～1′30″	1′30″～2′00″	2′00″～2′30″	2′30″～3′00″
100	男	27.9 (7.6)	72.2 (13.6)	69.2 (9.9)	68.4 (4.8)	71.6 (9.3)	73.6 (8.6)	72.8 (8.4)
	女	23.3 (3.7)	44.4 (11.1)	47.2 (6.1)	53.2 (10.6)	51.6 (6.8)	53.2 (7.0)	52.4 (8.2)
120	男	29.1 (7.3)	74.0 (11.7)	80.0 (12.2)	80.0 (9.5)	76.0 (6.3)	80.8 (9.3)	80.8 (9.4)
	女	25.4 (2.5)	48.0 (8.1)	50.8 (9.9)	53.6 (7.7)	56.0 (7.6)	56.4 (5.7)	56.0 (4.2)
140	男	31.4 (7.7)	75.2 (15.8)	77.2 (11.5)	75.6 (9.2)	73.2 (5.9)	71.6 (3.3)	78.0 (8.8)
	女	23.8 (3.4)	50.7 (10.2)	57.4 (9.7)	61.7 (7.9)	64.6 (8.2)	67.2 (6.4)	69.9 (5.3)
160	男	24.8 (4.4)	73.6 (11.4)	76.4 (15.2)	77.6 (5.2)	75.6 (3.8)	77.6 (4.3)	78.4 (5.2)
	女	22.6 (5.4)	51.2 (13.6)	59.6 (9.7)	65.6 (8.4)	68.4 (9.6)	70.8 (9.4)	73.0 (7.0)
180	男	28.7 (9.6)	75.6 (12.7)	76.0 (6.0)	76.4 (6.2)	82.0 (9.7)	78.0 (6.6)	75.0 (11.6)
	女	23.2 (3.7)	60.7 (10.2)	66.4 (9.4)	68.0 (4.2)	―	―	―
200	男	29.0 (3.0)	94.4 (9.7)	88.0 (7.6)	―	―	―	―
	女	―	―	―	―	―	―	―

平均値（標準偏差）

min^{-1}の1.5倍に当たる。

　一方，女児では，100，120，140，160$m\cdot min^{-1}$の走行速度において，最初の30秒間では，男児よりも低く，また走行速度によるわずかな増加を示しながらも，45～50$breaths\cdot min^{-1}$というように，安静時の2倍に高まっている。そして，時間の経過とともにわずかながら増加し，最後の30秒間で50～70$breaths\cdot min^{-1}$となっている。最終段階の180$m\cdot min^{-1}$では，最初の30秒で，男児ほどではないにしても，一気に60$breaths\cdot min^{-1}$にも達し，その後は時間経過にともないわずかな増加を示しながら，最後の1分00秒～1分30秒でおよそ70$breaths\cdot min^{-1}$に達し，それは安静時の3倍に相当するものである。こうしてみると，呼吸数においては，安静時および走行時ともに幼児が成人よりもかなり高く，また，男児が女児よりも高いということが分かった。

　ところで，走行開始直後に見られる急速な呼吸数の増加現象については，心拍数の場合と同じように，その背景に神経性の要因が上げられている。それは，活動を開始

した骨格筋等から，多くのインパルスが延髄にある呼吸中枢に達し，ここから横隔膜神経・肋間神経を介して，それぞれ呼吸筋である横隔膜・肋間筋の運動を盛んにする。しかし，運動開始後，少し時間が経過すると，運動によって高められた血中二酸化炭素濃度が呼吸中枢を刺激し，また，血中酸素含有量の低下が，大動脈に付着している大動脈体および頚動脈に付着している頚動脈体といった化学受容器（chemical receptor）を刺激し，そこから発したインパルスが迷走神経・舌咽神経を介して呼吸中枢を刺激し，呼吸を一層盛んにする。また，運動によって高まった体温による熱刺激が呼吸数の増加にさらに拍車をかけている。そして，こうした一連の反射が，呼吸循環機能の運動に対する応答として，幼児では成人の場合よりも素早く起こる性質を持ち合わせているものと考えられる。しかし，男児が女児よりも高い呼吸数を示したという事実は，呼吸筋や呼吸反射を含めた呼吸機能においても，男児が女児よりも速いことを示唆するものである。

8章 トレッドミル・オールアウト走行の呼吸循環機能応答の限界[75]

　まず、ここで扱われているオールアウト走（all-out running）について述べると、それは「ある一定の走行速度で走り始めた場合に、ある時間が経過すると、最大の努力（maximal effort）にもかかわらず、疲労困憊（exhaustion）のために、もうこれ以上走れないという時点まで走る」ということを意味するものである。

　ところで、7章の実験における3分間走においては、酸素摂取量について見ると、男児では100m・min^{-1}、120m・min^{-1}および140m・min^{-1}、そして、女児では100m・min^{-1}および120m・min^{-1}において完全な定常状態が成立することを見いだした。そこで、この実験では、予備実験として、これら定常状態が成立した上限の走行速度、すなわち男児では140m・min^{-1}、女児では120m・min^{-1}であれば5分間は走れるものと想定し、栃木県A保育園の年中組男女児それぞれ4名を対象に、測定機器を装着せずに、水平トレッドミル走行実験を試みたところ、全員が走り切ることができた。この走行持続時間5分の意味は、5章の実験におけるグラウンド上の5分間走とも関連づけたものである。次いで、2～3日の間隔で走行速度を段階的に20m・min^{-1}ずつ高め、それぞれの速度で持続できなくなるまで走った。こうして、男児では160m・min^{-1}、180m・min^{-1}および200m・min^{-1}、女児では140m・min^{-1}、160m・min^{-1}および180m・min^{-1}における可能な持続時間を被検者ごとに確認した。この持続時間の設定に当たっては、ある30秒間区切りのなかで15秒以上走れた場合は、その30秒間を終了したものとみなし、それ未満の場合はその直前の30秒区切りまでとした。なお、被検者の身体的特性は、本実験で得られた測定値により、表16に示されている。

　本実験においては、安静時と走行開始における手順は7章の場合と同様であり、そして、走行時の呼気採気時間の区分を30秒として連続的に採気した。そして、回復時は、座位の姿勢で30秒・1分・1分30秒・2分・3分・4分・5分の区切り幅で連続的に合計17分間の採気を行なった。心拍数が全過程を通して記録されたことはいうまでもない。このようにして、この実験では、各種走行速度におけるオールアウト走において、運動時はもとより、回復時における呼吸循環機能の応答の特性についても同時に明らかにしようとしたところに、7章とは違った特別な意味がある。

　まず、走行持続時間についてみると、男児においては、140m・min^{-1}では4名全員が5分間走り切ったが、160m・min^{-1}では3分30秒～4分までは全員、4分～4分30秒までは2名が走れたに過ぎない。180m・min^{-1}では1分30秒～2分まで全員、2分～2分30秒まで3名、2分30秒～3分まで2名、3分30秒～4分まで1名だけが走れた。最後の200m・min^{-1}では、30秒～1分まで全員、1分～1分30秒まで2名、1分30秒～2分まで1名のみが走れた。一方、女児においては、1段階低くなっており、

8章 トレッドミル・オールアウト走行の呼吸循環機能応答の限界

表16 年中組（4〜5歳）被検者の身体的特徴

被検者	年齢(年:月)	身長(cm)	体重(kg)	安静時 心拍数(拍/分)(HR, beats·min⁻¹)(a)	安静時 絶対値酸素摂取量(L/分)(VO₂, L·min⁻¹)(b)	安静時 酸素脈(mL/拍)(O₂-pulse, mL·beat⁻¹)	最大努力時 最高心拍数(拍/分)(HRmax, beats·min⁻¹)(c)	最大努力時 絶対値最大酸素摂取量(L/分)(VO₂max, L·min⁻¹)(d)	最大努力時 体重当たり最大酸素摂取量(mL/kg/分)(VO₂max·TBW⁻¹, mL·kg⁻¹·min⁻¹)	最大努力時 最大酸素脈(mL/拍)(MaxO₂-pulse, mL·beat⁻¹)	安静/最大努力 c/a	安静/最大努力 d/b
\multicolumn{13}{c}{男児}
T S	5:01	111.5	19.85	99	0.149	1.51	184	0.942	47.5	5.12	1.86	6.32
Y N	4:07	106.5	16.40	95	0.125	1.32	210	0.810	49.4	4.09	2.21	6.48
J S	5:00	107.2	18.70	96	0.134	1.40	200	0.959	51.3	4.80	2.08	7.15
A K	4:05	100.0	14.90	91	0.111	1.22	198	0.704	47.2	3.56	2.17	6.34
\multicolumn{13}{c}{女児}
M T	4:06	104.3	16.40	115	0.124	1.08	202	0.725	44.2	3.59	1.75	5.84
M F	5:00	113.7	19.70	104	0.141	1.36	194	0.925	47.0	4.77	1.86	6.56
E K	5:00	105.1	16.10	100	0.117	1.17	208	0.760	47.3	3.65	2.08	6.49
S T	4:03	108.1	17.35	128	0.148	1.10	192	0.795	45.8	4.12	1.50	5.37

120m·min⁻¹では全員が5分間走れたが，140m·min⁻¹では3分〜3分30秒まで全員，3分30秒〜4分まで3名が走れた。160m·min⁻¹では2分〜2分30秒まで全員，3分〜3分30秒まで1名が走り，そして最後の180m·min⁻¹では1分〜1分30秒まで全員，1分30秒〜2分まで2名が走れた。

このようにして得られた心拍数・酸素摂取量の各時間区分の値から，各被検者の増加率・回復率を算出し，そして，その平均値と標準偏差を性差の検定を含めて示したものが表17であり，それを図示したものが図23である。その場合，増加率においては，当然のことながら各種走行速度における持続時間には個人差があるので，各走行速度における各時間区分の増加率の平均値は，走ることができた被検者数の平均値である。そして，わずか1名のみが走れた場合はその個人の増加率が示されている。回復率に関しては，各走行速度における走行持続時間に個人差はあるものの，それぞれ全員が全力で走り切ったという共通点があるので，回復時における共通の時間区分の上に，

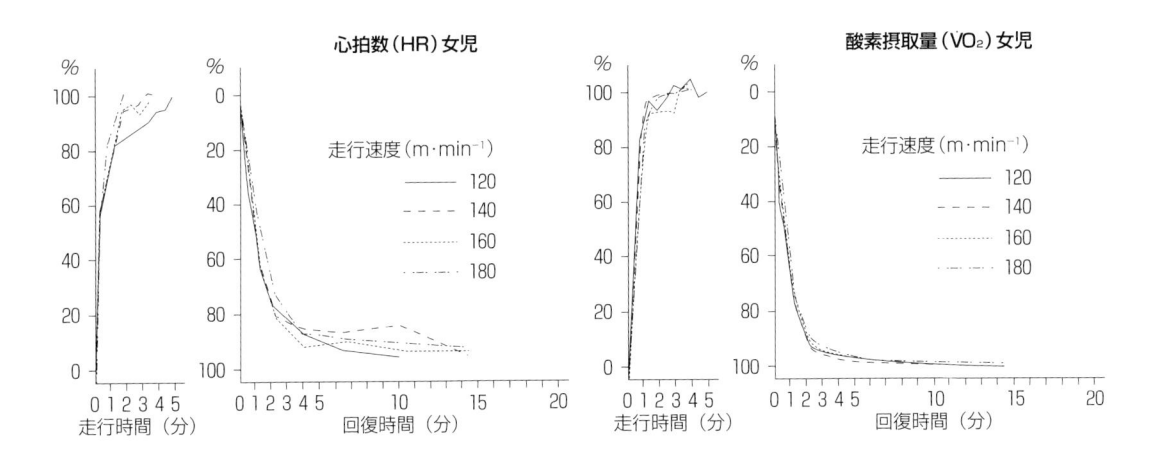

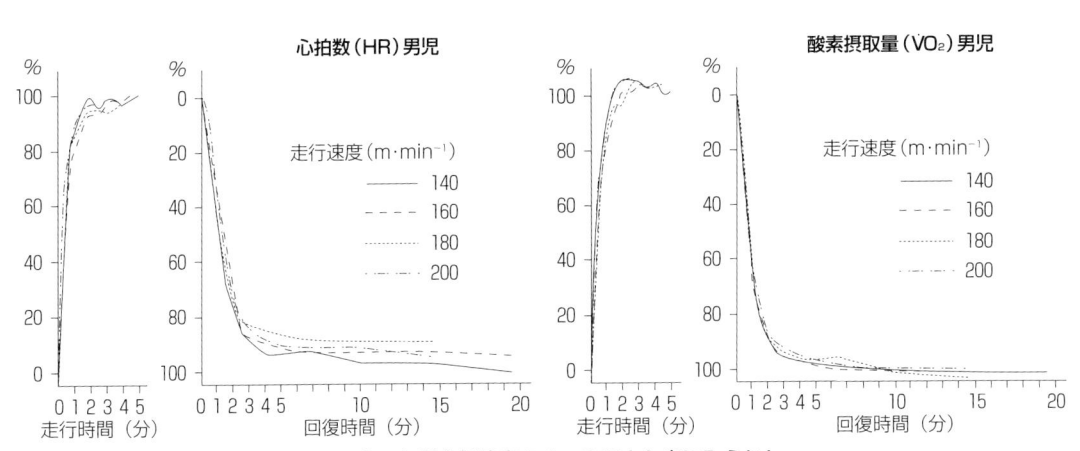

図23 幼児における水平トレッドミル上の各種走行速度のオールアウト走にみられた
　　　心拍数・酸素摂取量の増加率・回復率

表17 年中組（4〜5歳）幼児の水平トレッドミル各種走行速度のオールアウト走行における心拍数・酸素摂取量の増加率・回復率

性別	走行速度 (V, m·min⁻¹)	走行中の増加率											走行後の回復率					
		0〜30"	30"〜1'00"	1'00"〜1'30"	1'30"〜2'00"	2'00"〜2'30"	2'30"〜3'00"	3'00"〜3'30"	3'30"〜4'00"	4'00"〜4'30"	4'30"〜5'00"		0〜30"	30"〜1'30"	1'30"〜3'00"	3'00"〜5'00"	5'00"〜8'00"	8'00"〜12'00"	12'00"〜15'00"

心拍数 (HR)

性別	走行速度	0〜30"	30"〜1'00"	1'00"〜1'30"	1'30"〜2'00"	2'00"〜2'30"	2'30"〜3'00"	3'00"〜3'30"	3'30"〜4'00"	4'00"〜4'30"	4'30"〜5'00"	0〜30"	30"〜1'30"	1'30"〜3'00"	3'00"〜5'00"	5'00"〜8'00"	8'00"〜12'00"	12'00"〜15'00"
男児 n=4	140	56	83	92	100	95	98	99	96	98	100	15	68	86	94	92	96	98
	160	60*	77	87	93	93	96	98	98	100 b	—	17	64	86	90	93	93	93
	180	59***	85	90	94	95 a	94 b	95 c	97 c	—	—	14	60	81	86	89	89	90
	200	65***	89	94 b	96 c	—	—	—	—	—	—	8	52	81	90	91	92	96
女児 n=4	120	53	71	82	85	87	89	91	94	95	100	28	65	77	88	93	96	—
	140	58*	78	85	95	96	98	101	101 a	—	—	16	62	80	85	87	84	95
	160	49	77	89	95	98	93	98 c	—	—	—	11	64	81	92	90	93	94
	180	55*	83	92	102 b	—	—	—	—	—	—	14	51	75	87	89	90	92

酸素摂取量 (VO₂)

性別	走行速度	0〜30"	30"〜1'00"	1'00"〜1'30"	1'30"〜2'00"	2'00"〜2'30"	2'30"〜3'00"	3'00"〜3'30"	3'30"〜4'00"	4'00"〜4'30"	4'30"〜5'00"	0〜30"	30"〜1'30"	1'30"〜3'00"	3'00"〜5'00"	5'00"〜8'00"	8'00"〜12'00"	12'00"〜15'00"
男児 n=4	140	53	89	100	105	104	104	102	103	99	100	31**	79**	92**	96	98	100	101
	160	47	85	93	100	100	103	101	102	103 b	—	32**	81*	93	96	99	96	100
	180	43	80	93	96	102 a	104 b	107 c	102 c	—	—	31**	81**	90*	96*	96	101	103
	200	49	88	94 b	95 c	—	—	—	—	—	—	25**	75**	90**	95	98	99	100
女児 n=4	120	39	82	97	93	97	102	101	105	97	100	40	79*	94*	97	98	100	—
	140	44	82	92	98	100	99	102	101 a	—	—	30*	78*	94	98	99	100	101
	160	40	76	92	92	102 a	93 c	101 c	—	—	—	30*	78	93	97	96	101	101
	180	39	83	96	99 b	—	—	—	—	—	—	30*	75	91**	96*	98	99*	100

* p<0.05, ** p<0.01；増加率と回復率において見られた心拍数と酸素摂取量の比較における有意差の水準
a,b,c：その時間まで走ることができたそれぞれ3,2,1名の被検者数

回復率の平均値を示したものである。

8.1. 走行時における心拍数および酸素摂取量の増加率

　まず，走行開始後0～30秒において，男女児ともに心拍数の増加率が酸素摂取量の増加率を上回っている。すなわち，男児では，160m・min^{-1}において心拍数の60%が酸素摂取量の47%を，180m・min^{-1}において心拍数の59%が酸素摂取量の43%を，また200m・min^{-1}において心拍数の65%が酸素摂取量の49%を，それぞれ，有意に（P＜0.05, 0.01）上回っている。女児の場合も，140m・min^{-1}において心拍数の58%が酸素摂取量の44%を，180m・min^{-1}において心拍数の55%が酸素摂取量の39%を，それぞれ有意に（p＜0.05, 0.01）上回っている。ところが，走行開始後30秒～1分になるとほとんど差がなくなり，さらに1分～1分30秒になると逆転して，有意差はないものの，酸素摂取量が心拍数を上回るようになり，すべての走行速度を通してみると，男児では酸素摂取量の93～100%が心拍数の87～94%を，そして，女児でも酸素摂取量の92～97%が心拍数の82～92%を上回る傾向を示した。

　特に，増加率に関して，走行直後の0～30秒において，心拍数の加速が酸素摂取量よりも大きいのは，すでに述べたように，神経性の要因によるものであり，それは骨格筋からのインパルスによる迷走神経の抑制効果と交感神経の促進効果の相乗効果を意味するものである。

　性差についてみると，5分間全員が走り切れた第1段階の走行速度を除く3種類の走行速度において，走行開始直後の0～30秒の増加率は，心拍数ばかりでなく酸素摂取量に関しても，男児が女児を上回るという傾向が見られた。すなわち，心拍数においては，男児の59～65%は女児の49～58%より高く，また，酸素摂取量においても男児の43～49%は女児の39～44%よりも高かった。こうした性差は，幼時期にすでに運動負荷直後の呼吸循環機能の応答に関わる神経性の反射において，男児が女児よりも速いことを示唆している。

　男女児ともにほぼ同じ持続時間でオールアウトに達した走行速度を対応させてみると，男児の180m・min^{-1}と女児の160m・min^{-1}の対応においては，心拍数の増加率において男児が女児を有意に上回っていたが，酸素摂取量の増加率には性差はなかった。また，男児の200m・min^{-1}と女児の180m・min^{-1}を対応させてみると，心拍数ばかりでなく酸素摂取量の増加率において，男児が女児を有意に上回った。こうした走行開始直後に見られる心拍数の増加率における男児の優位性は，より大きい走行速度をもたらしている骨格筋の活動が，速効性の神経性要因として一層大きく関わっているためである。

　このように，運動開始直後において，心拍数の増加率の加速が酸素摂取量の増加率の加速よりも大きいのは，神経性の要因による速効性の心拍数増加により，運動によって高まった心筋や骨格筋におけるエネルギー需要に，それが無酸素性であれ有酸素性であれ，文字通り即座に対処するためである。そして，こうした能力においても男児が女児よりも速いことが新たに明らかにされた。

8.2. 走行終了後の回復時における心拍数および酸素摂取量の回復率

　回復率は，走行開始直後の増加率と打って変わってまったく相反する傾向が見受けられ，走行終了後2分までは，男女児ともに酸素摂取量の回復率が心拍数の回復率を有意に上回っている。そして，回復時0〜30秒においては，男児の200m・min^{-1}では，心拍数の回復率がわずか8％なのに対して，酸素摂取量の回復率は25％というようにおよそ3倍の大きさであり，また，女児の180m・min^{-1}では，心拍数の回復率14％に対して，酸素摂取量の回復率は30％であり，およそ2倍の大きさになっている。特に，注目されるのは，走行速度のいかんにかかわらず，オールアウト走を行なった場合，酸素摂取量の回復率は，走行後の回復時わずか5分の時点で，ほぼ安静時の酸素摂取量レベルに戻ってしまうということが明らかにされた点である。このことは，いずれの走行速度においても，オールアウトの時点では，血中乳酸濃度に差がなく，しかもその濃度は低いということを示唆している。それに対して，心拍数は15分経過しても安静時の心拍数レベルに戻っていない。

　このように，走行直後の回復過程において酸素摂取量が急速に回復するのは，幼児の骨格筋には，まだ乳酸産生を伴う無酸素性解糖作用すなわち乳酸性の無酸素性能力があまり備わっておらず，したがって，走行速度のいかんにかかわらず，最大努力時でも乳酸がさほど産生されず，有酸素性能力が上限に達したために，走行を停止せざるを得なくなったというように考えられる。そのために，回復後に，成人の場合のように，運動中に産生された乳酸を消却するのに欠かすことのできない酸素量すなわち乳酸性の酸素負債量が少なくて済むようになる。酸素負債量に関して11章11.4.において詳細に説明されているので参照されたい。

　一方，この実験で得られた酸素摂取量においては，男児では最大酸素摂取量0.894L・min^{-1}は安静時酸素摂取量0.129のL・min^{-1}のおよそ7倍，女児では最大酸素摂取量0.761L・min^{-1}は安静時酸素摂取量0.132のL・min^{-1}のおよそ6倍になっている。そして，これらの最大酸素摂取量は，男児では180m・min^{-1}と200m・min^{-1}の走行速度で得られたものであり，女児では160m・min^{-1}と180m・min^{-1}の走行速度で得られたものである。それに対して，心拍数においては，男児では最高心拍数198beats・min^{-1}は安静時心拍数95beats・min^{-1}のおよそ2倍，女児では最高心拍数199beats・min^{-1}は安静時心拍数112beats・min^{-1}のおよそ2倍というように，応答すべき安静時と最大努力時の幅が酸素摂取量に較べてかなり小さくなっていることが分かる。それにもかかわらず，心拍数の回復率が遅いのは，運動負荷によって生じた体液性の化学的変化（乳酸・アドレナリン等）・体温の上昇等が運動後においてもしばらくの間心臓を動員し続けているからであり，そして，そのことが運動負荷による疲労を回復するのに役立っているわけである。

　こうしてみると，心臓は，運動開始時に当たっては，心拍数の増加率が酸素摂取量の増加率に先行していることから，骨格筋へ酸素を供給するために真っ先に神経性の要因によって動員されていることが分かる。他方，運動終了後の回復時にあっては，

打って変わって，心拍数の回復率が酸素摂取量の回復率に遅れをとっているが，それは，心臓が，運動時に不足した酸素を補填したり，また運動時に産生された乳酸を消却するのに役立つように，引き続き血液循環の活動レベルを保証する生化学的体液性の仕組みによるものである。

9章 幼児における身体活動水準[29,80]

　近年，幼児においても日常生活における運動不足と身体活動水準の低下が指摘されており，それに関しては，著者[29,80]，加賀谷ら[27]，三村ら[42]による報告がみられる。これらの研究においては，ある1日のうちの限られた時間，あるいは，ある1日だけの24時間を通して記録された心拍数を，心拍数が酸素摂取量に対して直線的に増加するという事実に基づき，別途に実験室で求められた心拍数に対する酸素摂取量の値を対比しながら身体活動水準を検討している。

　そこで，この実験においては，さらに詳細に検討するために，まず第1の段階として，保育園の男児6名，女児7名を対象に，基礎実験として段階的漸増負荷によるトレッドミル走行を試み，心拍数・酸素摂取量・血中乳酸濃度を測定した。とりわけ，これまで幼児を対象として，血中乳酸濃度を測定した研究はほとんど見当たらず，したがって，その測定結果から新たな知見が得られたという点では画期的なものといえよう。

　次いで，その中から男児2名，女児2名を任意に選び，ある週の月曜日から土曜日までの6日間にわたり，保育園内における心拍数の記録を行ない，園内活動の様子をさらに九つのカテゴリーに分類し，トレッドミル走行において得られた心拍数に対する酸素摂取量・血中乳酸濃度と対応させながら，身体活動水準の分析を試みた。

　第2の段階においては，見方を変え，測定の対象となる保育園児の被検者数を200名にまで増やし，連続して24時間にわたる心拍数を記録した。そして，それを24時間・園内・園外（家庭における夜間睡眠を除く）・夜間睡眠時という四つのカテゴリーに分類し，それぞれの心拍数レベルをそのカテゴリーにおける身体活動水準の判定に用いた。特に，24時間連続記録のなかで夜間睡眠時の心拍数を把握した報告は，これまで見受けられず，したがって，睡眠という活動水準の最も低い状態における心拍数の基準値が新たに得られたことになるが，同時に，最大努力時における最高心拍数との較差を知ることもできた。そして，こうした二つの実験から，保育園児の身体活動水準の実態を検討したが，その結果から，やはりその水準は低いということが明らかになった。次にこれら二つの実験結果を順次紹介することにする。

9.1. ある週の月〜土曜日の6日間を通してみた保育園における幼児の身体活動水準[80]

　この実験においては，当時800mの持久走を実施していた栃木県のM保育園の年長組男児6名と年長組女児7名を被検者とし，トレッドミル走行による持続時間2分・走行速度$20m \cdot min^{-1}$増加の段階的漸増負荷走行（stepwise increased running velocity）

により，最大努力にもかかわらず走れなくなる段階まで走った。その過程で，心拍数・酸素摂取量・血中乳酸濃度を測定したが，段階終了の度に，耳朶から採血するために30秒間の座位による休息時間を設けた。こうして，各被検者の有酸素性能力に関する基礎データを得たが，その結果を，保育園内において記録された心拍数と対応させながら，前述したように，身体活動水準を検討したわけである。

9.1.1. 被検者の有酸素性能力

表18は，段階的漸増負荷走行における最終段階の最大努力時に得られた各被検者の最高走行速度（Vmax），最高心拍数（HRmax），体重当たり最大酸素摂取量（$\dot{V}O_2max \cdot TBW^{-1}$）および最高血中乳酸濃度（Peak LA）を示したものである。なお，こうした実験手順については，血中乳酸濃度の測定も含めて，次の10章のトレーニング効果に関する研究においてさらに詳細に述べられている。

図24は，このような段階的漸増負荷走行において求められた走行速度に対する心拍数（HR）・酸素摂取量（$\dot{V}O_2$）・血中乳酸濃度（LA）の変化の様子を図示したものである。そして，これらの線に内挿法（interpolation method）を適用することにより，血中乳酸濃度 3 mmol・L^{-1} および 4 mmol・L^{-1} における走行速度・心拍数・酸素摂取量 {V（m・min^{-1}），HR（beats・min^{-1}），and $\dot{V}O_2 \cdot TBW^{-1}$（mL・kg^{-1}・min^{-1}）@ 3 and 4 mmol・

表18　年長組（5〜6歳）幼児の水平トレッドミル段階的漸増負荷走行における
　　　最高走行速度・最高心拍数・体重当たり最大酸素摂取量・最高血中乳酸濃度

被検者	最高走行速度 （m/分） （Vmax, m・min^{-1}）	最高心拍数 （拍/分） （HRmax, beats ・min^{-1}）	体重当たり 最大酸素摂取量 （mL/kg/分） （$\dot{V}O_2max \cdot TBW^{-1}$, mL・kg^{-1}・min^{-1}）	最高 血中乳酸濃度 （mmol/L） （Peak LA, mmol・L^{-1}）
男　児				
A A	200	204	50.8	4.81
S O	220	194	55.7	6.78
N K	180	206	45.2	4.26
H Sr	160	208	46.0	4.43
E H	180	206	43.6	4.59
H S	220	201	55.1	6.10
平均値	193.3	203.1	49.4	5.16
標準偏差	26.6	5.1	5.2	1.02
女　児				
Y I	200	200	44.5	4.78
M O	180	206	52.6	4.89
H S	160	197	40.8	4.48
K K	180	190	49.0	4.47
A M	160	205	43.2	4.25
Y S	140	202	33.9	4.08
T M	180	200	45.1	5.66
平均値	171.4	200.0	44.1	4.65
標準偏差	19.5	5.4	6.0	0.52

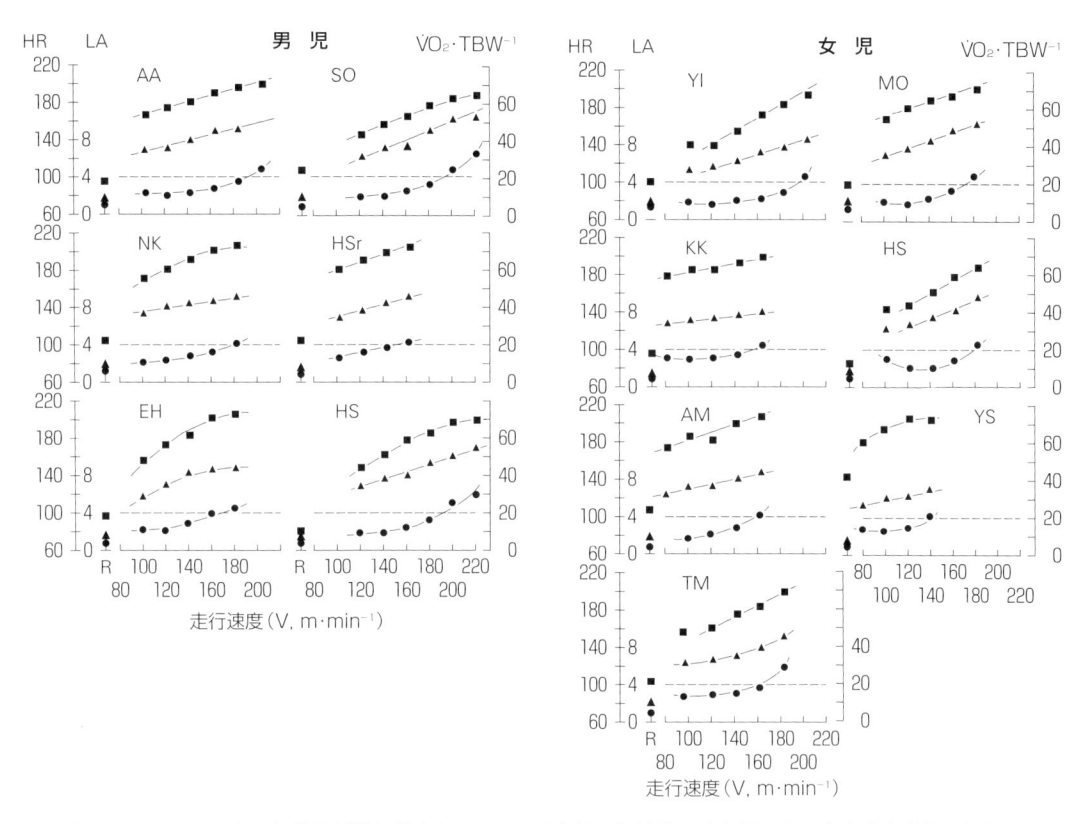

図24 水平トレッドミル上の段階的斬増負荷走行における男女児の心拍数・酸素摂取量・血中乳酸濃度の変化
- ■ 心拍数（拍/分）
- ▲ 体重当たり酸素摂取量（mL·kg^{-1}·min^{-1}）
- ● 血中乳酸濃度（mmol·L^{-1} LA）
- R 安静時

L^{-1}LA］を求め，併せて，これらの値が，最大努力時に得られた最高値に対してどの位のレベルに達しているかを比率（%Vmax, %HRmax, and %V̇O$_2$max·TBW^{-1}@ 3 and 4 mmol·L^{-1}LA）で示したものが表19である。

なお，＠という記号は英語の前置詞"in"または"at"を意味するもので，"〜＠3 mmol·L^{-1}LA"は「血中乳酸濃度3 mmol·L^{-1}におけるまたは時の〜」ということを意味する。また，"1 mmol·L^{-1}"すなわち「1ミリモル／1リットル」といえば，血液1Lのなかに1モルの1,000分の1の乳酸が含まれているということであり，それは，1モルの乳酸の重さが，その分子式（C$_3$H$_6$O$_3$）とそれを構成している3種類の原子の原子量から（炭素原子については原子量が12gで3個あるので12×3＝36g，水素については原子量が1gで6個あるので1×6＝6g，酸素については原子量が16gで3個あるので16×3＝48gであるから合計36＋6＋48＝90g）90gになるので，その1,000分の1に当たる0.09g（90mg）の乳酸が血液1L中に含まれるということである。しかし，血液中においても乳酸は

$$CH_3·CH·OH·COOH \rightarrow CH_3·CH·OH·COO^- + H^+$$

表19 年長組（5～6歳）幼児の血中乳酸濃度3および4 mmol・L⁻¹における走行速度・心拍数・酸素摂取量の値とその最高値に対する比率

	血中乳酸濃度3mmol・L⁻¹における値とその最高値に対する比率					血中乳酸濃度4mmol・L⁻¹における値とその最高値に対する比率				
被検者	走行速度 (m/分) (V, m・min⁻¹)	心拍数 (拍/分) (HRmax, beats・min⁻¹)	最高心拍数に対する比率 (%HRmax@ 3mmol・L⁻¹ LA)	体重当たり酸素摂取量 (mL/kg/min) (VO₂・TBW⁻¹, mL・kg⁻¹・min⁻¹)	体重当たり最大酸素摂取量に対する比率 (%VO₂max・TBW⁻¹@ 3mmol・L⁻¹LA)	走行速度 (m/分) (V, m・min⁻¹)	心拍数 (拍/分) (HRmax, beats・min⁻¹)	最高心拍数に対する比率 (%HRmax@ 4mmol・L⁻¹ LA)	体重当たり酸素摂取量 (mL/kg/min) (VO₂・TBW⁻¹, mL・kg⁻¹・min⁻¹)	体重当たり最大酸素摂取量に対する比率 (%VO₂max・TBW⁻¹@ 4mmol・L⁻¹LA)
男児										
A A	169	195	95.6	45.0	88.6	190	202	99.0	48.5	95.5
S O	168	173	89.2	42.5	76.3	191	184	94.8	49.2	88.3
N K	150	198	96.1	42.3	93.6	176	204	99.0	45.0	99.6
H Sr	105	184	88.5	36.4	79.1	146	202	97.1	43.3	94.1
E H	146	189	91.7	40.2	92.2	165	203	98.5	43.5	99.8
H S	172	185	92.0	44.8	81.3	190	194	96.5	48.7	88.4
平均値	151.7	187.3	92.2	41.9	85.2	176.3	198.2	97.5	46.4	94.3
標準偏差	25.7	8.9	3.5	3.2	7.2	18.1	7.5	1.7	2.7	5.1
女児										
Y I	182	188	94.0	40.3	90.6	194	192	97.0	42.8	96.2
M O	154	197	95.6	47.2	89.7	161	204	99.0	50.8	96.6
H S	122	188	95.4	37.3	92.6	153	195	99.0	39.4	97.8
K K	162	179	94.2	43.6	89.0	176	188	98.9	47.4	96.7
A M	141	198	96.6	40.3	93.3	157	205	100.0	42.4	98.1
Y S	123	202	100.0	31.6	93.2	140	202	100.0	33.8	100.0
T M	146	171	88.5	35.7	79.2	166	191	95.5	40.2	89.1
平均値	147.2	189.0	94.9	39.4	89.7	163.9	196.7	98.5	42.4	96.4
標準偏差	21.1	11.1	3.5	5.1	4.9	17.3	6.9	1.7	5.5	3.4

@:英語の"at"で、"〜における"と言う意味であり、例えば、"@3mmol・L⁻¹LA"は「血液1L中に3mmolの乳酸が含まれている時に」または「血液1L中に3mmolの乳酸が含まれている時の」ということになる。また、"92%HRmax@3mmol・L⁻¹LA"といえば、「血液1L中に3mmolの乳酸が含まれている時の心拍数が最高心拍数に対して92%の比率を占める」ということを示している。

というように電離しているので，H$^+$の分を除き，実際には0.089g（89mg）として扱われており，もし血液1L中に563mg（ミリグラム）の乳酸が含まれているとして，それをmmolに換算すると，563÷89＝6.3mmolの乳酸が含まれるということになる。

ところで，表18において，男女児平均心拍数が，それぞれ203.1beats・min^{-1}，200.0beats・min^{-1}というように，200.0beats・min^{-1}に達していること，また，主観的ではあるが，最大努力で走り切ったことなどを考慮すると，この実験においても最大酸素摂取量が得られたものと判定することができる。体重当たり最大酸素摂取量の男女児それぞれ49.4mL・kg^{-1}・min^{-1}，44.1mL・kg^{-1}・min^{-1}は表1の5〜6歳児の値に匹敵しており，有酸素性能力としては，わずかながら標準を上回っているものと思われる。また，最高血中乳酸濃度においては，男女児それぞれ5.16mmol・L^{-1}，4.65mmol・L^{-1}となっており，こうした値は，著者ら[77, 78]による中学生男子11名の平均値9.00mmol・L^{-1}よりもかなり低いものであり，したがって，幼児では乳酸産生を伴う無酸素性の解糖作用すなわち乳酸性の無酸素性エネルギー発生機構が未発達の段階にあるということを，こうした乳酸値から初めて指摘することができた。そして，さらに，著者ら[79]による9名の小学生で得られた平均値5.89mmol・L^{-1}という値を考慮してみると，こうした無酸素性能力は思春期になって発達を開始することが分かる。

ところで，図24から，すでに述べた内挿法により，血中乳酸濃度3.0mmol・L^{-1}LAおよび4mmol・L^{-1}LAにおける走行速度・心拍数・体重当たり酸素摂取量を求めた。ここで，血中乳酸濃度として，4mmol・L^{-1}LAを用いたのは，Heckら[24]，Kindermannら[30]，Maderら[39]によって，成人の場合を対象に提唱された「Maxlassに相当する血中乳酸濃度が4mmol・L^{-1}である」という事実に基づくものである。Maxlassというのは，ドイツ語で日本語訳は見あたらないが，それは「30分間前後，ある一定の速度で走った場合に，その間，定常的に一定の血中乳酸濃度のレベルを水平に維持できる上限の値が4.0mmol・min^{-1}である」ということを示すものである。したがって，別に「乳酸の定常状態」（ドイツ語でLaktat-Steady-State）という言い方をしている。もちろん，このレベルで見られるある一定の走行速度は，個人の有酸素性能力の良し悪しによって異なることはいうまでもない。もし，それよりも少しでも走行速度を高めて走ると，その走行中に血中乳酸濃度はわずかな勾配のもとに徐々に高まるようになり，したがって，乳酸性の無酸素性エネルギー発生が上乗せされるようになってくることを示すものである。そこで，この血中乳酸濃度4.0mmol・L^{-1}を無酸素性状態に入っていく一歩手前の一つの境界線としてとらえ，すでに紹介したように，無酸素性作業閾値（anaerobic threshold, AT）と呼んでいる。そして，最大酸素摂取量とともに，その時の走行速度・心拍数・酸素摂取量が，有酸素性能力の判定材料として，広く活用されているので，それとの比較を試みるねらいもあって，こうした幼児についてもあえて求めてみたわけである。この無酸素性作業閾値に関しては，Brooks[5]，Davisら[11]，Nagle[46]によって詳しくまとめられているので，さらに理解と研究を深めたい場合には，これら研究者の論文を参考にするとよい。また，3mmol・L^{-1}を用いたのは，子どもでは無酸素性能力が低いということを勘案し，一段低い3mmol・L^{-1}LAが適当ではないかというBuhlら[6]の報告を参考にしたものである。

ここで問題になるのは，こうした値が最大努力時に得られた値に対してどの程度の

レベルにあるかということである。表19には，表18の最大値に対する比率も示されており，それを眺めると，男児では97.5%HRmax@ 4 mmol·L⁻¹LA, 94.3%$\dot{V}O_2$max·TBW⁻¹@ 4 mmol·L⁻¹LA，女児では，98.5%HRmax@ 4 mmol·L⁻¹LA, 96.4%$\dot{V}O_2$max·TBW⁻¹@ 4 mmol·L⁻¹LAというように極めて高い比率になっている。これらの比率から，幼児では最大努力時の状態に近くなって，わずかながら初めて無酸素性状態に入ることが，これまた新たな事実として確認されたわけである。また，すでに述べたように，最高血中乳酸濃度が低いことを考え合わせると，幼児では最大努力による運動持続の中断を余儀なくされた時点でも，ほとんど有酸素性の状態のままであることが確認された。このことは，幼児では運動終了後の回復が早いということを，これまでの推測とは違って，明確に裏づけてくれるものであった。ちなみに先の中学生の場合は，90%HRmax@ 4 mmol·L⁻¹LA, 86%$\dot{V}O_2$max·TBW⁻¹@ 4 mmol·L⁻¹LA[77, 78]というように低くなり，そして田中らの報告[53]によれば，一般成人では70%$\dot{V}O_2$max·TBW⁻¹@ 4 mmol·L⁻¹LAというように，なお一層低くなっている。

　ところが，成人では，高度にトレーニングされると，こうした%HRmax@ 4 mmol·L⁻¹LAと%$\dot{V}O_2$max·TBW⁻¹@ 4 mmol·L⁻¹LAは再び高まり，Liesenら[35]によれば，それは自転車ロード競技の選手で最も高く，168beats·min⁻¹@ 4 mmol·L⁻¹LAは最高心拍数171beats·min⁻¹の98.3%HRmax@ 4 mmol·L⁻¹LAに相当しており，また，68.1mL·kg⁻¹·min⁻¹@ 4 mmol·L⁻¹LAは体重当たり最大酸素摂取量69.8mL·kg⁻¹·min⁻¹の97.6%@ 4 mmol·L⁻¹LAに相当するといった具合である。これは，幼児の場合と似た面もあり，疲労困憊に陥る直前の段階まで，有酸素性のエネルギーによって運動を遂行していることを示している。しかし，本質的に幼児とは異なっており，骨格筋における酸化能力が大きく改善されたことによるものである。すなわち，本来，主として有酸素性能力を備えた有酸素性の遅筋線維（slow twitch fiber, oxydative ; STO ）の改善はもとより，無酸素性能力を備えた速筋線維（fast twitch fiber, glycolitic ; FTG ）がトレーニングにより有酸素性能力を兼ね備えるようになり，有酸素性の速筋線維（fast twitch fiber, oxydative ; FTO）に変化したためである[c]。

　それでは，幼児においては，こうした%HRmax@ 4 mmol·L⁻¹LAと%$\dot{V}O_2$max·TBW⁻¹@ 4 mmol·L⁻¹LAの比率が極めて高いという特性を踏まえながら，次に心拍数の記録により，保育園内における身体活動水準を検討していくことにする。

9.1.2.　保育園内における1日の平均心拍数

　ところで，ある1週間の月曜日から土曜日までの心拍数の記録は，上記の被検者のなかから，男女児それぞれ2名を任意に選んで行なったものである。その際には，被検者に心拍メモリー装置（1850a，竹井器機）を装着し，1分刻みで連続的に記録した。また，被検者ごとに1名の行動観察者が付き添い，時間経過に伴う活動の様子を逐一記録し，心拍数の変化と活動の内容を対応できるようにした。記憶された心拍数は，心拍アナライザー（1850b，竹井器機）を介してコンピュータにより処理した。

　表20は，2名の男児被検者EHとHS，2名の女児被検者YSとTMの4名について，園内生活の生活時間における心拍数の記録時間，心拍数平均値，その標準偏差を示したものである。EHの場合は，気分がすぐれず日頃の活動をしなかった木曜日の

表20 保育園における年長組（5〜6歳）幼児4名のある1週間を通してみた1日の平均心拍数と，その最高心拍数・血中乳酸濃度4mmolにおける心拍数に対する比率

曜日	月				火				水				木				金				土			
被検者	EH	HS	YS	TM	EH	HS	YS	TM	EH	HS	YS	TM	EH	HS	YS	TM	EH	HS	YS	TM	EH	HS	YS	TM
記録時間（分）	393	393	393	393	401	401	401	392	405	405	405	405	419	398	409	408	406	407	407	407	239	256	256	256
平均心拍数（拍/分）(Means of HR, beats·min⁻¹)	114	98	123	107	102	102	126	106	104	110	126	119	89	99	122	113	109	109	125	109	107	110	125	125
心拍数標準偏差（SD of HR）	16	21	18	18	23	23	19	19	19	20	21	20	21	20	18	17	16	19	16	22	15	21	15	18
最高心拍数に対する比率（%HRmax）	55	49	60	54	50	51	62	53	51	55	62	60	43	49	60	57	53	54	62	55	52	55	61	63
血中乳酸濃度4mmol·L⁻¹における心拍数に対する比率（%HR@4mmol·L⁻¹）	56	51	60	57	50	53	62	56	51	57	62	64	44	54	60	64	54	57	62	58	53	57	61	71

89beats・min^{-1}を除くと，102～114beats・min^{-1}，HSでは98～110beats・min^{-1}，YSでは122～126beats・min^{-1}，そしてTMの場合は土曜日の比較的高い125beats・min^{-1}を除くと106～119beats・min^{-1}という平均値を示した。このように，被検者ごとに日によって異なった平均値が見受けられたのは，主として，行動や動作，あるいはそのなかで見られる身体活動の水準やその持続時間に違いがあったためである。ところで，身長に対する平均体重を34％も上回っている肥満の被検者YSは，他の被検者よりもかなり高い平均値であったが，それは，後の図26にも示されているが，午睡における平均心拍数が98～103beats・min^{-1}というように，他のHSの62～85beats・min^{-1}，HSの69～86beats・min^{-1}，TMの79beats・min^{-1}と比較してかなり高く，頻脈の傾向にあるためである。

　こうしてみると，保育園内の生活における平均心拍数はおよそ100～115beats・min^{-1}の範囲にあるものと思われる。しかし，これらの値は，三村ら[42]による男児4名の幼稚園内の生活における123～135beats・min^{-1}よりも低いが，それは，体力の差，カリキュラムの違い，また，幼稚園が午前中で終わり，保育園のように，心拍数が低下する午睡を含んでいないことなどが関与しているためと思われる。

　次に，こうした平均値の相対的強度を，園内生活の平均心拍数が最高心拍数の何％に相当するのかという比率（％HRmax）で示すと，男児の43～55％HRmaxは女児の53～63％HRmaxよりもおよそ10％低くなっている。また，血中乳酸濃度との関わりでは，園内生活の平均心拍数を4 mmol・L^{-1}における心拍数に対する比率（％HR@ 4 mmol・L^{-1}LA）として示すと，表20からも分かるように，男児の44～57％HR@ 4 mmol・L^{-1}LAは，女児の57～67％HR@ 4 mmol・L^{-1}LAよりも，これまた，ほぼ10％低くなっている。このように，これら二つの比率において，男児が女児よりも幾分低くなっているのは，男児は，表19に示されているように，体重当たり最大酸素摂取量（$\dot{V}O_2$max・TBW^{-1}）のみならず血中乳酸濃度4 mmol・L^{-1}における体重当たり酸素摂取量（$\dot{V}O_2$・TBW^{-1}@ 4 mmol・L^{-1}LA）においても女児より大きく，したがって，共通の同じカリキュラムによる活動のもとでは，もともと女児が男児ほど活発ではないにしても，その分だけ呼吸循環機能に余裕があり，心拍数が低くて済んでいるためである。

　ちなみに，こうした平均値の相対的強度を，Seligerら[52]が提唱した次の式に準拠して，循環系への負荷（circulation load）という立場から位置付けてみた。

$$正味の\%HRmax = \frac{園内生活の平均心拍数 - 午睡時の平均心拍数}{最高心拍数 - 午睡時の平均心拍数} \times 100$$

そして，この式において，まず循環機能の働きは，園内では午睡時に心拍数が最も低いことに着目し，その午睡時の平均心拍数を基準とし，次いで園内生活の平均心拍数と午睡時の平均心拍数との差が，最高心拍数（HRmax）と午睡時の平均心拍数との差に対して占める比率を求めた。そして，この場合は，午睡時の心拍数が差し引かれているので，正味の％HRmax（net％HRmax）を意味することになるが，ここでも，男児のnet19～36％HRmaxが女児のnet22～38％HRmaxよりも，わずかながら低くなっている。

9.1.3. 心拍数のカテゴリーからみた身体活動水準

図25は，心拍数について階級幅を10beats·min^{-1}として，4名の被検者の月～土曜日の園内生活における心拍数の分布の状態を，HR@3 mmol·L^{-1}LAの位置を示す矢印と共に図示したものである。ところで，Gilliamら[18]は，6～7歳児を対象に12時間にわたる心拍数の変化を追っており，そして，心臓血管系の能力（cardiovascular fitness）の改善をもたらす負荷強度は少なくとも160beats·min^{-1}であるとして検討したところ，それを上回った合計時間は，男子では21分，女子では9分というようにかなり短く，また，120beats·min^{-1}未満の合計時間は12時間のうち75％以上にも達したと報告している。この実験においても僅か数分間のマラソンと称する持久走の場合を除くと，160beats·min^{-1}を上回った時間は，6日間を通して見ると，EHの0～4分，HSとTMの0～6分，そして，頻脈症気味のYSですら4～21分というように極めて短いものであった。ちなみに，これら4名の160beats·min^{-1}に相当する血中乳酸濃度は，

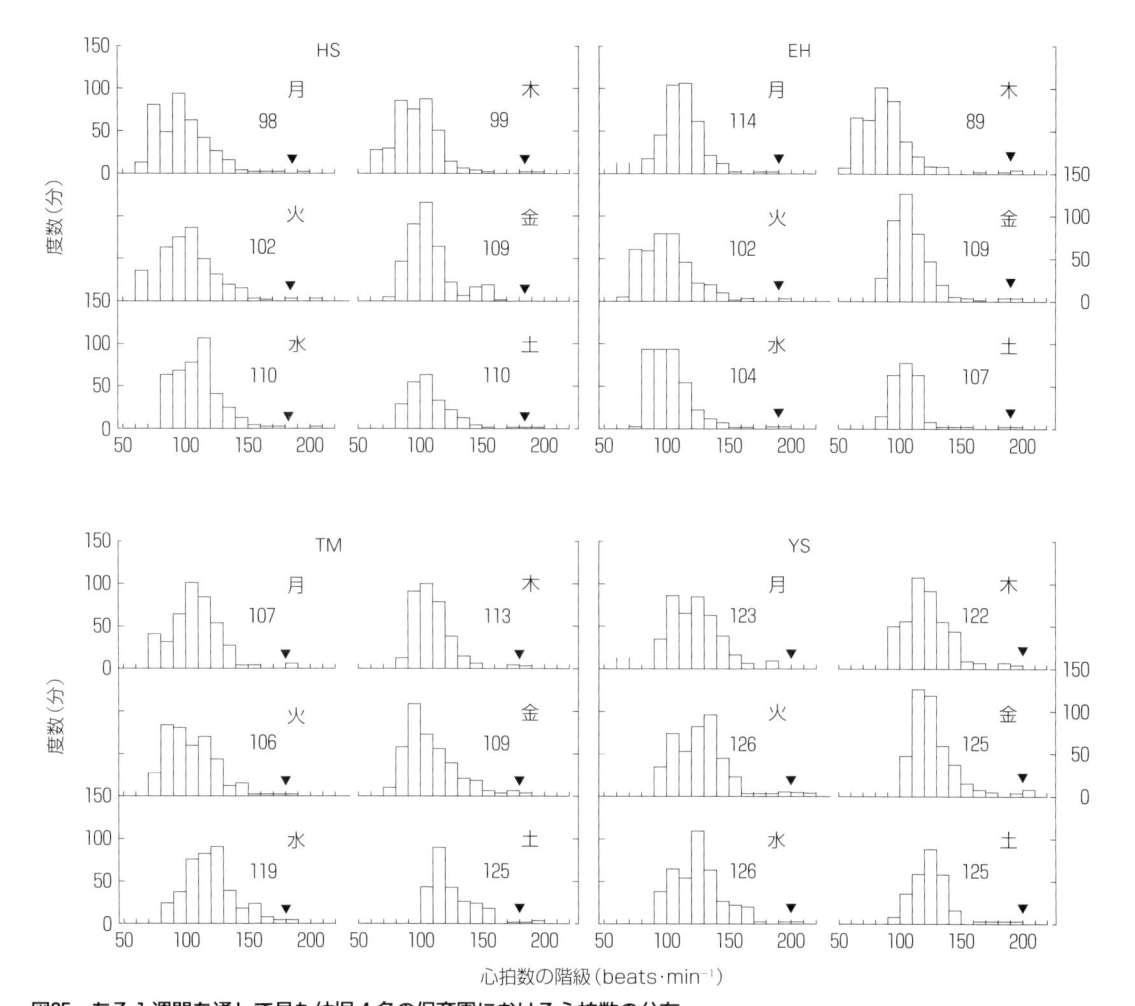

図25　ある1週間を通して見た幼児4名の保育園における心拍数の分布
（大文字の数値は平均心拍数，矢印は血中乳酸濃度3 mmol·L^{-1}における心拍数）

図24からいずれも 2 〜 3 mmol・L^{-1}に相当していることが分かるが，それは，この心拍数レベルでは，骨格筋におけるエネルギー発生が完全に有酸素性に進行していることを示すものである。また，160beats・min^{-1}の循環系に対する正味の負荷は，EHではnet68%HRmax，HSではnet69%HRmax，TMではnet67%HRmax，そして，YSではnet59%HRmaxとなっており，これまた，循環系への負荷強度としてはかなり余裕がある。こうしてみると，Gilliamら[18]が設定した能力改善をねらいとする160beats・min^{-1}は，負荷強度としては軽いのではないかと思われる。

一方，120beats・min^{-1}未満の合計時間の園内生活時間に対する比率は，EHでは72〜94％，HSでは77〜91％，TMでは54〜78％，頻脈気味のYSですら34〜70％というように，変動をともないながらも高い比率を占めている。そして，こうした状態は一般的傾向かもしれないが，それにしても，これまで眺めてきた心拍数による身体活動水準から判断すると，幼児は身体活動の際に参加する骨格筋の有酸素性代謝機構はいうに及ばず呼吸循環機能においてすら，望ましい発達を実現するに足る状況におかれていないことが分かる。

9.1.4. 行動および動作のカテゴリーからみた身体活動水準

心拍数と，行動および動作の記録から，800m持久走・体操・屋外・屋内・昼食・おやつ・臥位・午睡の八つのカテゴリーに分け，それぞれの累積時間（n, min）・平均心拍数・そのnet%HRmaxおよび%HR@ 4 mmol・L^{-1}LAを求めた。そのうち，平均心拍数について，月〜土曜日を通して図示したものが図26である。

そこで，%HR@ 4 mmol・L^{-1}LAについて見ると，数分間の800m持久走においては，EHでは89〜93%HR@ 4 mmol・L^{-1}LA，HSでは95〜104%HR@ 4 mmol・L^{-1}LA，YSでは86〜96%HR@ 4 mmol・L^{-1}LA，TMでは86〜102%HR@ 4 mmol・L^{-1}LAとなっており，したがって，こうした持久走が，有酸素性能力の発達・改善を促すのに十分な負荷強度になっていることが分かる。

持久走実施直前に行なわれた体操においては，これら4名の被検者はそれぞれ54〜67，56〜74，67〜77，63〜79%HR@ 4 mmol・L^{-1}LAというようにかなり低いものである。屋外の活動では，それぞれ48〜67，59〜72，63〜79，63〜78%HR@ 4 mmol・L^{-1}LAとなり，さらに，累積時間の最も長い屋内では，それぞれ44〜54，42〜55，53〜60，51〜63%HR@ 4 mmol・L^{-1}LAとなっている。昼食においては，それぞれ45〜53，51〜59，55〜66，55〜66%HR@ 4 mmol・L^{-1}LA，午後のおやつは土曜日にはないが，それぞれ43〜55，49〜56，59〜63，55〜63%HR@ 4 mmol・L^{-1}LAとなっている。午睡の前後における臥位の状態や，睡眠に入ることができず臥位のまま終始する臥位の状態においては，それぞれ34〜50，41〜50，41〜55，47〜56%HR@ 4 mmol・L^{-1}LA，そして，本当に睡眠に入った午睡においては，それぞれ31〜42，34〜45，48〜50，42%HR@ 4 mmol・L^{-1}LAとなった。こうしてみると，保育園においては，持久走に見られるような95%HR@ 4 mmol・L^{-1}LA のレベルに達するような活動は，1分ごとに区分して検討した場合も含めて，まったく見られなかったということになる。屋外においても，幼児の活動を観察すると，敷地が狭いために，ある動作の流れが2〜3秒という極めて短時間のうちに頻繁に中断され，心拍数が上がらずに終わってしまうことが観察され

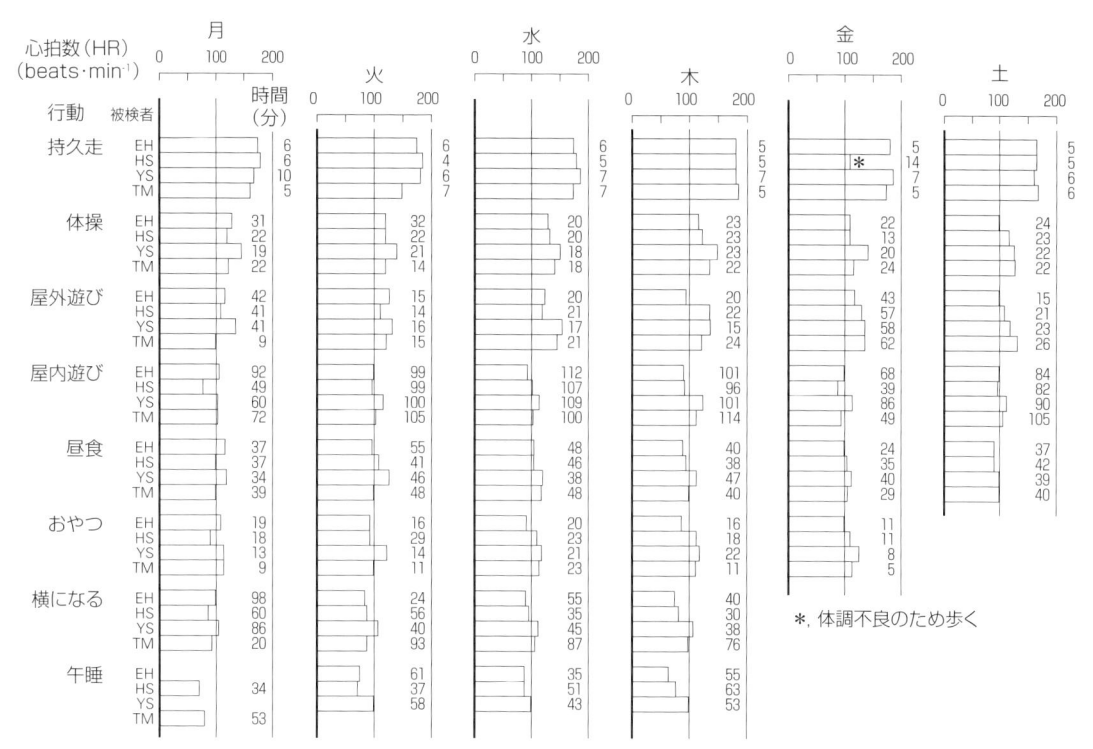

図26 幼児4名のある1週間の保育園における各種行動カテゴリーの累積時間とその平均心拍数
（棒グラフの右側の数値は累積時間，分）

*．体調不良のため歩く

る。例えば，走り出しても，人にぶつかりそうになったり，すぐに塀に遮られてしまうといった具合である。したがって，子どもの本来の姿からみても，広いスペースをもった公園・原っぱ等における園外活動において，思う存分遊ばせるという対応が必要である。

9.2. 24時間心拍数記録による保育園児の身体活動水準[29]

栃木県内において，任意に五つの保育園を選び，そこに在籍する年中長組（4～6歳）男女児200を対象に，心拍メモリー装置により，1分間区切りで連続24時間の心拍数を記録した。時間経過に伴う活動内容と心拍数の変化を対応させることができるように，園内においては，被検者の行動を観察記録したが，園外においては，保護者の協力による観察記録を参考にした。図27は，その24時間心拍数記録の事例である。次いで，こうして記録された心拍数を，性別・組別に，24時間・園内・園外（家庭における夜間の睡眠時を除く）・睡眠（家庭における夜間の睡眠）の四つのカテゴリーに分類し，カテゴリー別にみた平均心拍数，各カテゴリーにおいて個人が示した平均心拍数の分布，および個人別にみた身体活動水準等について検討を試みた。

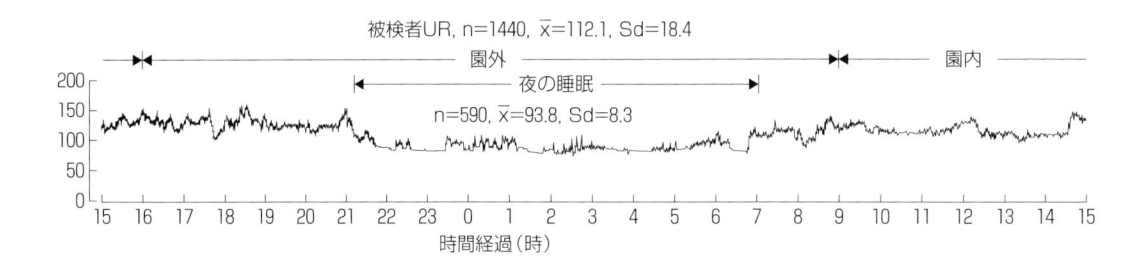

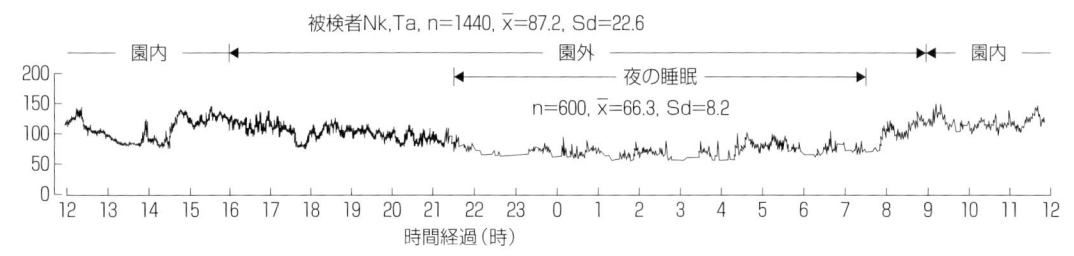

図27 ある男児2名の24時間心拍数記録の事例
（上図，心拍数の高い男児；下図，心拍数の低い男児；n，時間（分）；$\bar{x}$，個人の平均心拍数；Sd，その標準偏差）

9.2.1. 24時間・園内・園外・睡眠における平均心拍数

図28は，24時間・園内・園外・睡眠の四つのカテゴリーにおける個人の平均心拍数（$\bar{x}$, intraindividual mean HR）の度数分布を，その$\bar{x}$の平均値（$\bar{X}$, total mean HR）とともに性別・組別に示したものである。χ^2検定の結果，男児年長組の24時間・園内・園外を除き正規分布していることが分かった。一方，個人の平均心拍数すなわち$\bar{x}$のカテゴリー相互の相関マトリックスを表21に示したが，すべての相互の間に有意（$p<0.01, 0.001$）の相関が認められている。このように，個人の平均心拍数における正規分布の傾向と，カテゴリー相互に有意の相関が存在するなかで，とりわけ睡眠との関わりから見るとき，4～6歳の幼児においても心拍数の高い者と低い者が存在するということが明らかになった。しかし，それが主として生得的要因によるものか，あるいは，獲得性の要因によるものなのかは定かではない。

表22は，各カテゴリーにおける累積時間（分）の平均値（m）とその標準偏差（σ）およびすでに述べた個人の平均心拍数（$\bar{x}$）の平均値（$\bar{X}$）とその標準偏差（Sd）を，それぞれの最低値（MinまたはMIN）と最高値（MaxまたはMAX）とともに示したものである。

そのうち，園内の場合は，性別・組別を通して，$\bar{X}$は奇しくも114beats・min^{-1}というように，まったく同じ値を示したことから，この心拍数は保育園の生活における平均心拍数と見なすことができる。そして，それは，幼児の最高心拍数（HRmax）が205beats・min^{-1}程度なので，55.6%HRmaxに相当することになる。これらの平均心拍数は，Robertら[48]による3～5歳児の日中における性別・年齢別・人種別にみたそれぞれの114，114，116beats・min^{-1}と同じといってよい。

園外の場合は，年中組女児の112beats・min^{-1}を除くと，106～107beats・min^{-1}となり，それは51.7%HRmaxに相当している。そして，年中組女児を除くと，園外は園内より

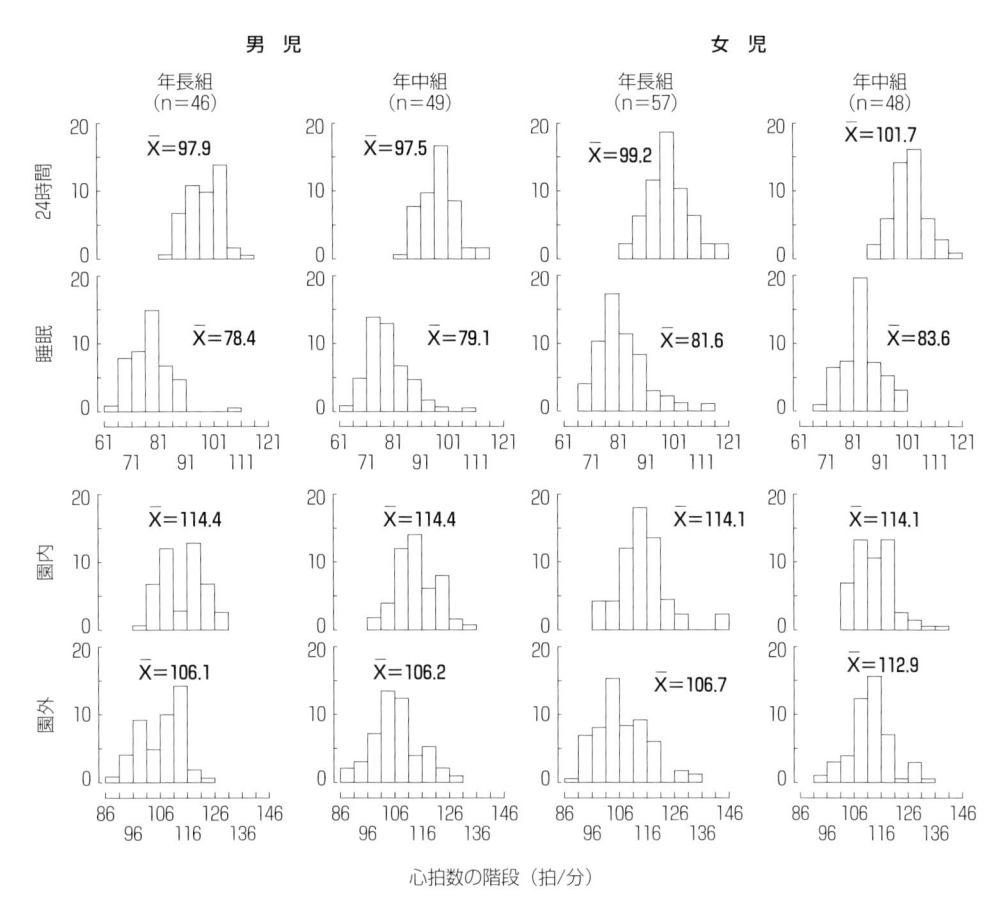

9章 幼児における身体活動水準　91

　　　　　男　児　　　　　　　　　　　　　　　女　児

年長組(n=46)　X̄=97.9　／　年中組(n=49)　X̄=97.5　／　年長組(n=57)　X̄=99.2　／　年中組(n=48)　X̄=101.7　（24時間）

睡眠：X̄=78.4　／　X̄=79.1　／　X̄=81.6　／　X̄=83.6

園内：X̄=114.4　／　X̄=114.4　／　X̄=114.1　／　X̄=114.1

園外：X̄=106.1　／　X̄=106.2　／　X̄=106.7　／　X̄=112.9

心拍数の階段（拍/分）

図28　性別・組別・カテゴリー別に見た個人の平均心拍数(x̄)の分布
　　　（X̄はx̄から求めた全体の平均値）

表21　カテゴリー別に求められた個人の平均心拍数のカテゴリー相互の相関係数

年長組（5〜6歳）				
カテゴリー	24時間	睡　眠	保育園内	保育園外
24時間		0.848　*** 0.879　***	0.756　*** 0.894　***	0.845　*** 0.907　***
睡　眠	0.866　*** 0.805　***		0.446　** 0.631　***	0.580　*** 0.600　***
保育園内	0.748　*** 0.853　***	0.541　*** 0.460　***		0.594　*** 0.854　***
保育園外	0.811　*** 0.822　***	0.678　*** 0.605　***	0.439　** 0.758　***	
年中組（4〜5歳）				

＊＊ p＜0.01，＊＊＊ p＜0.001：相関係数の有意水準　　上段の相関係数は男児，下段の相関係数は女児

表22 カテゴリー別にみた平均時間と，個人の平均心拍数の平均値

組 別 被検者数	統計値	24時間 心拍数 (拍/分) (HR, beats·min^{-1})	睡 眠		保育園内		保育園外	
			時間 (分) (Time, min)	心拍数 (拍/分) (HR, beats·min^{-1})	時間 (分) (Time, min)	心拍数 (拍/分) (HR, beats·min^{-1})	時間 (分) (Time, min)	心拍数 (拍/分) (HR, beats·min^{-1})
男 児								
年中組 被検者数 (n=49)	m, $\bar{X}$ σ, SD Min, MIN Max, MAX	97.5 7.2 87 114	560 44 480 690	79.1 8.9 62 110	452 68 192 562	114.4 9 100 136	429 74 308 708	106.2 8.8 93 129
年長組 被検者数 (n=46)	m, $\bar{X}$ σ, SD Min, MIN MIN, MAX	97.9 6.7 83 115	565 43 430 651	78.4 8 66 111	464 52 363 600	114.4 7.8 99 128	413 71 275 590	106.1 7.8 87 122
女 児								
年中組 被検者数 (n=48)	m, $\bar{X}$ σ, SD Min, MIN Max, MAX	101.7 7.6 89 118	576 41 510 690	83.6 7.1 69 100	471 67 270 621	114.1 7.4 103 137	392 80 129 600	112 8 95 135
年長組 被検者数 (n=57)	m, $\bar{X}$ σ, SD Min, MIN Max, MAX	99.2 7.7 85 121	576 81 450 675	81.6 8.9 67 102	472 67 320 650	114.1 8.7 98 143	392 72 275 595	106.7 9.1 89 132

m, 各カテゴリーの平均時間；σ, その標準偏差；Min, 各カテゴリーにおける最短時間；Max, 最長時間
$\bar{X}$, 個人の平均心拍数の平均値；SD, その標準偏差；MIN, 最低の個人平均心拍数；MAX, 最高の個人平均心拍数

も有意に（p＜0.001）低く，園外生活の身体活動水準が一層低くなっていることが分かる。

睡眠では，年中組の場合，男児の79beats·min^{-1}（38.6%HRmax）は女児の84beats·min^{-1}（40.8%HRmax）よりも，また，年長組の場合，男児の78beats·min^{-1}（38.6%HRmax）は女児の82beats·min^{-1}（39.8%HRmax）よりも有意に（p＜0.01, 0.001）低くなっている。それは，体重当たり最大酸素摂取量において男児が女児を上回っていることからも分かるように，男児の有酸素性能力が本質的に女児よりも高く，そのために，男児では睡眠中でも呼吸循環機能においてより大きな余裕が生じ，女児ほど心拍数を上げず済んでいるからである。

9.2.2. 園内・園外・睡眠の各心拍数レベルにおける平均累積時間

表23は，10beats·min^{-1}間隔の各階級における平均累積時間を，園内・園外・睡眠において，性別・組別に示したものである。そして，横軸に心拍数10拍/分の階級間隔をとり，縦軸には対数により各階級における平均累積時間を示し，各カテゴリーについて図示したものが図29, 30, 31である。一見して，分布の様子が分かるが，正規分布曲線を求めてχ^2検定を試みたところ，出現した心拍数の範囲では大よそ適合している傾向が見受けられた。まず，カテゴリーごとに，最も大きい平均累積時間を示

9章　幼児における身体活動水準

表23　各カテゴリーにおける心拍数階級別（10拍/分）にみた平均累積時間（分）

性別	組別 (被検者数)	51–60	61–70	71–80	81–90	91–100	101–110	111–120	121–130	131–140	141–150	151–160	161–170	171–180	181–190	191–200	201–210	211–220
24時間																			
男児	年中組 (49)	13.9	128.6	222.3	224.4	213.6	233.9	190.2	104.6	53.2	28.1	14.0	7.4	3.5	1.7	0.5	0.3	0.0
男児	年長組 (46)	11.6	125.1	251.5	219.1	204.0	217.8	187.6	105.4	53.9	28.2	14.5	8.4	5.0	3.2	1.5	0.3	0.0
女児	年中組 (48)	1.1	50.7	205.1	255.6	205.2	234.0	222.0	137.4	70.4	29.5	12.3	5.2	2.2	1.0	0.5	0.1	0.1
女児	年長組 (57)	5.3	87.8	208.9	243.6	222.6	263.6	196.3	106.2	53.1	24.6	12.3	6.1	3.2	2.3	1.0	0.2	0.0
睡眠																			
男児	年中組 (49)	13.9	122.5	193.7	142.2	55.0	20.9	8.3	2.1	0.4	0.2	—	—	—	—	—	—	—
男児	年長組 (46)	11.6	119.6	224.7	141.1	43.9	13.9	8.3	1.6	0.4	0.1	0.0	—	—	—	—	—	—
女児	年中組 (48)	1.1	50.4	192.0	201.7	87.8	29.0	10.8	3.2	0.7	0.2	0.1	—	—	—	—	—	—
女児	年長組 (57)	5.3	86.1	191.5	178.9	72.8	29.1	9.3	2.1	0.4	0.1	0.0	—	—	—	—	—	—
保育園内																			
男児	年中組 (49)	0.0	2.7	15.0	36.5	58.6	93.2	100.1	67.7	37.4	19.8	10.6	5.4	2.7	1.4	0.4	0.2	0.0
男児	年長組 (46)	—	2.8	9.8	27.5	67.7	103.1	105.8	67.8	37.3	20.4	10.4	6.0	3.9	2.7	1.1	0.3	0.0
女児	年中組 (48)	—	0.0	9.0	31.4	58.3	103.0	114.7	78.0	44.0	18.4	7.5	3.4	1.5	0.8	0.4	0.1	0.0
女児	年長組 (57)	—	0.7	9.0	24.9	67.7	124.9	104.3	65.0	35.6	18.1	9.6	4.9	2.7	2.0	1.0	0.2	0.0
保育園外																			
男児	年中組 (49)	0.0	3.0	13.5	45.2	100.0	120.1	82.2	34.8	15.4	8.0	3.4	2.0	0.7	0.3	0.1	0.0	—
男児	年長組 (46)	—	1.7	18.0	51.2	93.2	104.3	76.2	36.6	16.0	10.9	4.2	2.4	1.1	0.3	0.0	—	—
女児	年中組 (48)	—	0.4	5.3	22.9	59.1	105.6	100.3	54.1	24.9	10.4	4.5	1.7	0.6	0.2	0.1	—	—
女児	年長組 (57)	—	1.1	9.8	39.9	82.1	111.1	80.5	39.0	17.0	6.4	2.8	1.3	0.5	0.3	0.0	0.0	—

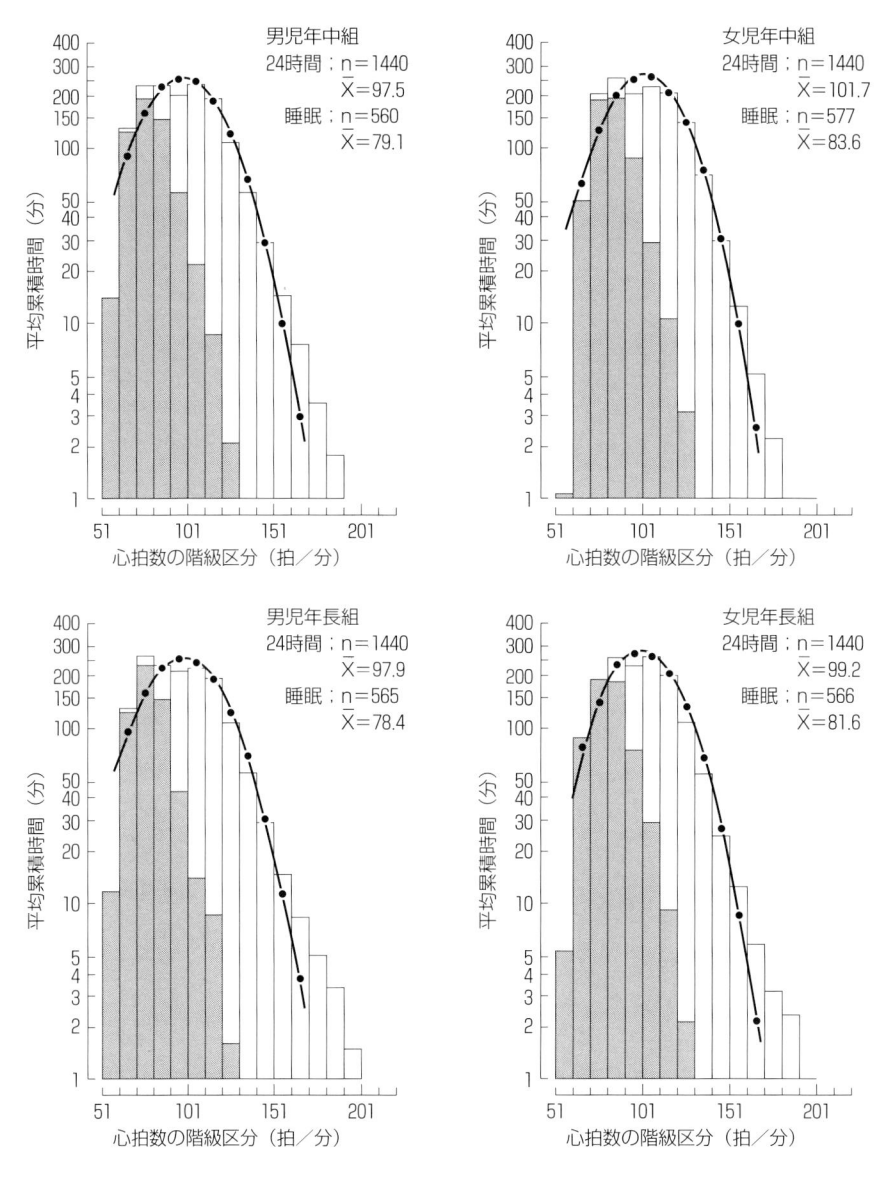

図29 24時間および睡眠における心拍数10拍／分の階級間隔からみた平均累積時間の分布
（nは全平均累積時間［分］，x̄は全平均心拍数［拍／分］，アミの部分は睡眠）

した階級について，その平均累積時間を，それが表22に示されたカテゴリーの全平均累積時間に占める比率と併せて眺めてみよう。

睡眠においては，男児の場合，年中・長組の71～80beats・min^{-1}の階級において，それぞれ，193.7分（34.6%），224.7分（39.8%）となり，女児では，年中組の81～90beats・min^{-1}の階級における201.7分（35.0%），年長組の71～80beats・min^{-1}の階級における191.5分（33.2%）となっている。

同様に，園内についてみると，男児では年中・長組の111～120beats・min^{-1}において

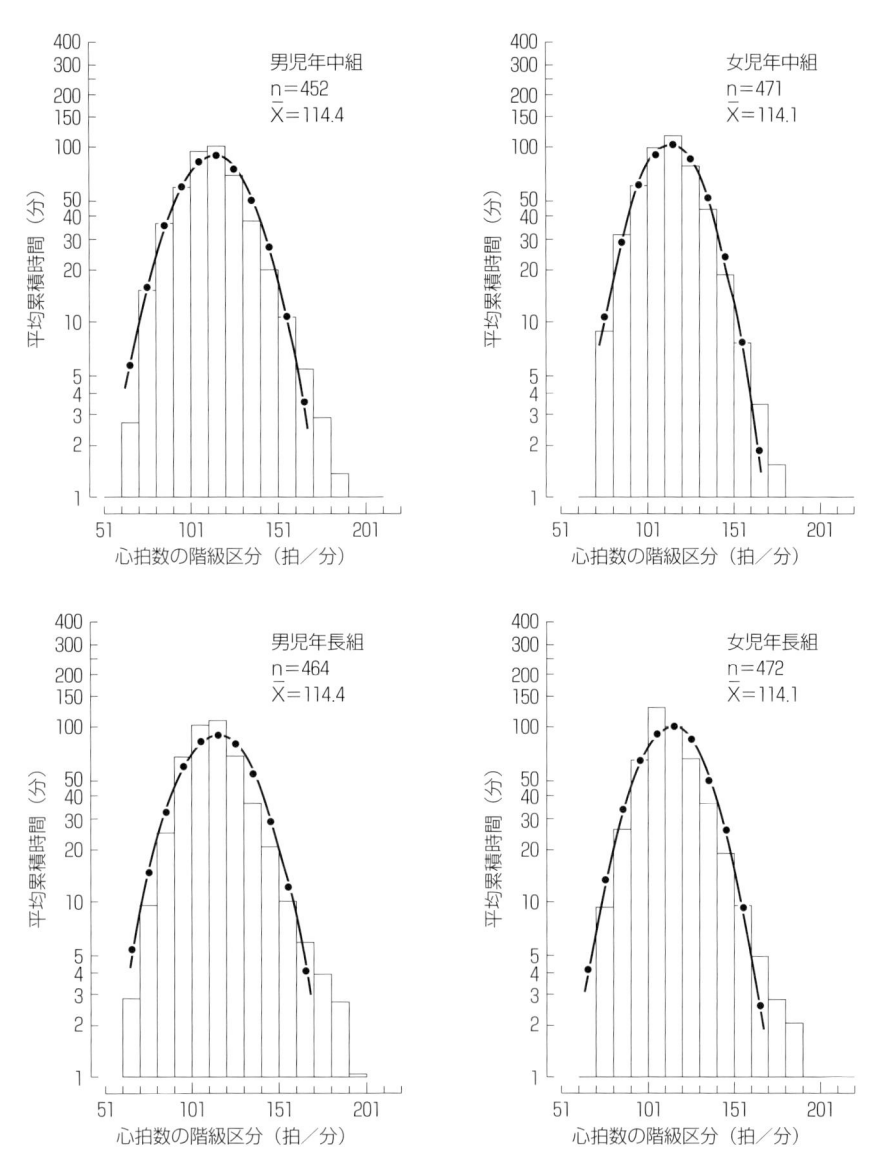

図30 保育園内における心拍数10拍／分の階級間隔からみた平均累積時間の分布
(nは全平均累積時間[分]，x̄は全平均心拍数[拍/分])

それぞれ100.1分（22.1%），105.8分（22.8%），女児では年中組の111〜120beats・min^{-1}において114.7分（24.4%），年長組の101〜110beats・min^{-1}において124.9分（26.5%）であった。

一方，園外においては，男児では年中・長組の101〜110beats・min^{-1}においてそれぞれ120.1分（28.0%），104.3分（25.2%）であり，女児においても年中・長組の101〜110beats・min^{-1}においてそれぞれ105.6分（26.9%），111.1分（28.3%）であった。したがって，最も大きい平均累積時間が位置する階級の位置は，園外において園内より

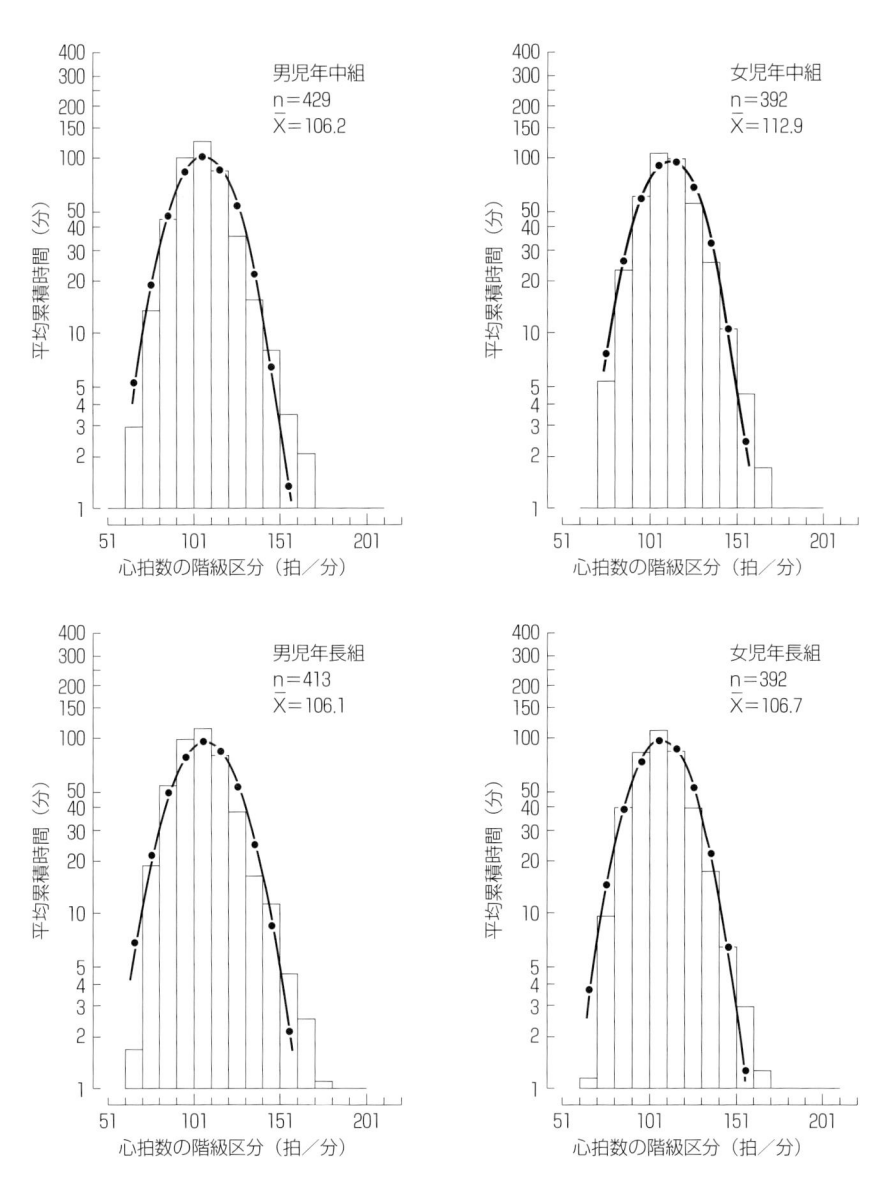

図31　保育園外における心拍数10拍／分の階級間隔からみた平均累積時間の分布
（nは全平均累積時間［分］，x̄は全平均心拍数［拍／分］）

も1段階低くなっていることがわかる。

　また，心拍数120beats・min^{-1}以下は，屋内における座位を中心とした活動または睡眠状態であるという基準に従って，111〜120beats・min^{-1}以下の階級における平均累積時間の合計と，そのカテゴリーにおける全平均累積時間に対する比率を求めてみた。その結果，園内についてみると，男児では年中組306.1分（67.8%），年長組316.7分（68.3%），女児では年中組316.4分（67.2%），年長組331.5分（70.2%）となっており，Gilliamら[18]による6〜7歳を対象として得られた日中における75%よりわずかに低く，

Freedson[16]による日中の68%に匹敵している。

　他方，園外においては一層大きくなり，男児では年中組364.0分（84.9%），年長組344.6分（83.4%），女児では年中組293.6分（74.9%），年長組324.5分（82.8%）にも及んだ。これは，身体活動水準が低く，運動不足状態にあることを如実に物語るものである。

　次いで，Freedson[16]，Gilliamら[18]によって，有効な運動負荷強度の基準として提案された160beats・min^{-1}を参考にして，階級161～170beats・min^{-1}以上の平均累積時間の合計と，そのカテゴリーの全平均累積時間に対する比率を見ると，園内においては，男児では年中組10.1分（2.2%），年長組14.0分（3.0%），女児では年中組6.2分（2.1%），年長組10.8分（2.3%）となっており，Freedson[16]の日中における2.0%に匹敵するものであった。園外においてはさらに小さくなり，男児においては，年中組3.1分（0.7%），年長組3.8分（0.9%），女児においては，年中組2.6分（0.7%），年中組2.1分（0.5%）に過ぎず，ここでも園外における身体活動水準の低さがうかがわれる。

9.2.3. 個人別にみた身体活動水準

　幼児の有酸素性能力においてトレーニング効果をもたらすには，少なくとも180beats・min^{-1}に相当する負荷強度が必要であることを提案したが，実際の保育園児の生活において，こうしたレベルがどのくらい現れるのかを知るために，個人別に181～190beats・min^{-1}以上の累積時間を，別途作成した資料により逐一検討を試みた。

　まず，男児についてみると，年中組では，園内において49名のうち24名（48.9%）が181beats・min^{-1}以上を示しており，13分を上限として5分を越した者が11名，4分3名，3分1名，他は2分以下であった。ところが，園外ではわずか6名（12.2%）となり，11分を上限として5分を越えた者2名，3分2名，他は2分以下であった。年長組では，園内において46名のうち30名（65.2%）であり，そのうち16分を上限として，5分を越した者5名，4分4名，3分1名，他は2分以下であったが，園外では，年長組と同じように少なくなり11名（23.9%）に過ぎず，しかも5分を越した者がなく，4分1名，3分1名，他は2分以下であった。

　次いで，女児についてみると，年中組では，園内において48名のうち20名（41.7%）に見られ，そのうち，8分を上限として5分を越した者3名，4分5名，3分4名，他は2分以下であった。園外においては，極めて少なく，わずか3名（6.3%）で，6分1名，2分1名，1分1名という状態であった。年長組では，園内において57名のうち33名（57.9%）に見られ，そのうち11分を上限として5分を越えた者19名，4分4名，3分2名，他は2分以下であった。園外では，わずか7名（12.2%）で，そのうち6分を上限として5分を越えた者3名，4分と3分には該当者がなく，他は2分以下であった。

　このように，181beats・min^{-1}を基準として個人的に眺めてみると，すでに述べたように，161～170beats・min^{-1}以上に見られた平均累積時間の合計が少なかったという事実と相まって，全体的にも個人的にみても，身体活動水準が低いことがわかる。特に，園内もさることながら，園外ではかなり低くなっており，それだけに園内における身体活動水準の確保には十分留意する必要がある。そして，園外において181beats・

min^{-1}以上を示した幼児は，やはり近所の広場で活発に遊んだからであった。

　こうしてみると，何らかのかたちで，全員が少なくとも180beats・min^{-1}の心拍レベルを持続的に数分間維持できるような，全身性の動的運動負荷が望まれる。現状のままでは，将来に向けて，体力という見地からばかりではなく予防医学的見地からも大きな危惧の念を持たざるを得ない。

10章 幼児にも有酸素性トレーニング能は存在するか[82, 84, 85, 86, 87, 89]

　これまでの実験においては，ある運動負荷が一つの刺激（stimulus）として与えられた時に起こる生体の一時的なあるいは一過性の変化を，反応（reaction）または応答（response）として眺めてきたものである。例えば，1回の5分間走を試みた時に見られる心拍数・酸素摂取量等の変化をある種の応答としてとらえてきたわけである。しかし，この実験においては，ある運動負荷を長期間にわたって反復した場合に，それに対する適応現象（adaptation）として，ある一定の運動負荷に対する応答の仕方が変わってくるという生体の本性に注目し，それをトレーニング効果（training effect）としてとらえようとしたものである。

　そこで，この実験では，幼稚園や保育園において，いわゆるマラソンと称して長期間にわたり実施されている有酸素性持久走が，幼児の有酸素性能力に対して果たしてトレーニング効果をもたらすものであろうか。言い換えれば，幼児においても，成人と同じように，トレーニング能（trainability）すなわちトレーニング効果の可能性が存在するのかどうかという問題に取り組んだものである。

　これまで，こうした幼児を対象としたトレーニング効果に関する研究においては，効果が認められたとする著者[72]と小林ら[32]の報告と，それとは反対に効果は認められなかったという吉田ら[61]の報告があるに過ぎない。そして，これらの研究の間には，いずれもトレーニングとして持久走を用いているが，トレーニング期間や走行距離などにも違いがある。また，トレーニング効果の判定基準として，いずれもグラウンド走によって測定した最大酸素摂取量を用いている。さらに，決定的な問題は，実験群（experimental group）としてトレーニンググループを設け，それを対照群（control or reference group）という非トレーニンググループと対応させるという手順を，必ずしも明確に取っていないということである。

　この一連の実験においては，トレーニング効果の判定に当たって，グラウンド走とは違って，走行速度を正確に調節できるトレッドミルを用い，また，その測定項目として，従来の心拍数・酸素摂取量に加えて，血中乳酸濃度を測定するという画期的な機会を重ねて持つことができた。また，同時にトレーニングの実施に当たって常に問題になるのは，強度（intensity）・持続時間（duration）・頻度（frequency）の三つの基本的条件であり，それに加えてトレーニング期間の問題が絡んでくる。こうした条件は，短期間の動物実験であれば，比較的規定しやすいものであるが，ヒトを対象とした実験ではそう簡単にできるものではない。そこで，できるだけこれらの実験条件に沿うように，まず，実験群として，年中組の始めから年長組を経て卒園に至るまで，915mの持久走をカリキュラムの一環として毎日実施している栃木県M保育園の

幼児を選び，一方対照群として，その都度，特別にトレーニングを行なっていない，いくつかの保育園の幼児を選んだ。

　この実験群において行なわれた持久走の距離915mは，その保育園が自然環境に恵まれた農村地帯にあり，持久走に利用している農道・畦道の距離を測量したところ，たまたま915mであったわけである。ところが，こうして距離は決まっているが，強度に相当する走行速度を規定しなければ，持続時間も規定することはできない。しかし，保育園においてこのことを正確に実践することは困難なので，幼児が，さほど意識することなく，自己のペース配分で走れば，変動性はあるものの，それなりの強度・持続時間を保つことはできるであろう。そういう意味から，所要時間を走行の都度記録した。また，頻度は，日曜日を除く毎日1回走っているので，かなり正確に規定することができるし，トレーニング期間も，保育園では夏休みがないので，中断することなく比較的容易に設定することができる。

　こうして，最初の段階の実験として，トレーニング期間を6ヵ月（5月～11月）として年長組男児および年長組女児を対象とした。さらに次の段階の実験として，トレーニング期間を18ヵ月に延長し，トレーニング効果はもとより，年中組から年長組にかけて，その間に有酸素性能力がどのように発達していくのかを知るために，まず女児を対象として行なった。

10.1. 年長組男児（5～6歳）における6ヵ月間トレーニングの場合[82]

　農村地区にあって，915mのいわゆるマラソンと称する持久走を毎日（日曜日を除く）実施している栃木県M保育園の年長組男児12名を実験群とし，一方，都市中心部の住宅市街地にあり，特にトレーニングを行なっていない栃木県T保育園の同じく年長組男児7名を対照群とした。実験群におけるトレーニング負荷は，毎日行なっている915mの持久走であるが，負荷強度の状態を知る目安として，走る度に所要時間も記録された。トレーニング期間は，5月から11月までのおよそ6ヵ月であり，その間，幼稚園と異なり夏休みがないために，毎日走ることができた。なお，実験群については，年中組の時にすでに1年間この持久走を実施してきており，したがって，ある程度トレーニングされた状態にあることは確かなことである。

　トレーニング効果の判定は，トレーニング期間の直前・直後に，同一の実験方法・手順によって得られたデータを相互に比較することによって行なわれた。この実験では，水平にセットされたトレッドミル上において，各段階における持続時間を2分とし，また，1段階高める度に走行速度を$20 m \cdot min^{-1}$ずつ増速し，そして，走行速度についていけなくなるまで走るという段階的漸増負荷法を用いたものである。各段階の持続時間を2分と設定したのは，これまでの5章・6章の実験において，走行速度が十分であればトレッドミル走行開始後1分で最大酸素摂取量が発現されたこと，また，それ以下のいくつかの段階の走行速度では，走行開始後1分30秒～2分で酸素摂取量が定状状態を示したことなどによるものである。Mellerowicz[41]も，漸増負荷テストでは，各段階の持続時間は幼児・少年では2分が適当であると述べている。そして，すべて

の負荷段階の走行終了直後に採血ができるように，座位の姿勢による30秒間の休息時間を挿入した。

　トレーニング期間に入る直前のこうした測定においては，予備実験が必要であり，実験群・対照群ともに，第1段階の走行速度を100m・min^{-1}として，30秒間の休息を挿入しながら，段階ごとに20m・min^{-1}ずつ増速していった。その間，ECGの胸部誘導による心臓の管理と心拍数の記録を行なったが，こうした走行実験により，被検者がトレッドミル走行にある程度慣れることができると同時に，本実験に備えて，走行能力の上限と思われる最終段階の走行速度を，被検者ごとに予め知ることができる。もしこうして最終段階をとらえぬまま，本実験において呼気採気用ガスマスクを装着すると，被検者と会話を交わしたり，被検者の表情を読み取ることができなくなり，安全にかつ確実に実験を進めることが難しくなる。こうした意味から，これまでの実験においても，予備実験としてのトレッドミル走行を行なってきたわけである。

　いよいよ本実験においては，まず，トレッドミル上で座位による10分間の安静の後，3分間の安静時呼気を採気したが，引き続き予め血管拡張剤Finalgon（Thomae社製，ドイツ）を塗布しておいた耳朶から，ランセット（lancet, 柳葉刀）により，キャピラリーにおよそ200μLを採血した。その後，直ちに段階的漸増負荷法による走行に移ったが，各段階においては1分30秒から2分までの最後の30秒間に呼気採気を行ない，引き続き走行停止後に採血した。最終段階では，最大酸素摂取量を決定するのに用いる呼気の採気機会を逸しないように，走行開始後30秒から連続して採気し，1分30秒まで走れた場合には，1分から1分30秒までの呼気を最大酸素摂取量の対象として分析した。血中乳酸濃度は，Lactate analyzer（LA-640, Roche社製，スイス）を用いて分析した。

　図32は，本実験におけるこうした実験手順を示したものであり，また，図33は，こうして求められた心拍数・酸素摂取量・血中乳酸濃度の走行速度に対する変化の様子を，トレーニング期間直前・直後について比較した一つの事例である。この図33から分かるように，心拍数・酸素摂取量は，走行速度という負荷強度に対して直線的に増加するので，一次の回帰直線で表し，また，血中乳酸濃度は二次の回帰曲線を算出したところ，著者らがこれまで行なってきた長距離選手・一般青少年の場合と同じように[57,83]，それに極めてよく適合していることが分かった。したがって，これらの式において内挿法を用い，血中乳酸濃度3 mmol・L^{-1}LAおよび4 mmol・L^{-1}LAにおける走行速度・心拍数・酸素摂取量を求めた。

　ちなみに，これまでの著者による幼児を対象とした実験において観察された最終段階の最高速度は，年長組男女児において見られたそれぞれ220m・min^{-1}と200m・min^{-1}であった。ひるがえって，成人のわが国一流選手の場合は，各段階の持続時間を3分間とし，最初の段階の走行速度を280m・min^{-1}としたが，ソウル＝オリンピック代表の阿久津浩三選手では最終段階の走行速度は380m・min^{-1}に達しており[57]，また，高校駅伝全国大会優勝チームでは340～360m・min^{-1}に達している[83]。

　さて，話をもとにもどして，最大酸素摂取量が得られたかどうかを検討してみよう。まず，呼吸商においては，実験群におけるトレーニング期間直前の1名の0.983，対照群におけるトレーニング直前の3名のそれぞれ0.981, 0.977, 0.975，トレーニング

直後の1名の0.968を除くと，他はすべて1.0を上回っている。心拍数においては，実験群のうちの1名におけるトレーニング直前・直後のそれぞれ198，196beats・min^{-1}，対照群におけるトレーニング直前の4名のそれぞれ198，192，186，198beats・min^{-1}，トレーニング直後の3名のそれぞれ194，198，190beats・min^{-1}を除くと，200beats・min^{-1}を上回っている。このように，トレーニング直前の対照群において，呼吸商が1.0に達しなかったり，また，心拍数において200beats・min^{-1}に届かなかった場合が見受けられたが，その内の1名については，やはり追い込みが足りなかったためと思われる。しかしながら，持久走に不慣れであるにもかかわらず，トレッドミル走行の最終段階において，後ずさりするほど努力したことを考慮すれば，幼児の場合には，最大酸素摂取量が得られたものと見なしてよいであろう。

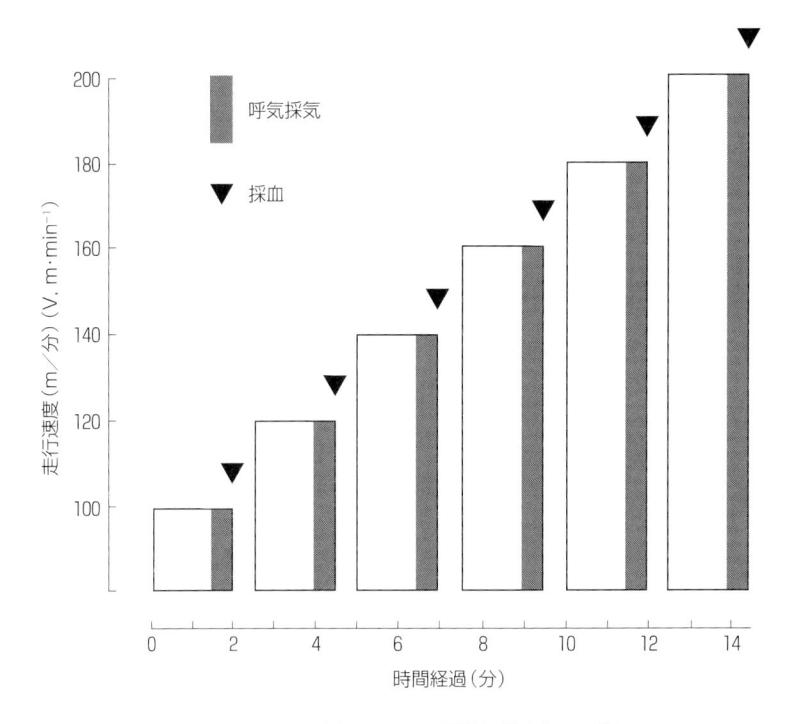

図32　幼児の水平トレッドミル走行における漸増負荷走行の手順

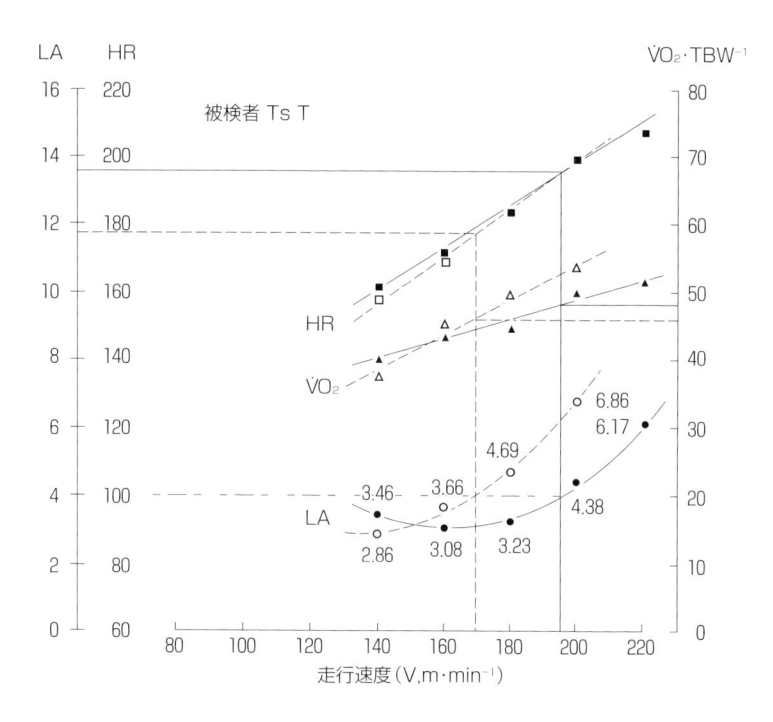

図33 ある実験群男児の6ヵ月間，毎日（日曜日を除く）の915m持久走トレーニング前後における心拍数・体重当たり酸素摂取量・血中乳酸濃度の比較

心拍数（HR）	体重当たり酸素摂取量（$\dot{V}O_2 \cdot TBW^{-1}$）	血中乳酸濃度（LA）
（拍/分）	（$mL \cdot kg^{-1} \cdot min^{-1}$）	（$mmol \cdot L^{-1}$）
□トレーニング前	△トレーニング前	○トレーニング前
■トレーニング後	▲トレーニング後	●トレーニング後

10.1.1. 最大努力時に見られた測定値のトレーニング期間直前・直後の比較

　　　表24は，安静時も含めて，最大努力による最終段階に見られた最高走行速度（Vmax）・最高心拍数（HRmax）・体重当たり最大酸素摂取量（$\dot{V}O_2max \cdot TBW^{-1}$）・最高血中乳酸濃度（Peak LA）等の値をトレーニング期間直前（before training, B）とトレーニング期間直後（after training, A）の間で比較したものである。

　　　そこで，まず気づくことは，実験群では，年中組の時にすでに1年間持久走を実施してきたので，そのトレーニング効果が現れており，トレーニング直前の測定において，実験群の最高走行速度190.0m・min^{-1}は，対照群の160.0m・min^{-1}を大きくしかも有意に（$p<0.001$）上回っているということである。また，最高心拍数においても実験群の204.0beats・min^{-1}が，対照群の198.0beats・min^{-1}を，わずかではあるが有意に（$p<0.05$）上回っており，それは，本来の個人差によるのではなくて，むしろ，一つのトレーニング効果として，実験群が自分自身を追い込むことに慣れていたためと思われる。

　　　トレーニング期間直前・直後の比較では，対照群の場合，すべての測定項目において有意な増加は認められなかった。ところが，実験群では，最高速度において，190.0m・min^{-1}から205m・min^{-1}へと大きくしかも有意に（$p<0.001$）増加しており，また，体重当たり最大酸素摂取量においても47.5mL・kg^{-1}・min^{-1}から49.5mL・kg^{-1}・min^{-1}へと有

表24 年長組（5〜6歳）男児における毎日・6ヵ月（5〜11月）・915m持久走によるトレーニング期間前後の呼吸循環機能変量の差異

被検者	安静時						最大努力時							
	心拍数 (拍/分) (HR, beats·min⁻¹)		体重当たり酸素摂取量 (mL/kg/min) (VO₂max·TBW⁻¹, mL·kg⁻¹·min⁻¹)		血中乳酸濃度 (mmol/L) (LA, mmol·L⁻¹)		最高走行速度 (m/分) (Vmax, m·min⁻¹)		最高心拍数 (拍/分) (HRmax, beats·min⁻¹)		体重当たり最大酸素摂取量 (mL/kg/min) (VO₂max, mL·kg⁻¹·min⁻¹)		最高血中乳酸濃度 (mmol/L) (Peak LA, mmol·L⁻¹)	
	前(B)	後(A)	前(B)	後(A)	前(B)	後(A)	前(B)	後(A)	前(B)	後(A)	前(B)	後(A)	前(B)	後(A)
実験群														
M K	93	84	8.0	7.6	0.85	1.06	200	220	210	208	50.7	50.4	6.15	6.54
A K	114	111	7.5	7.5	0.54	1.12	180	200	202	208	44.0	47.7	4.56	8.19
T O	93	92	8.4	7.0	0.96	1.28	200	220	204	208	47.5	56.7	4.13	6.50
N H	96	92	8.9	8.7	1.17	1.14	220	220	202	202	49.8	41.7	6.93	5.22
J M	119	105	10.6	9.6	0.81	0.95	180	200	208	208	50.1	51.5	4.35	4.62
TsT	90	81	8.6	7.1	0.95	0.90	200	220	200	208	53.9	51.4	6.86	6.17
T T	71	80	7.9	7.0	0.96	1.29	200	200	202	208	48.8	49.9	5.80	7.04
E Y	110	91	7.3	7.0	1.04	1.18	180	200	210	210	41.8	50.1	3.90	4.74
D N	106	108	8.0	9.3	0.99	1.24	180	200	208	206	45.1	50.3	6.98	7.51
H A	103	92	8.5	8.6	0.74	0.59	180	200	200	208	44.0	49.9	3.88	5.64
Y I	100	103	8.6	7.7	0.98	1.01	180	200	198	196	47.7	47.4	7.03	8.63
N S	102	99	9.6	8.9	1.03	0.93	180	180	204	210	47.2	47.5	4.43	5.88
平均値	99.8	94.8	8.5	8.0*	0.92	1.06*	190.0※※※	205.0***	204.0※	206.7*	47.5	49.5*	5.41	6.39
標準偏差	12.4	10.0	0.8	0.9	0.16	0.13	12.9	11.9	3.9	3.8	3.2	3.5	1.27	1.23
対照群														
J K	103	98	8.3	7.2	1.59	1.12	160	160	198	194	46.7	45.3	5.04	3.61
T I	91	91	7.1	6.6	0.82	1.06	160	160	192	198	43.5	46.3	4.36	5.49
TKT	106	117	8.7	8.5	1.51	1.62	160	160	206	214	46.3	50.9	4.35	5.03
M H	90	82	7.3	8.3	0.91	0.70	180	200	202	204	52.6	59.0	7.52	8.03
Y I	127	111	6.3	6.2	1.67	1.11	140	160	204	200	39.8	41.0	4.38	5.07
T R	90	102	8.6	9.1	0.89	1.47	160	180	186	204	43.8	53.8	4.69	6.08
M R	105	99	9.0	7.7	1.22	1.06	160	140	198	190	48.1	46.9	5.37	3.86
平均値	101.7	100.0	7.9	7.7	1.23	1.16	160.0	165.7	198.0	200.6	45.8	49.0	5.10	5.31
標準偏差	12.3	10.8	0.9	0.9	0.34	0.28	10.7	17.6	6.5	7.4	3.7	5.5	1.05	1.37

B, トレーニング前；A, トレーニング後
※p＜0.05, ※※p＜0.01, ※※※p＜0.001：トレーニング前後の両群の差における有意水準
＊p＜0.05, ＊＊p＜0.01, ＊＊＊p＜0.001：トレーニング前後における差の有意水準

意に（p＜0.05）増加している。そして，こうした有意の増加は，いずれもトレーニング効果によるものであり，したがって，すでに幼児の段階から，有酸素性能力においてトレーニング能（trainability）が存在することを示唆している。また，最高心拍数においてもわずかではあるが，有意に（p＜0.05）増加しているが，それは，激しい負荷に対する追い込み能力がさらに高まったためであろう。このことは，幼児では，成人に見られるようにトレーニングにより最高心拍数が低下し，それに代わって最高1回心拍出量が増大するという変化とは違って，むしろ最高心拍数を少しでも高め，それによって1分間心拍出量の増加に貢献するといった一つのトレーニング効果とも考えられる。

　最高血中乳酸濃度（peak LA）においても，5.41mmol・L^{-1}LAから6.39mmol・L^{-1}LAへと，やはりわずかではあるが有意な（p＜0.05）増加を示している。このことは，骨格筋のなかで，酸素なしに乳酸を産生しながらエネルギーを発生するという無酸素性能力が，わずかながら高まったことを意味するものであり，ひいては，すでに述べたように，追い込み能力を高める一助になっているものと思われる。一方，著者が同一手順で測定した小学校5年男児9名の5.89mmol・L^{-1}LA[79]，中学校2年男子11名の9.00mmol・L^{-1}LA[77, 78]という値からみると，無酸素性能力は思春期に入ってから発達し始めることをうかがわせるものである。

10.1.2. 血中乳酸濃度3 mmol・L^{-1}および4 mmol・L^{-1}におけるトレッドミル走行速度・心拍数・酸素摂取量

　図33の事例に示されているように，心拍数・酸素摂取量については一次の回帰直線の式から，血中乳酸については二次の回帰曲線の式から，内挿法により，血中乳酸濃度4 mmol・L^{-1}および3 mmol・L^{-1}におけるトレッドミル走行速度・心拍数・酸素摂取量を算出した。そして，これらの値の平均値・標準偏差と，これらの値の最高値に対する比率の平均値・標準偏差を示したものが表25である。なお，3 mmol・L^{-1}LAにおいて，被検者数が実験群において当初の12名から10名へ，対照群において7名から6名へと少なくなっているが，それは，走行開始時の第1段階負荷において，すでに3 mmol・L^{-1}LAを越えてしまったために，求めることができなかったからである。

　まず，トレーニング直前の両群を比較すると，3 mmol・L^{-1}LAと4 mmol・L^{-1}LAにおける走行速度（V@ 3 mmol・L^{-1}LAとV@ 4 mmol・L^{-1}LA）においてのみ，最大努力時の場合と同じように，実験群が対照群を有意（p＜0.001）に上回っている。しかし，トレーニング直前と直後の比較においては，両群とも，いずれの測定値においても有意な増加を示すまでには至ってはいない。次いで，V@ 3 mmol・L^{-1}LAとV@ 4 mmol・L^{-1}LAの最高走行速度（Vmax）に対する比率すなわち%Vmax@ 3 mmol・L^{-1}LAと%Vmax@ 4 mmol・L^{-1}LA，同じように考えて，HR@ 3 mmol・L^{-1}LAとHR@ 4 mmol・L^{-1}LAの最高心拍数（HRmax）に対する比率すなわち%HRmax@ 3 mmol・L^{-1}LAと%HRmax@ 4 mmol・L^{-1}LA，さらに$\dot{V}O_2$・TBW^{-1}@ 3 mmol・L^{-1}LAと$\dot{V}O_2$・TBW^{-1}@ 4 mmo・L^{-1}LAの体重当たり最大酸素摂取量（$\dot{V}O_2$max・TBW^{-1}）に対する比率すなわち%$\dot{V}O_2$max・TBW^{-1}@ 3 mmol・L^{-1}LAと%$\dot{V}O_2$max・TBW^{-1}@ 4 mmol・L^{-1}LAなどの3種類の比率について眺めてみよう。

表25　年長組（5〜6歳）男児における毎日・6ヵ月（5〜11月）・915m持久走によるトレーニング期間前後の血中乳酸濃度3および4mmol/Lの時の呼吸循環機能変量の差異

血中乳酸濃度(mmol·L⁻¹, LA)	3.0						4.0					
トレーニング前後(B or A)	前(B)			後(A)			前(B)			後(A)		
統計値	n	平均値	標準偏差	n	平均値	標準偏差	n	平均値	標準偏差	n	平均値	標準偏差
実験群												
走行速度(m/分) (V, m·min⁻¹)	10	※※※ 160.3	13.3	10	161.9	16.4	12	※※※ 173.8	17.2	12	178.1	15.6
心拍数(拍/分) (HR, beats·min⁻¹)	10	186.4	10.2	10	187.8	9.9	12	195.4	11.4	12	197.6	8.2
体重当たり酸素摂取量(L/min) (VO₂·TBW⁻¹, mL·kg⁻¹·min⁻¹)	10	※ 41.8	2.5	10	43.2	2.8	12	44.7	2.9	12	46.1	3.4
%Vmax @3 or 4 mmol·L⁻¹	10	84.5	6.5	10	80.1	5.8	12	91.6	8.3	12	86.8	5.1
%HRmax @3 or 4 mmol·L⁻¹	10	91.8	4.0	10	90.9	3.3	12	95.8	4.8	12	95.6	3.3
%VO₂max 3 or 4 mmol·L⁻¹	10	88.3	6.3	10	85.9	4.4	12	91.1	5.6	12	91.4	5.4
対照群												
走行速度(m/分) (V, m·min⁻¹)	6	121.2	12.2	7	123.6	12.0	7	142.7	10.3	7	147.3	10.2
心拍数(拍/分) (HR, beats·min⁻¹)	6	175.7	10.1	7	179.6	5.8	7	188.9	9.2	7	194.1	7.5
体重当たり酸素摂取量(L/min) (VO·TBW⁻¹, mL·kg⁻¹·min⁻¹)	6	37.5	1.9	7	41.1	4.3	7	42.1	1.4	7	45.5	4
%Vmax @3 or 4 mmol·L⁻¹	6	79.1	5.1	7	75.1	11.1	7	89.5	8.4	7	89.7	10.4
%HRmax @3 or 4 mmol·L⁻¹	6	89.7	2.7	7	88.1	3.3	7	96.1	3.1	7	96.5	4.7
%VO₂max 3 or 4 mmol·L⁻¹	6	85.9	4.7	7	84.2	7.8	7	92.4	7.3	7	93.2	6.4

B, トレーニング前；A, トレーニング後　※$p<0.05$, ※※ $p<0.01$, ※※※ $p<0.001$: トレーニング前の両群の差における有意水準

　そこで，まず気づくことは，3 mmol·L⁻¹LAと4 mmol·L⁻¹LAにおける比率の大きさは，心拍数，酸素摂取量そして走行速度の順になっており，このことから，相対的にみると走行という外部に現す仕事以上に呼吸循環機能に対して負担が掛かっていることがうかがわれる。その個々について見ると，最も高い比率を示した心拍数においては，両群ともにトレーニング期間直前・直後の間に差は見られず，実験群では91〜92%HRmax@ 3 mmol·L⁻¹LAと96%HRmax@ 4 mmol·L⁻¹LA，対照群では88〜90%HRmax@ 3 mmol·L⁻¹LAと96〜97%HRmax@ 4 mmol·L⁻¹LAとなっている。酸素摂取量においては，心拍数の場合と同じように，両群ともにトレーニング期間直前・直後の間に差は見られず，実験群では，86〜88%V̇O₂max·TBW⁻¹@ 3 mmol·L⁻¹LAと91〜94%V̇O₂max·TBW⁻¹@ 4 mmol·L⁻¹LA，対照群では84〜86%V̇O₂max·TBW⁻¹@ 3 mmol·L⁻¹LAと92〜93%V̇O₂max·TBW⁻¹@ 4 mmol·L⁻¹LAとなっている。

　ところで，段階的漸増負荷法において血中乳酸濃度が4 mmol·L⁻¹に達すると，有酸素性エネルギー発生機構が頭打ちとなり，無酸素性の解糖作用によるエネルギー発生機構が一気に大きく上乗せされるようになり，同時に乳酸も多く産生されることが知られている。したがって，両群のトレーニング直前・直後を通してみた91〜

94%$\dot{V}O_2$max・TBW^{-1}@ 4 mmol・L^{-1}LAおよび96〜97%HRmax@ 4 mmol・L^{-1}LAという高い比率を見ると，血中乳酸濃度 4 mmol・L^{-1}のレベルに達すると，呼吸循環機能はほぼ最大に動員されており，それに加えて，骨格筋の酸化能力に対してもかなり高い負荷になっていることが分かる。

10.1.3. トレッドミル走における走行効率の変化

Conleyら[8]，Danielら[12]，およびHagbergら[23]は，体重当たり酸素摂取量に対する速度または距離から，走行効率（running efficiency）の良し悪しを知ることができるとしている。そこで，表24・表25に示されている 3 mmol・L^{-1}LA，4 mmol・L^{-1}LAおよび最大努力時における走行速度（ y , m・min^{-1}）の体重当たり酸素摂取量（ x , mL・kg^{-1}・min^{-1}）に対する一次回帰直線の式を求めたところ，

実験群では，
トレーニング直前において　$\hat{y}=5.207x-57.889$, (r＝0.998)
トレーニング直後において　$\hat{y}=6.006x-98.046$, (r＝0.999)

対照群では，
トレーニング直前において　$\hat{y}=6.405x-121.529$, (r＝0.968)
トレーニング直後において　$\hat{y}=5.331x-95.451$, (r＝0.999)

となり，これらの式を図示したものが図34である。体重当たり同一酸素摂取量に対する走行速度を比較してみると，実験群が対照群を大きく上回っており，したがってエネルギーの無駄が少なく，いかに効率よく走れるようになったかが分かる。このことは，無駄かつ余分な動きをできるだけ少なくして走れるように，その骨格筋の収縮・弛緩の具合を調節する神経の働きも改善されたことは明らかである。こうしてみると，持久走は単に有酸素性能力ばかりでなく，その走行動作に関わる神経筋協同作用も改善されていることが分かる。

また，実験群では，トレーニング直前・直後の回帰直線における勾配にほとんど差がなく，また位置も接近しているが，このことは，年中組の時に行なった持久走がすでに効率を改善させており，今回のトレーニング期間中には改善の余地がほとんど残されていなかったことを示している。したがって，実験群においてみられた最大努力時における走行速度の増加は，効率の改善はほとんど関与することなく，もっぱら体重当たり最大酸素摂取量の増加によってもたらされたことを意味している。さらに，トレーニング直前の走行速度において，実験群が対照群を大きく上回っているが，それは実験群における体重当たり酸素摂取量がより大きく，その上，走行効率がすでにかなり改善されていたという事実によることは明らかである。

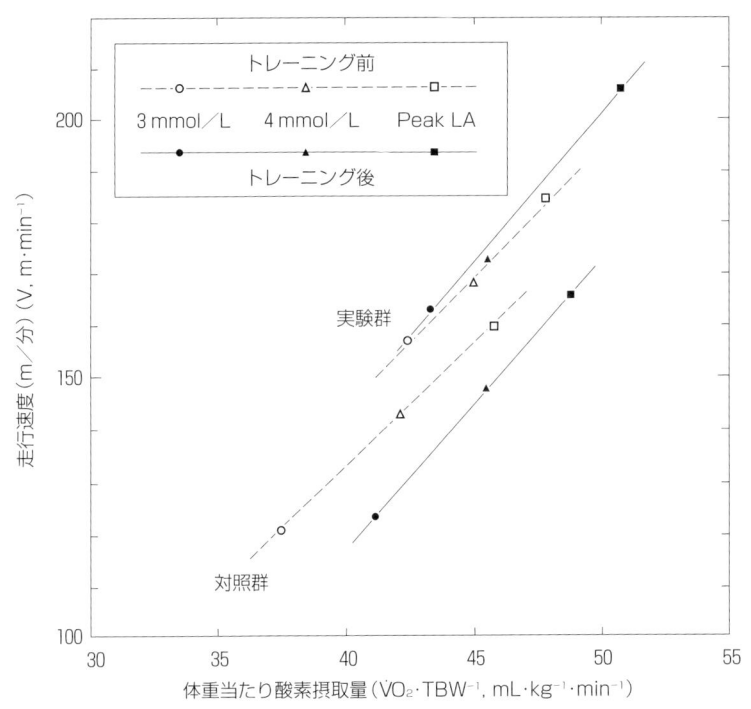

図34 男児における6ヵ月間，毎日（日曜日を除く）の915m持久走トレーニングによる走行効率の変化
（走行速度の体重当たり酸素摂取量に対する回帰）

10.1.4. 持久走における負荷強度と持久走の成績の改善

　　実験群と対照群の身体活動水準を比較するために，園内生活における心拍数を，任意の時期に，両群の全員を対象にわずか1回ではあるが，1分間区切りで連続的に記録してみた。図35は，そのうちの実験群1名，対照群1名について，主な活動内容と関連づけながら心拍数の変動の様子を，10beats・min^{-1}の階級幅による度数分布図を添えて図示したものである。実験群の被検者TOの場合では，園内の平均心拍数は100beats・min^{-1}である。その中で，数分間の持久走におけるある1分間の心拍数は204beats・min^{-1}にも達しており，それは，血中乳酸濃度4～5mmol・L^{-1}LAに相当する心拍数である。ところが，他の活動内容においては，持久走直前のウォーミングアップと屋外遊びにおいてわずか10数分間みられた150～170beats・min^{-1}のレベルが最も高いものであり，それは血中乳酸濃度でみると3mmol・L^{-1}LAにも達していない。こうした傾向は他の被検者にもほぼ共通に見受けられているが，走行中に達する心拍数には個人差があり，それは181～214beats・min^{-1}であり，それに相当する血中乳酸濃度は3～5mmol・L^{-1}LAであった。一方，対照群の被検者TIの場合では，平均心拍数は103beats・min^{-1}であり，TOの場合とほとんど差は見られなかったが，最高に達した心拍数レベルは，屋内遊びで見られたわずか数分間の150～160beats・min^{-1}に過ぎず，これも血中乳酸濃度は3mmol・L^{-1}LAには達していない。このように，両群を対比してみると，心拍数200beats・min^{-1}に達するような持久走の意味は大きく，それを毎日

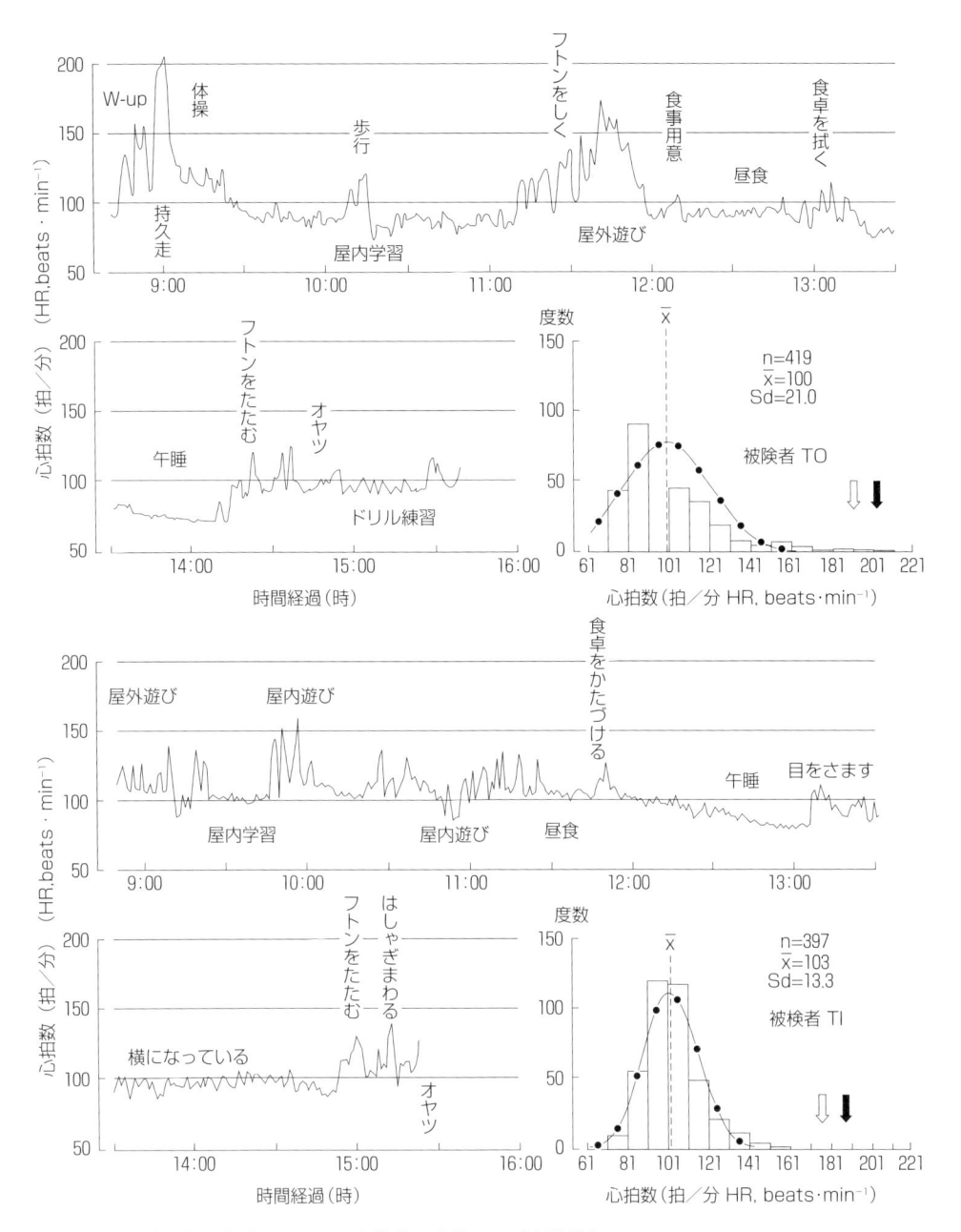

図35 ある2名男児の保育園における心拍数の変化および度数分布
(黒矢印,血中乳酸濃度 4 mmol·L^{-1} LA;白矢印,血中乳酸濃度 3 mmol·L^{-1} LA)

1回数分間実施すれば,有酸素性能力の改善を期待することができる。
　トレーニング期間中に,持久走の所要時間を任意の間隔で10回測定し,その所要時間(走行速度)の平均値の推移を,±1標準偏差の範囲と共に,図示したものが図36である。1回目の6月の460秒(119.3m·min^{-1})から,上下の変動を示しながら,10

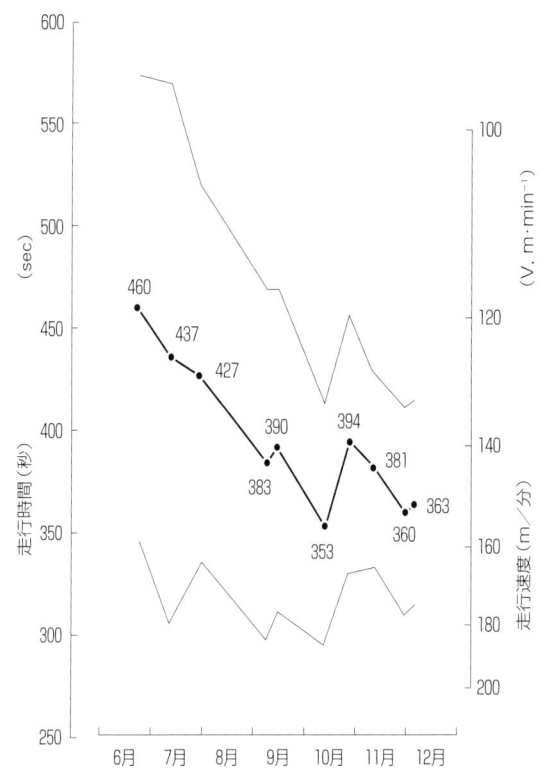

図36 男児の6ヵ月間における915m走所要時間の推移
（上下の線は±1標準偏差）

　　回目の363秒（151.2m・min^{-1}）へと大きく短縮されている。また，この図において，所要時間の短い下の線にはほとんど変化は見られないが，所要時間の長い上の線はかなりの傾斜を示している。このことは，トレーニング経過と共に，持久走所要時間は短縮されていくけれども，もともと持久走の遅い幼児の改善が顕著であることを示唆しており，実際にそのような傾向をたどっている。

10.2. 年長組女児（5〜6歳）における6ヵ月間トレーニングの場合[84, 85, 86]

　　対照群を設定しなかったが，10章の1.の年長組男児被検者と同じ保育園の年長組女児11名を対象に，同じ方法により6ヵ月間のトレーニング実験を行なった。その結果を年長組男児の実験群と比較しながら検討を試みた。

10.2.1. 最大努力時に見られた測定値のトレーニング期間直前・直後の比較

　　表26は，トレーニング直前・直後の最大努力時において得られた測定項目の平均値・標準偏差である。最高血中乳酸濃度は，年長組男児実験群の5.41mmol・L^{-1}LAから6.39mmol・L^{-1}LAへという変化とほぼ同じ値であり，5.43mmol・L^{-1}LAから6.15mmol・

表26 年長組（5〜6歳）女児における毎日・6ヵ月（5〜11月）・915m持久走によるトレーニング期間前後の呼吸循環機能変量の差異

変　　数	最高走行速度 (m/分) (Vmax, m·min^{-1})		最高心拍数 (拍/分) (HRmax, beats·min^{-1})		体重当たり最大酸素摂取量 (mL/kg/min) (VO$_2$max, mL·kg^{-1}·min^{-1})		最高血中乳酸濃度 (mmol/L) (Peak LA, mmol·L^{-1})	
トレーニング前後（B or A）	前（B）	後（A）	前（B）	後（A）	前（B）	後（A）	前（B）	後（A）
平均値	187.4	***198.2	200.4	*205.7	43.8	***49.3	5.43	6.15
標準偏差	19.0	10.3	5.2	4.4	3.9	4.9	2.06	3.16

B. トレーニング前；A. トレーニング後
＊ $p<0.05$, ＊＊ $p<0.01$, ＊＊＊ $p<0.001$：トレーニング前後における差の有意水準

L^{-1}LAへと変化している。しかし，男児とは違って，有意差を見るには至らなかった。しかし，このように最大努力時における血中乳酸濃度が，年長組男女児実験群において，共通に5〜6 mmol·L^{-1}LAという値が見られたということは，幼児の段階では，無酸素性能力が未発達の状態にあるということを改めて明確にすることができた。

その他の測定項目では，いずれも有意に（$p<0.05, 0.001$）増加しており，特に，体重当たり最大酸素摂取量の43.8 mL·kg^{-1}·min^{-1}から49.3 mL·kg^{-1}·min^{-1}への増加は，年長組男児実験群における47.5 mL·kg^{-1}·min^{-1}から49.5 mL·kg^{-1}·min^{-1}への増加よりもかなり大きいが，それは，トレーニング直前の値がかなり低く，そのために，トレーニングによって改善できる余地が大きく残されていたためである。換言すれば，トレーニングに先だって，トレーニング効果の可能性にかなりの余裕を残していたということになる。

10.2.2. 血中乳酸濃度3 mmol·L^{-1}および4 mmol·L^{-1}におけるトレッドミル走行速度・心拍数・酸素摂取量

表27は，血中乳酸濃度3 mmol·L^{-1}および4 mmol·L^{-1}におけるトレッドミル走行速度・心拍数・酸素摂取量を示している。年長組男児実験群の場合には，走行速度においてのみ有意の増加を示したが，この年長組女児では，体重当たり酸素摂取量においても有意に（$p<0.05, 0.01$）増加している。これは，すでに述べたように，トレーニングの可能性にかなりの余地を残していたためである。

3 mmol·L^{-1}LAと4 mmol·L^{-1}LAにおいて見られたこれらの値の最高値に対する比率は，年長組男児実験群と同じように，心拍数，酸素摂取量そして走行速度の順になっている。そのうち最も高い比率を示した心拍数においては，年長組男児実験群と同じように，トレーニング期間直前・直後の間に差は見られず，そして，その比率は88〜91%HRmax@ 3 mmol·L^{-1}LAと96〜97%HRmax@ 4 mmol·L^{-1}LAであり，年長組男児実験群の91〜92%HRmaxmmol·L^{-1}LAおよび96%HRmax@ 4 mmol·L^{-1}LAとほぼ同じ比率であった。酸素摂取量においては，心拍数の場合と同じように，トレーニング期間直前・直後の間に差は見られず，また，84〜85%$\dot{V}O_2$max·TBW^{-1}@ 3 mmol·L^{-1}LA

表27 年長組（5〜6歳）女児における毎日・6ヵ月（5〜11月）・915m持久走によるトレーニング期間前後の血中乳酸濃度3および4 mmol/Lの時の呼吸循環機能変量の差異

血中乳酸濃度(mmol·L⁻¹, LA)	3.0mmol·L⁻¹, LA						4.0mmol·L⁻¹, LA					
トレーニング前後 (B or A)	前（B）			後（A）			前（B）			後（A）		
統計値	n	平均値	標準偏差	n	平均値	標準偏差	n	平均値	標準偏差	n	平均値	標準偏差
走行速度（m/分）V, m·min⁻¹	11	127.1	31.3	10	149.8**	31.8	10	163.1	33.6	10	174.3*	31.5
心拍数（拍/分）(HR, beats·min⁻¹)	11	176.3	14.9	10	185.8*	14.6	10	195.0	16.4	10	198.4	14.5
体重当たり酸素摂取量（L/min）($\dot{V}O_2$·TBW⁻¹, mL·kg⁻¹·min⁻¹)	11	37.2	5.5	10	42.3**	7.0	10	44.2	6.7	10	46.5*	7.5
%Vmax @3 or 4 mmol·L⁻¹	11	73.3	18.6	10	75.1	16.5	10	92.1	21.7	10	87.3	16.0
%HRmax @ 3 or 4 mmol·L⁻¹	11	88.1	7.8	10	90.1	7.4	10	97.1	7.4	10	96.3	7.3
%$\dot{V}O_2$max @3 or 4 mmol·L⁻¹	11	85.1	9.5	10	84.2	11.0	10	95.8	10.7	10	92.5	11.7

B, トレーニング前；A, トレーニング後　＊ p＜0.05, ＊＊ p＜0.01, ＊＊＊ p＜0.001：トレーニング前後における差の有意水準

と93〜96%$\dot{V}O_2$max·TBW⁻¹@ 4 mmol·L⁻¹LAという比率も，年長組男児実験群の86〜88%$\dot{V}O_2$max·TBW⁻¹@ 3 mmol·L⁻¹LAおよび91〜94%$\dot{V}O_2$max·TBW⁻¹@4mmol·L⁻¹LAとほとんど同じ比率である。

　こうしてみると，女児の場合も，呼吸循環機能に加えて骨格筋の酸化能力を含めた有酸素性能力に対してもかなり高い負荷になっていることが分かる。それは，段階的漸増負荷法において血中乳酸濃度4 mmol·L⁻¹LAのレベルは，すでに述べたように，有酸素性のエネルギー発生機構の上限とされているからである。そして，それを越えると，無酸素性の解糖作用によるエネルギー発生機構が動員され，それと共に，乳酸の産生量も急激に増加する。したがって，段階的漸増負荷法によって，血中乳酸濃度が4.0mmol·L⁻¹LAに達した時点を，有酸素性のエネルギー発生の状態から無酸素性のエネルギー発生の状態に大きく切り替わる時点としてとらえ，繰り返し述べてきたように，無酸素性作業閾値（Anaerobic threshold, AT）と呼んでいる。そして，その時点における体重当たり酸素摂取量（$\dot{V}O_2$·TBW⁻¹@4.0mmol·L⁻¹LA）を，有酸素性状態のほぼ上限の値として解釈し，体重当たり最大酸素摂取量とともに，有酸素性能力の判定基準として，広く測定されている。また，同時にその時の心拍数や，走行速度といった運動強度も有酸素性能力の判定基準として用いることができる。

　そして，特に注目すべきことは，年長組男児両群・年長組女児実験群を通して見られた92〜96%$\dot{V}O_2$max·TBW⁻¹@ 4 mmol·L⁻¹LAという比率が，著者による中学生男子の86%$\dot{V}O_2$max·TBW⁻¹@ 4 mmol·L⁻¹LA，同じく女子の85%$\dot{V}O_2$max·TBW⁻¹@ 4 mmol·L⁻¹LA[77, 78]，田中ら[53]による男子学生の73%$\dot{V}O_2$max·TBW⁻¹@ 4 mmol·L⁻¹LA[53]よりも高いということである。このことは，思春期以降の青少年および成人では，それぞれすでに備わっている無酸素性能力が，段階的漸増負荷において比較的早い段階で動員され，その結果乳酸が産生されるが，幼児では，有酸素性能力の上限すなわち最大酸素摂取量のレベルに達する直前で始めて乳酸が産生されることを示している。そし

て，最高血中乳酸濃度が，すでに述べたように，中学生や成人よりも低いということを勘案すると，幼児では無酸素性能力が未発達の状態にあるということが，9章9.1.1.の実験に続いて，重ねて確認されたことになる。もともと，乳酸は骨格筋のなかで無酸素性の段階に入ってから進行する解糖作用（glycolysis）の終末で産生されるものであるが，骨格筋のなかには，ホスホフルクトキナーゼ（phosphofruktokinase, PFK）というその過程の進行に必要な律速酵素（rate limiting enzyme）が含まれている。そして，Erikssonは[13]，13歳の男児について，その量が成人よりも少ないことを見いだしてる。したがって，幼児において無酸素性能力が発達していないということは，こうした酵素の量がより少ない状態にあるためではないかというように推測される。

ともあれ，幼児では，最大努力時において運動の中止を余儀なくされた時点でも，なお比較的有酸素性状態にあり，そして，このことは，幼児が安易に過剰負荷に陥らないというある種の防御機構とも見なすことができる。しかも，乳酸がさほど産生されないので，5章5.2.の実験において述べたように，運動終了後の回復は必然的に早くなることが分かる。こうした姿は，幼児本来の性質であり，エネルギーの立場から見ると，少しくらい激しい運動をしても疲れにくいということである。しかし，長時間にわたる激しい運動は，有酸素性状態で進行するとはいえ，呼吸循環機能に対してはかなりの負担になるので避けなければならない。

10.3. 女児の4歳から6歳にわたる18ヵ月間トレーニングの効果[25, 87, 89]

この実験においては，これまでの6ヵ月のトレーニング期間を，年中組の5月から年長組の11月までの18ヵ月に延長し，年中組女児を対象に，実験群と対照群を設定し，その間の縦断的にみた有酸素性能力の発達と，トレーニング効果の推移を併せて検討しようとしたものである。そして，トレーニング期間中におけるそれらの発達・効果の推移を確認するために，6ヵ月間隔で4回の測定が繰り返されており，トレーニング直前の1992年5月の第1回目の測定をテスト1（T1），同年10月の第2回目をテスト2（T2），1993年5月の第3回目をテスト3（T3），同年11月の最後のトレーニング直後の測定をテスト4（T4）としている。また，血中乳酸濃度の測定は，先の10章10.1.および10章10.2.の実験において，トレーニング期間は6ヵ月であったがトレーニング直前と直後の間にほとんど変化が見られなかったことや，被検者への負担を考慮して行なわなかった。

実験群は，これまた915m走を毎日実施している栃木県M保育園の年中組女児8名であり，トレーニング直前の年齢は4歳7ヵ月（2ヵ月），身長100.6（2.3）cm，体重16.91（1.81）kg，胸囲54.1（1.7）cmである。対照群は栃木県の都市中心部に位置しており，特別にトレーニングをしていないY保育園の同じく年中組女児8名であり，そして，トレーニング直前の年齢は4歳6ヵ月（3ヵ月），身長102.0（5.0）cm，体重16.60（1.63）kg，胸囲53.1（2.1）cmとなっており，年齢・体格においては実験群との差はほとんど見られなかった。

表28 4〜6歳女児の毎日915m走18ヵ月トレーニング期間における安静時呼吸循環機能変量の変化過程

被検者	心拍数 (拍/分) (HR, beats·min⁻¹)				換気量 (L/分) (V̇E, L·min⁻¹)				絶対値酸素摂取量 (L/分) (V̇O₂, L·min⁻¹)				体重当たり酸素摂取量 (mL/kg/分) (V̇O₂·TBW⁻¹, mL·kg⁻¹·min⁻¹)				酸素脈 (mL/拍) (O₂-pulse, mL·beat⁻¹)			
	T1	T2	T3	T4	T1	T2	T3	T4	T1	T2	T3	T4	T1	T2	T3	T4	T1	T2	T3	T4
実験群 (n=8)																				
M A	106	109	108	114	4.30	5.99	4.49	6.37	0.095	0.143	0.110	0.173	6.3	9.3	6.7	9.6	0.90	1.32	1.02	1.53
A Y	87	104	96	109	5.04	4.50	4.28	9.27	0.126	0.126	0.115	0.180	8.0	6.5	5.6	7.4	1.45	1.21	1.19	1.65
S S	101	107	98	99	5.62	6.58	6.02	9.74	0.118	0.131	0.144	0.148	8.0	8.5	8.7	8.7	1.16	1.22	1.46	1.50
M K	107	110	112	111	4.55	5.93	6.00	6.18	0.122	0.158	0.157	0.181	6.8	8.5	7.9	8.6	1.13	1.43	1.39	1.63
S A	130	123	148	120	5.73	6.34	6.55	6.04	0.128	0.147	0.148	0.137	8.1	9.0	8.5	7.6	0.98	1.20	1.29	1.14
A K	87	90	83	95	4.14	4.47	6.66	9.10	0.109	0.119	0.173	0.166	5.7	5.9	8.0	6.7	1.24	1.31	2.07	1.76
M S	121	105	97	97	5.03	5.60	4.27	6.28	0.122	0.134	0.120	0.177	6.0	6.2	5.0	6.6	1.01	1.28	1.23	1.83
H M	94	96	95	97	5.43	6.01	6.28	7.11	0.149	0.153	0.164	0.161	8.5	8.7	8.5	7.6	1.58	1.59	1.73	1.66
平均値	104.1	105.5	104.6	105.2	4.98	5.67	5.56	7.51	0.121	0.138	0.141	0.165	7.1	7.8	7.3	7.8	1.18	1.32	1.42	1.58
標準偏差	14.4	9.1	18.3	8.8	0.56	0.73	0.97	1.47	0.014	0.012	0.022	0.014	1.0	1.2	1.3	0.9	0.21	0.12	0.31	0.19
対照群 (n=8)																				
A Ku	104	105	107	107	4.71	4.82	5.26	5.18	0.117	0.125	0.149	0.148	6.7	7.1	8.2	7.8	1.13	1.19	1.38	1.38
N A	116	104	97	104	5.68	5.77	6.48	5.95	0.127	0.138	0.144	0.152	7.7	8.1	7.8	7.4	1.10	1.33	1.48	1.46
Y K	93	107	92	96	5.06	7.80	6.16	6.65	0.141	0.158	0.156	0.145	7.7	8.1	8.0	6.8	1.50	1.48	1.69	1.51
K H	101	100	110	108	6.05	6.98	14.49	10.44	0.160	0.168	0.199	0.198	8.8	8.4	9.4	8.6	1.58	1.68	1.80	1.83
M T	95	88	104	83	5.28	5.00	5.25	6.39	0.117	0.120	0.129	0.138	8.1	8.1	8.2	8.2	1.24	1.37	1.24	1.67
M Y	98	107	108	98	5.48	5.53	6.82	5.27	0.127	0.117	0.119	0.148	8.5	7.5	7.5	8.7	1.29	1.10	1.10	1.51
T K	101	126	96	99	6.12	7.04	6.08	5.70	0.146	0.159	0.154	0.152	7.8	8.4	7.6	6.6	1.44	1.25	1.59	1.54
K T	105	107	99	91	5.50	10.53	5.66	5.50	0.132	0.147	0.122	0.133	9.1	9.6	7.8	8.0	1.25	1.37	1.23	1.47
平均値	101.6	105.5	101.6	98.2	5.48	6.68	7.02	6.38	0.133	0.141	0.146	0.151	8.0	8.1	8.0	7.7	1.31	1.34	1.43	1.54
標準偏差	6.6	9.7	6.1	7.8	0.44	1.75	2.86	1.60	0.013	0.018	0.023	0.018	0.7	0.6	0.5	0.7	0.16	0.16	0.22	0.13

T1, 5月 1992 ; T2, 11月 1992 ; T3, 5月 1993 ; T4, 11月 1993

10.3.1. 安静時における測定値の実験群と対照群の比較

表28により，安静時の測定結果を見ると，同一測定時期におけるすべての測定項目においては，両群の間に有意差はまったく認められていない。そこで，まず心拍数について見ると，実験群ではT1の104.1beats·min^{-1}からT2の105.5beats·min^{-1}の範囲にあり，また，対照群ではT4の98.2beats·min^{-1}からT2の105.5beats·min^{-1}の範囲にあり，対照群でわずかな変動が見受けられたが，両者ともほぼ同じレベルの心拍数を示している。これらの心拍数は，金崎ら[29]による年中組女児48名について見られた睡眠時の心拍数83.6beats·min^{-1}と比較すると，実験群では124〜126%，対照群では117〜126%となっており，したがって，睡眠時のおよそ20〜30%増に相当するということになる。

換気量（ventilation, $\dot{V}E$）においては，実験群ではT1の4.98L·min^{-1}からT4の7.51L·min^{-1}へ，また，対照群ではT1の5.48L·min^{-1}からT4の6.38L·min^{-1}へと，ともに成長による自然増が見受けられる。また，実験群のT4における被検者AYの9.27L·min^{-1}，SSの9.74L·min^{-1}，AKの9.10L·min^{-1}，および対照群のKHのT3における14.49L·min^{-1}，T4における10.44L·min^{-1}，KTのT2における10.53L·min^{-1}は，飛び抜けて高い値を示しているが，これは明らかに大脳皮質における精神的緊張によるものである。そのために，呼吸数も多くまた呼吸の深さも大きく，したがって二酸化炭素がより多く排出されることになり，呼吸商が1.0に達してしまっている。

絶対値酸素摂取量においても，実験群ではT1の0.121L·min^{-1}からT4の0.165L·min^{-1}へ，また，対照群ではT1の0.133L·min^{-1}からT4の0.151L·min^{-1}へと，ともに成長による自然増を示している。体重当たり酸素摂取量では，一貫した変化が見られず，実験群ではT1の7.1mL·kg^{-1}·min^{-1}からT2·T4の7.8mL·kg^{-1}·min^{-1}の範囲にあり，対照群ではT4の7.7mL·kg^{-1}·min^{-1}からT2の8.1mL·kg^{-1}·min^{-1}の範囲にある。

酸素脈においては，実験群ではT1の1.18mL·beat^{-1}からT4の1.58mL·beat^{-1}へ，また，対照群ではT1の1.31mL·beat^{-1}からT4の1.54mL·beat^{-1}へと，いずれも一貫して成長による自然増を示している。

10.3.2. 最大努力時における測定値の両群の比較

トレーニング効果の有無を，なお一層明確にするために，これまで活用してきたt検定による両群間の有意差の検定と，同じくt検定を用いた対応による有意差の検定に加えて，さらに，分散分析（Analysis of variance, ANOVA）による検討も試みた。

10.3.2.1. t検定によるトレーニング効果の確認

表29は，トレーニング期間を通して，最大努力時に得られた測定値が，どのように変化していったかを個人別にみた値と，両群の平均値がどのような経緯をたどったかを，t検定による両群間の有意差の結果を含めて示したものである。そして，横軸にT1，T2，T3，T4を6ヵ月の等間隔でとり，縦軸に測定項目の平均値をとって，トレーニング期間中の変化の様子を示したものが図37である。また，表30は，個人の対応によるt検定を用いて，T1，T2，T3，T4相互の有意差の水準をマトリックス様にまとめたものである。したがって，陰を付けた部分は，T1からT2へ（T1→T2），T2からT3へ（T2→T3），T3からT4へ（T3→T4）というように，隣接する測定時期の間の

表29　4～6歳女児の毎日915m持久走18カ月トレーニング期間における最大努力時呼吸循環機能変量の変化過程

被検者	最高走行速度 (m/分) (Vmax, m·min⁻¹)				最高心拍数 (拍/分) (HRmax, beats·min⁻¹)				最大換気量 (L/分) (VEmax, L·min⁻¹)				絶対値最大酸素摂取量 (L/分) (VO₂max, L·min⁻¹)				体重当たりの最大酸素摂取量 (mL/kg/分) (VO₂max·TBW⁻¹, mL·kg⁻¹·min⁻¹)				最大酸素脈 (mL/拍) (MaxO₂-pulse, mL·beat⁻¹)			
	T1	T2	T3	T4	T1	T2	T3	T4	T1	T2	T3	T4	T1	T2	T3	T4	T1	T2	T3	T4	T1	T2	T3	T4
実験群 (n=8)																								
M A	140	160	160	200	196	198	200	206	35.83	33.19	39.51	48.10	0.709	0.697	0.863	1.002	46.7	45.6	52.7	55.5	3.61	3.52	4.31	4.86
A Y	140	160	160	160	202	212	214	208	32.16	40.03	39.93	41.24	0.690	0.835	0.987	1.050	43.8	43.6	48.3	43.3	3.41	3.94	4.61	5.05
S S	160	180	180	220	198	200	204	206	35.69	38.34	40.32	47.86	0.632	0.756	0.836	0.980	43.1	48.9	50.5	57.6	3.19	3.78	4.09	4.75
M K	160	180	180	220	202	212	212	220	35.82	45.25	41.82	44.38	0.764	0.936	0.970	1.090	42.8	50.3	48.9	52.1	3.78	4.41	4.57	4.95
S A	120	160	180	200	210	214	224	220	27.97	34.89	42.43	40.09	0.640	0.764	0.861	0.938	40.6	46.6	49.6	52.5	3.05	3.57	3.84	4.26
A K	160	180	180	200	202	202	198	202	31.30	39.98	36.83	47.58	0.786	0.989	0.941	1.182	41.1	49.4	43.9	47.9	3.89	4.90	4.75	5.85
M S	160	180	180	200	204	202	200	202	37.01	39.07	46.86	53.57	0.822	0.893	1.093	1.256	41.0	41.2	45.4	46.8	4.03	4.42	5.46	6.21
H M	140	160	160	160	202	210	212	210	31.57	37.03	40.46	41.25	0.684	0.787	0.863	1.005	39.1	44.7	44.7	47.8	3.38	3.74	4.07	4.78
	*			**					**	***	***	***			*	*		*		*				*
平均値	147.5	167.5	172.5	192.5	202.0	206.2	208.0	209.2	33.41	38.47	41.02	45.50	0.715	0.832	0.926	1.062	42.2	46.2	48.0	50.4	3.54	4.03	4.46	5.08
標準偏差	13.9	13.9	9.6	19.8	3.8	5.9	8.4	6.7	2.92	3.42	2.70	4.30	0.064	0.093	0.082	0.101	2.2	2.9	2.8	4.4	0.32	0.45	0.47	0.59
対照群 (n=8)																								
A Ku	140	140	140	140	202	204	204	200	34.17	36.90	31.31	31.75	0.683	0.733	0.754	0.809	38.9	41.4	41.7	42.8	3.39	3.59	3.77	4.04
N A	120	120	140	160	198	204	204	198	30.15	37.66	34.28	36.01	0.707	0.722	0.853	0.964	42.7	42.2	46.5	47.1	3.57	3.54	4.26	4.87
Y K	140	140	140	160	202	206	204	204	33.79	30.40	31.31	34.24	0.776	0.785	0.809	0.937	42.7	40.5	41.4	44.3	3.84	3.81	3.96	4.59
K H	180	180	180	180	204	214	206	218	32.65	36.00	36.08	42.76	0.817	1.005	0.985	1.109	45.0	50.5	46.6	48.3	4.00	4.69	4.78	5.08
M T	140	140	160	180	194	194	200	198	24.95	28.04	32.95	29.45	0.606	0.614	0.803	0.799	41.8	41.6	51.3	47.4	3.12	3.16	4.01	3.99
M Y	140	160	180	180	188	200	198	198	27.52	30.54	33.41	35.02	0.570	0.632	0.690	0.795	38.4	40.5	43.7	46.9	3.03	3.16	3.48	4.01
T K	140	140	160	160	204	206	206	204	34.50	29.44	34.22	38.65	0.764	0.749	0.825	0.968	41.2	39.7	41.0	42.3	3.74	3.63	4.12	4.74
K T	140	140	160	160	202	206	208	202	29.90	27.70	31.51	31.62	0.708	0.665	0.767	0.796	48.8	43.5	49.0	48.1	3.50	3.23	3.69	3.94
平均値	142.5	145.0	160.0	165.0	199.2	204.2	204.0	203.0	30.95	32.08	33.13	34.93	0.703	0.738	0.810	0.897	42.4	42.4	45.1	45.9	3.52	3.60	4.00	4.40
標準偏差	15.6	16.5	14.1	13.2	5.2	5.3	3.3	6.0	3.22	3.83	1.60	3.99	0.078	0.115	0.080	0.108	3.1	3.2	3.5	2.2	0.31	0.46	0.37	0.43

T1, 5月 1992；T2, 11月 1992；T3, 5月 1993；T4, 11月 1993　*p<0.05, **p<0.01, ***p<0.001：各測定時(T)における両群間の差の有意水準

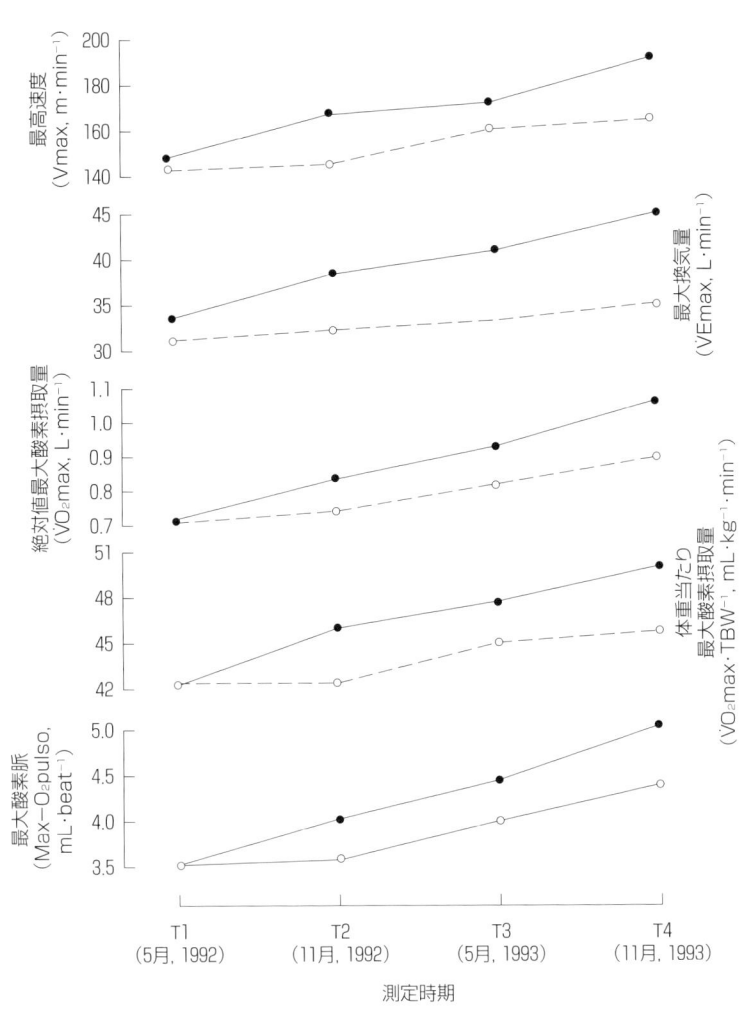

図37 女児における18ヵ月間,毎日(日曜日を除く)915m持久走によるトレーニング効果の推移
● 実験群(トレーニング群);○ 対照群(非トレーニング群)

推移を意味している。そこで,これらの二つのt検定の結果に基づき,トレーニングによる変化の様子を眺めてみよう。

最大酸素摂取量は,有酸素性能力を知る上で,最も信頼しうる測定項目の一つとされているが,また,それはトレーニング効果の有無を判定する上でも有力な指標でもある。それだけに,この実験においても,果たして最大酸素摂取量が発現されたかどうかを検討しなければならない。そこで,最大努力時の平均心拍数から眺めてみると,対照群のT1における$199.2 beats \cdot min^{-1}$を除くと,$202.0 \sim 209.2 beats \cdot min^{-1}$の範囲に達しており,また,被検者がペースについていけなくなるまで走ったことを特に考慮すると,最大酸素摂取量が得られたものと判定することができる。ただし,T1における対照群の被検者MYは,後ずさりしたために安全の立場から走行を中断したが,心拍数$188 beats \cdot min^{-1}$という値からみると,あと1段高い負荷に耐えられる余裕があっ

表30 対応による t 検定からみたテスト相互間の有意差

最高走行速度
(Vmax)

Tests	T1	T2	T3	T4
実験群				
T1	−	**	**	***
T2	ns	−	ns	**
T3	*	**	−	**
T4	**	**	ns	−
対照群				

体重当たり最大酸素摂取量
($VO_2max \cdot TBW^{-1}$)

Tests	T1	T2	T3	T4
実験群				
T1	−	*	***	**
T2	ns	−	ns	*
T3	*	ns	−	**
T4	*	ns	ns	−
対照群				

絶対値最大酸素摂取量
(VO_2max)

Tests	T1	T2	T3	T4
実験群				
T1	−	**	***	***
T2	ns	−	*	***
T3	**	ns	−	**
T4	***	***	**	−
対照群				

最大酸素脈
($MaxO_2\text{-pulse}$)

Tests	T1	T2	T3	T4
実験群				
T1	−	**	***	***
T2	**	−	*	***
T3	ns	*	−	***
T4	***	**	ns	−
対照群				

*$p<0.05$, **$p<0.01$, ***$p<0.001$:テスト相互間の有意差の水準
T1, 5月 1992 ; T2, 11月 1992 ; T3, 5月 1993 ; T4, 11月 1993

たものと思われる。また,有意差はないが,T1〜T4において,実験群の平均値が202.2〜209.2 beats・min^{-1}であったのに対して,対照群では199.2〜204.2 beats・min^{-1}というようにわずかに低くなっている。

まず,最大努力による最終段階における最高走行速度(Vmax)について見ると,トレーニング期間直前のT1においては,実験群・対照群においてはそれぞれ147.5m・min^{-1},142.5m・min^{-1}というように,その差はわずかであり両群間に有意差は見られなかった。しかし,両群ともトレーニング期間を通して,徐々に速くなっていったが,その増加の割合は実験群において大きく,トレーニング期間直後のT4においては,実験群が192.5m・min^{-1}へと45.0m・min^{-1}の伸びを示したのに対して,対照群は165.0m・min^{-1}へとわずかに22.5m・min^{-1}の伸びを示したに過ぎない。そして,T4においては,実験群が対照群を有意に($p<0.01$)上回っている。また,対応の検定においては,実験群ではT1→T2とT3→T4において有意に($p<0.01$)増加しているのに対して,対照群ではT2→T3においてのみ有意の($p<0.01$)増加を示したに過ぎない。

このように,最高走行速度において実験群が対照群を上回るようになったのは,体重当たり最大酸素摂取量が有酸素性持久走の成績を大きく左右するということを考慮すると,実験群におけるこうした値の増加によるものである。すなわち,T1においては,実験群の42.2mL・kg^{-1}・min^{-1}と対照群の42.4mL・kg^{-1}・min^{-1}の間に差はなかったが,実験群ではT1→T2とT3→T4において有意に($p<0.05, 0.01$)増加したのに対して,

対照群ではすべての測定期間の間に有意な増加はまったく見られなかった。そして、T4になると、実験群の50.4mL・kg^{-1}・min^{-1}が対照群の45.9mL・kg^{-1}・min^{-1}を有意（p＜0.05）に上回るようになっている。また、もう一つの理由は、すでに指摘したように、トレーニングによる走行効率の改善に負うところが大きいということである。

最大努力時における換気量について見ると、T1においては、実験群の33.41L・min^{-1}と対照群の30.95L・min^{-1}の間に差は認められなかったが、実験群では、最高走行速度の場合と同じように、T4の45.50L・min^{-1}へと12.09L・min^{-1}の増加を示しているが、対照群ではほとんど増加が認められず、T4においても34.93L・min^{-1}にとどまっている。そして、この換気量に見られた両群間の差は、他の測定項目の場合よりも早く現れており、しかも大きく、T2・T3・T4において実験群が有意に（p＜0.01, 0.001）上回っている。したがって、こうした実験群における換気能力の優位性は、呼吸運動に関与する反射機構の改善と、それによって動員される呼吸筋の発達の促進に起因しているものと思われる。この反射機構はヘーリング・ブロイエルの反射（Hering-Breuer reflex）すなわち肺迷走神経呼吸反射と呼ばれており、規則正しい呼吸運動の神経性自己調節機構である。これは、吸気運動により肺が拡張すると、迷走神経の肺枝末端が刺激され、反射的に呼吸中枢の吸気機構を抑制して呼気機構を興奮させ、その結果、吸気運動を止め、呼気運動が喚起される。次いで、この呼気運動により肺が収縮すると、反射的に呼気中枢の呼気機構を抑制し、吸気機構を興奮させ、吸気運動に移らせるという反復性・周期性の反射である。こうした重要な反射の改善は、呼吸筋の一層の発達と相まって、大気から空気をより多く肺の中に吸入し、肺胞におけるガス交換量を増加させ、そして、呼吸効率を高めることになるという立場から見ると、次に述べる絶対値最大酸素摂取量における実験群の優位性に貢献する要因の一つになっているものと思われる。

絶対値最大酸素摂取量においても、T1では、実験群の0.715L・min^{-1}と対照群の0.703L・min^{-1}の間にほとんど差は見られないが、その後、実験群ではT1→T2, T2→T3, T3→T4のすべてにおいて、有意に（p＜0.01, 0.05, 0.001）増加している。一方、対照群においては、T1からT4まで成長による自然増ともいうべきゆるい増加が認められ、僅かT3→T4においてのみ有意の（P＜0.05）増加が見られた。ところが、実験群の増加の割合は、図37からも分かるように、対照群よりも大きく、T3とT4においては、実験群が有意に（p＜0.05）上回るようになり、T4では実験群が1.062L・min^{-1}に達したのに対して、対照群ではそれよりも低く0.897L・min^{-1}にとどまっている。

最大努力時における最大酸素脈においても、絶対値最大酸素摂取量や体重当たり最大酸素摂取量の場合と同様に、T1においては、実験群の3.54mL・beat^{-1}と対照群の3.52mL・beat^{-1}との間に差は見られないが、その後、実験群ではT1→T2, T2→T3, T3→T4のすべてにおいて、有意に（p＜0.01, 0.05, 0.001）増加している。また、対照群もT1→T2とT2→T3において、自然増として、有意な（p＜0.01, 0.05）増加を示しているが、やはり、増加の割合は実験群より小さく、そして、最後のT4においては、実験群の5.08mL・beat^{-1}が対照群の4.40mL・beat^{-1}を有意に（p＜0.05）上回るようになっている。

このように、実験群が、絶対値最大酸素摂取量・体重当たり最大酸素摂取量・最大

酸素脈において，有意差をもってより大きな増加を示したということは，成長に伴う自然増の上にトレーニング効果が加重されたことを裏付けるものである。したがって，幼児の場合も，有酸素性能力においてトレーニング効果の可能性すなわちトレーニング能が存在するということが，今回の実験で，再度改めて確証されたことになる。

10.3.2.2. 分散分析によるトレーニング効果の再確認[89]

二元配置分散分析法（Two-way analysis of variance, ANOVA）テストにより，T1，T2，T3，T4をすべて含めて，18ヵ月のトレーニング期間を通してみた交互作用効果（interaction effects）による有意差の水準と，さらに，シェッフェ・テスト（Scheffe test）の主効果（main effects）によるT1，T2，T3，T4相互の有意差水準を示したものが表31である。その結果，18ヵ月間のトレーニングにより，最高心拍数を除く他の測定値において，すべて実験群が，トレーニング効果として，有意に（$p<0.001$）に上回っていることが再度確認された。そこで，トレーニング直前の測定値には両群の間に差がなかった点に着目し，改めてT1からT4への増加率を実験群と対照群を対応させながら眺めてみると，最高速度では31％対16％，最大換気量では49％対28％，絶対値最大酸素摂取量では49％対28％，体重当たり最大酸素摂取量では19％対8％，そして最大酸素脈では44％対25％となっている。

シェッフェ・テストの主効果から，T1→T2→T3およびT2→T3→T4という12ヵ月間に，最高走行速度・最大換気量・絶対値最大酸素摂取量・体重当たり最大酸素摂取量・最大酸素脈は，有意に（$p<0.05, 0.01, 0.001$）に増加している。一方，T1→T2とT2→T3という6ヵ月間では，いずれも有意な増加は認めれていない。こうしてみると，今回のトレーニング負荷条件は，6ヵ月間では，トレーニング効果を現さないが，12ヵ月間をへると確実にトレーニング効果をもたらすということが明らかにされた。

ちなみに，T1をトレーニング開始時点の0とし，T2を6ヵ月終了時点，T3を12ヵ月終了時点，そして，T4をトレーニング終了時点の18ヵ月として，図37に示されて

表31 二元配置分散分析法による18ヵ月間トレーニング効果の判定

変数	最高走行速度 (Vmax)	最大換気量 (V̇Emax)	絶対値最大酸素摂取量 ($\dot{V}O_2max$)	体重当たり最大酸素摂取量 ($\dot{V}O_2max \cdot TBW^{-1}$)	最大酸素脈 ($MaxO_2$-pulse)
交互作用効果	***	***	***	***	***
主効果					
T1→T2					
T1→T3	**	**	***	**	**
T1→T4	***	***	***	***	***
T2→T3					
T2→T4	**	**	***	*	***
T3→T4			*		*

→は，例えば「T1→T3」は「T1からT3にかけて」を意味する。
* $p<0.05$, ** $p<0.01$, *** $p<0.001$:有意水準
T1, 5月 1992 ; T2, 11月 1992 ; T3, 5月 1993 ; T4, 11月 1993

いる最高速度（y, m·min^{-1}），絶対値最大酸素摂取量（y, L·min^{-1}），体重当たり最大酸素摂取量（y, mL·kg^{-1}·min^{-1}）および最大酸素脈（y, mL·beat^{-1}）の時間経過（x，月）に伴う変化の様子を，回帰直線で表すと次のようになる。

　最高速度においては
　実験群，ŷ＝2.33x＋149.00（n＝4, r＝0.978）
　対照群，ŷ＝1.37x＋140.75（n＝4, r＝0.968）
　絶対値最大酸素摂取量においては
　実験群，ŷ＝0.19x＋0.714（n＝4, r＝0.998）
　対照群，ŷ＝0.11x＋0.680（n＝4, r＝0.984）
　体重当たり最大酸素摂取量においては
　実験群，ŷ＝0.440x＋42.74（n＝4, r＝0.986）
　対照群，ŷ＝0.220x＋41.97（n＝4, r＝0.937）
　最大酸素脈においては
　実験群，ŷ＝0.084x＋3.52（n＝4, r＝0.997）
　対照群，ŷ＝0.050x＋3.42（n＝4, r＝0.968）

となり，そして，これらの勾配から実験群の増加率は，年齢に伴う自然増を示した対照群よりも，最高速度において1.7倍，絶対値最大酸素摂取量において1.7倍，体重当たり最大酸素摂取量において丁度2.0倍，そして，最大酸素脈においては1.7倍となっている。したがって，これら測定項目の時間の流れに対する増加率を見ると，実験群が対照群の1.7～2.0倍の大きさになっていることがわかる。

　ところで，こうしたトレーニング効果は，フィックの原理に照らしてみたとき，どこに変化が起きたためにもたらされたのであろうかということを，変形された3章3.3.の（10）の式，

酸素脈＝1回心拍出量×（動脈血中酸素含有量－還流混合静脈血中酸素含有量）

から考えてみよう。まず，表28の安静時を見ると，T1～T4のすべてにおいて心拍数および酸素脈に関して両群間に差がなく，しかも，安静時であるだけに骨格筋やその他の組織で利用される酸素量に差がないことから，（動脈血中酸素含有量－還流混合静脈血中酸素含有量）すなわち動静脈酸素較差にも差がないということになる。このことを，上述の式に当てはめてみると，1回心拍出量ひいては心容積さらには心臓の大きさが同じということになる。すなわち，今回のトレーニング条件では心臓の大きさに差をもたらすには至っていないということである。したがって，表29の最大努力時に見られる実験群の最大酸素脈における優位性は，両群間の最高心拍数に有意差がないことから，一部，心筋収縮力の優位性により1回拍出量がわずかながらより大きいということも関与するであろうが，やはり主として（動脈血中酸素含有－還流混合静脈血中酸素含有量）の値がより大きいためと考えられる。こうしてみると，その分だけ，酸素摂取量の規定要因となっている毛細血管の発達や骨格筋の酸化能力の向上により多くの改善がもたらされたものと思われる。

10.3.3. 18ヵ月のトレーニング期間における915m走の成績の変化

　　図38は，日曜日を除いて毎日行なわれる実験群の915m走の所要時間が，どのよう

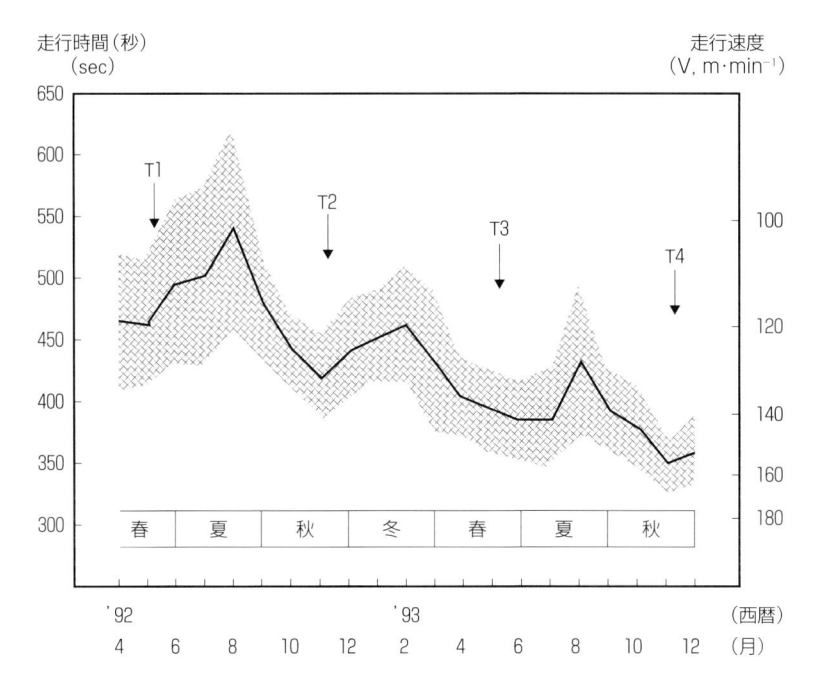

図38 女児における18ヵ月間，毎日（日曜日を除く）915m持久走の記録に見られた季節的変動
（網線による陰影の部分は±1標準偏差）

に変化してきたかを見るために，1ヵ月ごとの平均値と，そこから±1標準偏差の範囲を図示したものである。T1の468.2秒（117.3m·min^{-1}）からT4の348.5秒（157.5m·min^{-1}）へと，かなり大きな変動を示しながら短縮されてきたことが分かる。これも，やはり，体重当たり最大酸素摂取量の増加と走行効率の改善によるものである。

　しかしながら，つぶさに見ると，その所要時間の変動には季節的な周期が認められた。すなわち，1992年の8月から11月にかけて，また，同じく1993年の1月から5月にかけて，さらに，1993年の8月から11月にかけて，いずれも大きく短縮されている。他方，1992年の5月から8月にかけて，また，同じく1992年の10月から1993年1月にかけて，さらに，1993年の5月から8月にかけて，それぞれかなり延長されている。このことは，季節的周期として，「夏から秋へ」，「冬から春へ」において短縮されるという，いわば短縮相（shortening phase）と，それに対して「春から夏へ」，「秋から冬へ」において延長されるという延長相（prolongation phase）が存在していることを示している。

　ところで，エネルギーの立場からみて，こうした持久走の成績が，体重当たり最大酸素摂取量の値と表裏一体になっていることを思えば，やはり，季節的要因がトレーニング効果の現れ方にかなり影響しているものと考えられる。そこで，トレーニング効果が，トレーング条件とりわけトレーニング強度に最も大きく左右されることに着目し，両群の体重当たり最大酸素摂取量の間にt検定による有意差がみられたT2とT4，また，有意差がみられなかったT3にそれぞれ先行する所要時間の短縮相において，改めて所要時間（y，秒）の季節の流れ（x，週）に対する変化を敢えて求めてみた。

T2に先行する1992年の8月初旬から10月下旬に至るまで，すなわち，「夏から秋へ」においては，

　　$\hat{y} = -5.684x + 538.5$（n＝13, r＝－0.980）

また，T4に先行する1993年の同じく8月初旬から10月下旬にかけては，

　　$\hat{y} = -3.808x + 431.7$（n＝14, r＝－0.982）

となり，これらの勾配は，有意差が見られなかったT3に先行する1992年の12月下旬から1993年の5月下旬にかけて，すなわち，「冬から春へ」において求められた

　　$\hat{y} = -2.808x + 459.2$（n＝14, r＝－0.964）

における勾配よりも大きい。こうした差異は，走行速度という負荷強度において，同じ短縮相でありながら，「夏から秋へ」の方が，「冬から春へ」よりも日時の経過とともにますます大きくなっていくことを意味しており，それは，同時に活動している骨格筋，すなわち，活動筋そのものに対する負荷強度も大きくなることを示すものである。その結果，心臓血管系はもとより，活動筋に相当する部分の骨格筋線維の酸化能力や，毛細血管の発達（capillarization）が促進され，それは動静脈酸素較差の増大，ひいては体重当たり最大酸素摂取量の一層の増加につながったものと考えられる。

　他方，T1，T2およびT3の後に続いた持久走時間の延長相では，心拍数のレベルは，短縮相とほとんど差異が見られなかったことから，換気能力や心臓血管系の改善はある程度伴うものの，活動筋に対する負荷が短縮相におけるよりも比較的低くなり，動静脈酸素較差の増大という改善には至らず，したがって，そこでは，発育による自然増の最大酸素摂取量の上に，トレーニングにより加重される量が少なくなったものと思われる。幸いにも，図38に示されているように，T1，T2，T3およびT4は，いずれも所要時間が短縮されたという短縮相の直後にほぼ一致しているので，トレーニング効果を把握する時点としては適切であったように思われる。もし，所要時間の最も大きい延長相の最後の時点で測定されたとすれば，測定結果は思わしくなく，トレーニング効果は認められなかったという誤った結論を導きかねないであろう。したがって，こうした野外実験を含んだトレーニング効果の研究に当たっては，季節的要因を十分に考慮する必要がある。

　ところで，なぜこうした延長相と短縮相がもたらされたかということであるが，延長相の場合についてみると，気候条件における寒暖に対する体温の調節や，不快感といった負の生理的・心理的要因が考えられる。そして，そのことが，活動筋そのものに対する負荷強度の減少傾向につながり，ひいては，トレーニング効果の量を少なくしたものと思われる。短縮相においては，特に，「夏から秋へ」においては，延長相とは違って，快適な生理的・心理的条件のもとに走れるようになることは確かなことであり，トレーニング効果を大きくするのに有利であろう。しかし，こうした短縮相における効果は，延長相が先行していたからこそもたらされたのかも知れない。すでに述べたように，t検定とANOVAによるトレーニング効果の検討において，それぞれ6ヵ月間で効果が認められたとするものと，12ヵ月間で初めて効果が認められたという両者間の差異は，こうした季節の差異に大きく起因しているように思われる。

10.4. 幼児における持久走の導入

　これまでの，実験結果に基づき，幼児を対象に持久走を実施しようとする場合に，どのくらいの走行速度で，また，どのくらいの時間，持続したらよいのかを検討し，安全な導入の手順を提案することにしたい。もちろん，それに先だって，幼児一人一人の健康状態を確認したり，また，交通や路面の問題を含めた道路状況，さらには気象状況にも配慮する必要がある。園内にコースを設置したり，車が通らない道路が利用できれば幸いである。

10.4.1. 走行負荷条件の設定

　それでは，まず，年長組男児（5～6歳）を対象としたトレーニング効果の実験における10.1.2.の表25において，血中乳酸 3 mmol・L^{-1}LAにおける走行速度を眺めてみよう。そのうち，トレーニング期間直前の持久走をまったく経験していない対照群の121.2m・min^{-1}は一つの目安になるであろう。もともと，幼児では，すでに述べたように，トレッドミル走行による段階的漸増負荷実験において，最大努力による最終段階にみられる血中乳酸濃度は，思春期以降の青少年および成人よりも低く5.0～6.0mmol・L^{-1}LAである。そのことは，幼児では，最大努力にもかかわらず，発達段階から見てまだ無酸素性のエネルギー発生機構が備わっていないために，比較的有酸素性のエネルギーに負うところが大きく，乳酸があまり蓄積されずに済むことを示している。したがって，運動終了後に，その乳酸を処理するのに時間をさほど要することなく回復も早くなる。このように，エネルギーの立場からみると，繰り返し強調したい事柄であるが，幼児は疲れにくい存在であることがわかっている。ところで，121.2m・min^{-1}に相当する血中乳酸濃度 3 mmol・L^{-1}LAは，最大努力時の走行速度においてみられた最高血中乳酸濃度5.0～6.0mmol・L^{-1}の50～60%に相当しており，エネルギー発生の立場から見ると，まったくといってよいほど有酸素性に経過していることを示している。一方，この血中乳酸濃度 3 mmol・L^{-1}LAにおける心拍数は，175.7beats・min^{-1}@ 3 mmol・L^{-1}LAとなっており，それを最高心拍数に対する比率でみると，89.7%HRmax@ 3 mmol・L^{-1}LAというように，かなり高いレベルの負荷に達していることが分かる。こうしてみると，エネルギー発生の面からは負担になるものではないが，呼吸循環機能に対してはまだ余裕があるとはいえ，かなり高い負荷になっているので，骨・関節・骨格筋などの運動器官へ成長に対する影響をも考慮すると，あまり長い時間にわたって走ることには問題がある。したがって，持久走における具体的な実践手順を考える場合には，エネルギー発生機構に対する負荷と，心臓を中心とする呼吸循環機能に対する負荷を区別して考える必要がある。

　そこで，10.1.の実験における対照群男児においては，測定時期が5～6月になっているので，それを基にして年長組当初から始めて持久走を開始するような場合を取り上げてみよう。そして7章の実験において，走行速度120m・min^{-1}では走行開始後2分で，心拍数・酸素摂取量において定常状態が成立することが明らかにされているこ

とを勘案すると，初日には，運動強度としての走行速度を120m·min^{-1}前後，持続時間を1～2分間程度で行なえば，心疾患・かぜ等の異常がない限り，それは安全かつ無理のない負荷条件になることは間違いない。そして，このような条件であればほとんどの子どもが走れるものである。頻度としては，毎日または1日おきに1回実施するようにする。

こうしたなかで，日頃運動経験の少ない子どもにとっては，持続時間（走行距離）が少しでも長くなると，始めの頃は心理的にも苦痛になるようである。しかし，これまでの観察や実践経験からみると，子どもはすぐに慣れてしまうもので，間もなく楽に走れるようになる。

とはいえ，やはり，しばらくの間は，先生が伴走者となり，走行速度をほぼ一定に維持し，そして走行の度に徐々に持続時間（走行距離）を延ばし，せいぜい6～7分（走行距離720～840m）程度までもっていくようにする。次いでその後，走行速度を140m·min^{-1}前後に高め持続時間2分前後に戻し，そしてせいぜい5分程度（走行距離700m）走れるようにする。こうした過程で，すでに明らかにしたように，有酸素性能力においても，幼児期からすでに男児が女児を上回っているという性差が存在していることを理解しておくべきである。やがて，140～160m·min^{-1}の走行速度で数分間走れるようになれば，有酸素性能力の本来の発達を実現することができるし，さらにはトレーニング効果を期待することもできる。年中組から始める場合には，走行速度を1段低くして，100m·min^{-1}から入るのが適当である。

ところが，いざ実際に走ってみると，スタートと同時に勢いよく走り出してしまったり，また一部そのペースについていけない子どももおり，さまざまである。したがって，今述べた物差しにこだわることなく，遅い子どもにペースを合わせるようにするといったことも考えられる。また，慣れてくると競走形式に陥りがちなので，その際には，順位を名指しで決めたりすることは避けたほうがよいように思われる。しかし，速い子どもには，それを認めてそれとなく「速かったね」とか，また反対に遅い子どもには，肥満児も含めて，月並みではあるが，「頑張ったね」といった言葉を必ずかけることが肝心である。

そして，こうした持久走の実施には，保護者の理解を得ることが必要であり，それは，こうした科学的根拠に基づいて行なえば，子どもの将来における健康・体力ひいては気力の基礎づくりになるということである。当初は，走行中のわが子の姿に耐えられず，反対する保護者もみられるが，やがてその反対の声も聞かれなくなる。これはささいなことかもしれないが，卒園後かなり遠くの学校まで，徒歩で元気に通学しているということで，保護者に喜ばれたことを耳にしている。

10.4.2. 水平トレッドミル走行とグラウンド走行の比較

トレッドミル走行速度における実験成績から，適切な走行速度を設定したが，果たして，それが実際のグラウンド走行に当てはまるのかどうかという問題が残る。小宮ら[33]は，その点に関して，すでに中学生男子を対象に，種々の走行速度において得られた両者の体重当たり酸素摂取量の値を比較したところ，差がないことを確認している。しかし，中学生の場合がそのまま幼児に当てはまるかということが，なお問題

になるかと思われるので，これまでの実験で得られた値をもとに一つの比較を試みてみよう。

そこで，同一被検者であるということから，5章のグラウンド5分間走における3分までと，7章における水平トレッドミル3分間走を比較することにしよう。まず，男児について見ると，グラウンド5分間走における3分までの走行距離は，5章5.1.の表7から，1分目の169.8m, 2分目の156.2m, 3分目の151.8mを合計すると，477.8mとなり，それを3分で割ると平均159.3m・min^{-1}となり，それは160m・min^{-1}と見なすことができる。一方，その3分間に摂取した見かけの酸素摂取量は，5章5.1.の表8から，1分目の0.677L・min^{-1}，2分目の0.862L・min^{-1}，3分目の0.859L・min^{-1}を合計すると，2.398Lとなり，それは1分間当たりに換算すると，0.799L・min^{-1}になる。次いで，体重17.68kgで割ると，45.2mL・kg^{-1}・min^{-1}が得られる。それに対して，トレッドミル走行では，7章7.2.の表12の160m・min^{-1}において，3分間の見かけの酸素摂取量の合計は，1分目の0.659L・min^{-1}，2分目の0.830L・min^{-1}，3分目の0.862L・min^{-1}から2.351Lとなり，それは1分間当たりに換算すると0.784L・min^{-1}となり，さらにそれを体重17.68kgで割ると，44.3mL・kg^{-1}・min^{-1}が得られ，その値はグラウンド走行の45.2mL・kg^{-1}・min^{-1}とほとんど差がないことが分かる。

女児についても，同じ手順で算出してみると，グラウンド走行では，3分間の走行距離は480.6mで平均すると160.2m・min^{-1}となり，それは160m・min^{-1}と見なすことができる。次いで，見かけの3分間酸素摂取量2.280Lを1分間当たりに換算すると，0.760L・min^{-1}になり，それを体重18.24kgで割ると，41.6mL・kg^{-1}・min^{-1}となる。トレッドミル走行の160m・min^{-1}においては，3分間の見かけの酸素摂取量の合計は，2.165Lとなり，それを1分間当たりに換算すると，0.722L・min^{-1}になり，それを体重18.24kgで割ると，39.6mL・kg^{-1}・min^{-1}が得られるが，それは，グラウンド走行の41.6mL・kg^{-1} min^{-1}よりわずかに低い。しかし，その差は4％程度であり，それはグラウンド走行における風の抵抗や，走行速度を一定に維持することができないことからくる効率の低下によるものと考えられるが，ほとんど無視できるものである。こうしてみると，幼児の場合でも，トレッドミル走行によって設定された走行速度はグラウンド走行にも当てはまるということができる。

10.5. 肥満児と持久走

子どもの肥満は，脂肪細胞の数が増えるという増殖性（hyperplasia）によるものであり，飽食・運動不足に陥ると，こうした増殖は15～16歳まで続くと言われている。しかも，なお不都合なことには，一旦形成された脂肪細胞の数は減少させることが難しいために，子どもの肥満は大人の肥満として残るという危険性があり，そこには同時に生活習慣病の危険因子が存在する。したがって，子どもの時に脂肪細胞を必要以上に増やさないようにしなければならない。こうした子どもの増殖性の肥満をもたらす過程では，骨・骨格筋・心臓等の発達も阻害されるので，思春期になって，いきおい誤った痩せ志向により痩せようとすれば，運動嫌いな者にとっては，過激な減食に

より脂肪細胞の大きさそのものを小さくせざるを得ないということになる。その影響の一端をうかがわせるものとして，1970年から1990年までの20年間の体格・体力の推移をみると[57]，15～17歳の女子高生において，明らかに痩せの傾向が進み，その証拠として，ローレル指数の低下が見られている。そのためもあって，青少年の体力の低下傾向のなかで，女子高生の低下が顕著である。

　ところで，肥満児が持久走を実施しようとする場合には，絶対値最大酸素摂取量においては普通児と差はないにしても，余剰脂肪量の増加により体重が増大しているので，体重当たり最大酸素摂取量に換算するとその値は小さくなり，そのために，有酸素性持久走の成績は必然的に低下するようになる。したがって，「太っているから遅いんだよ」は禁句であり，適切な食生活と運動の実施によりそれ以上太らないようにすることである。そうすれば，成長とともに肥満は徐々に解消していくものである。

　また，持久走の成績は，ある距離を走るのに要する時間によって評価されるので，肥満児にとって，どうしても不利になることは，再三，指摘してきた通りである。そこで，見方を変え，体重に距離を掛けたものを走行時の仕事量とし，それを所要時間で割って仕事率すなわちパワー（または体重に走行速度を掛けるという考え方）を求め，それによって評価するようにしてはどうであろうか。

　こうした持久走の実施は，あせらずに時間を掛け，長続きするようにすれば，運動不足の状態にある現在の幼児にとっては，現在のみならず将来に向けて，有酸素性能力の本来の発達を促進するのには極めて有効な出発点になる。そして，有酸素性の持久性運動に子どもの時から慣れ親しみ，習慣化するのに大いに役立つであろう。

　なお，付け加えれば，乳酸性の無酸素性能力が思春期から大きく発達し始めるので，当然のことながら，運動時には，しばしば無酸素性の状態に追い込まれ，これまで以上に乳酸を産生する。ところが，その乳酸を処理するのは，いうまでもなく有酸素性能力であるから，幼児の時から思春期に至るまで，時間をかけて有酸素性能力を高めておけば，乳酸蓄積による疲労をさほど体験することなく，スムーズに無酸素性運動を受け入れることができる。思春期を過ぎて，いきおい無酸素性運動に追い込むと，有酸素性能力の基盤が脆弱な場合には，運動後の回復が遅れ，大きな疲労が長く続くことになる。このことは，おそらく，「運動すると疲れるものだ」という運動に対する心理的・生理的抵抗として残るであろう。

11章 運動・作業における酸素摂取量・エネルギー消費量等の算定

　これまで，酸素摂取量を中心として論じてきたが，それが換気量ないし呼気量とその酸素・二酸化炭素の分析値からどのようにして算出されるのか。現在では，自動分析装置・コンピュータにより機械的に容易に求められるが，その前にそれに関する基礎的事項を理解しておく必要があるわけで，あえて紹介することにした。

11.1. 酸素摂取量と二酸化炭素産生量の計算

11.1.1. 酸素摂取量

　安静時あるいは運動時の酸素摂取量を計算するためには，まず，ある時間に排出された酸素量すなわち呼出酸素量（volume O_2 expired）を，同一時間に吸入された酸素量すなわち吸入酸素量（volume O_2 inspired）から差し引かなければならない。そして，これら二つの量を計算するには，それに先だって，大気から呼吸器の中へ吸入された気体の量すなわち吸気量（volume air inspired）と，反対に呼吸器から大気へ呼出された気体の量すなわち呼気量（volume air expired），さらに，これら吸気と呼気の酸素濃度（concentration O_2 inspired and expired）を知らなければならない。そうすると，

　　酸素摂取量＝吸入酸素量－呼出酸素量 ……………………………………………… (1)

となり，次いで

　　吸入酸素量＝吸気量×吸気酸素濃度 ………………………………………………… (2)
　　呼出酸素量＝呼気量×呼気酸素濃度 ………………………………………………… (3)

というように表されるので，(2) と (3) の右辺を (1) の右辺に代入すると，

　　酸素摂取量＝吸気量×吸気酸素濃度－呼気量×呼気酸素濃度 …………………… (4)

というように表される。例えば，1分間の吸気量を100L，その濃度を20％とすれば，1分間の吸入酸素量は，100L×0.20＝20Lとなる。
　また，同じく1分間の呼気量が100Lで，その濃度が15％であれば，呼出酸素量は，100L×0.15＝15Lとなる。したがって，酸素摂取量は，20L－15L＝5Lとなる。
　それでは，(2) と (3) における吸気量や呼気量はどのようにして求められるのだろうか。そのことを次に述べてみよう。

11.1.2. 吸気量および呼気量の測定

　吸気量および呼気量は，呼気量が測定され，分析の結果その窒素濃度が分かると決定することができる。すなわち，吸気量は，まず呼気量が測定により明らかにされ，

次いで，吸入された窒素量と呼出される窒素量が等しいということに着目すれば，容易に計算することができる。吸入された窒素量と呼出された窒素量が等しいのは，普通の大気の条件のもとでは，窒素は肺で吸収されることなく，そのまま排出されるからである。したがって，まず

$$\text{吸入窒素量}=\text{呼出窒素量} \tag{5}$$

というように表され，また

$$\text{吸入窒素量}=\text{吸気量}\times\text{吸気窒素濃度} \tag{6}$$

$$\text{呼気窒素量}=\text{呼気量}\times\text{呼気窒素濃度} \tag{7}$$

となるから，これら (6) と (7) の右辺を (5) に代入すれば

$$\text{吸気量}\times\text{吸気窒素濃度}=\text{呼気量}\times\text{呼気窒素濃度} \tag{8}$$

が得られる。

ところで，大気の窒素濃度は79.04％で一定であり，したがって，(8) における吸気窒素濃度に0.7904を代入し，その (8) を変形して吸気量または呼気量を左辺に移行すると，

$$\text{吸気量}=\frac{(\text{呼気量}\times\text{呼気窒素濃度})}{0.7904} \tag{9}$$

$$\text{呼気量}=\frac{(\text{吸気量}\times 0.7904)}{\text{呼気窒素濃度}} \tag{10}$$

というように変形できる。

次いで，計算の最終的段階になるが，そこでは，吸気量が測定された場合と呼気量が測定された場合の2通りが考えられる。そこで，吸気量が測定された場合をまず取り上げてみよう。大気の酸素濃度は20.93％であることがわかっており，しかも今述べたように，吸気量がわかっているから，(2) の吸入酸素量の式を用いることができるわけで，それは，

$$\text{吸入酸素量}=\text{吸気量}\times 0.2093 \tag{11}$$

というように表すことができる。また，(3) の呼出酸素量の式に，(10) の右辺を代入すると，

$$\text{呼出酸素量}=\frac{(\text{吸気量}\times 0.7904)}{\text{呼気窒素濃度}}\times\text{呼気酸素濃度} \tag{12}$$

が得られ，そして (11) と (12) を (1) の右辺に代入すれば，

$$\text{酸素摂取量}=(\text{吸気量}\times 0.2093)-\frac{(\text{吸気量}\times 0.7904)}{\text{呼気窒素濃度}}\times\text{呼気酸素濃度} \tag{13}$$

というように表される。

一方，呼気量が測定された場合はどうかということになるが，吸気量を測定することは条件的にみて困難なので，実際にはこの呼気量の測定手順が採用されている。そこで，(2) の式の右辺の吸気量の項に (9) の右辺を代入すると，吸入酸素量は，

$$吸入酸素量 = \frac{(呼気量 \times 呼気窒素濃度)}{0.7904} \times 0.2093 \quad \cdots\cdots (14)$$

となる。そして，(1) の式の右辺の二つの項に，それぞれ (14) の式の右辺と (3) の式の右辺を代入すれば，酸素摂取量は，

$$酸素摂取量 = \frac{(呼気量 \times 呼気窒素濃度)}{0.7904} \times 0.2093 - (呼気量 \times 呼気酸素濃度)$$

$$\cdots\cdots (15)$$

というように表される。

そこで，二つの例を上げて算出を試みてみよう。

まず，5分間の運動の吸気量が200Lで，呼気中の酸素および窒素濃度が，それぞれ17％，78％とすれば，(13) の式により

$$酸素摂取量 = (200 \times 0.2093) - \frac{(200 \times 0.7094)}{0.7800} \times 0.170 = 7.41 L$$

となり，1分間当たりに換算すると，1.482Lになる。

また，1分間の運動における呼気量が100Lであり，その呼気の酸素および窒素の濃度がそれぞれ16％，78.5％であるとするならば，(15) の式により

$$酸素摂取量 = \frac{100 \times 0.7850}{0.7904} \times 0.2093 - (100 \times 0.1600) = 4.787 L$$

となる。

呼気の窒素濃度は，普通，分析された呼気酸素濃度と呼気二酸化炭素濃度の合計を1.00から引くことによって決定されるが，それは，普通の呼気の中には，窒素，酸素および二酸化炭素以外の気体は極めてわずかな量しか含まれていないからである。例えば，もし酸素濃度と二酸化炭素濃度がそれぞれ18.00％，3.00％というように分析されたとすれば，窒素濃度は

$$1.00 - (0.18 + 0.03) = 0.79$$

ということになる。

11.1.3. 二酸化炭素産生量

二酸化炭素の産生量は，酸素摂取量と同じ考え方・方法で計算される。そして，

$$二酸化炭素産生量 = (呼気量 \times 呼気二酸化炭素濃度) - (吸気量 \times 吸気二酸化炭素濃度) \quad \cdots\cdots (16)$$

というように表される。しかし，吸気中の二酸化炭素濃度は僅か0.03％であり，したがって，それを0に近いものとして無視することができるので，(16) の式は

$$二酸化炭素産生量 = 呼気量 \times 呼気二酸化炭素濃度 \quad \cdots\cdots (17)$$

となる。したがって，呼気量と呼気二酸化炭素濃度が測定できれば，容易に計算することができる。

11.2. 気体表現

　これまで述べてきた気体量（気体の体積）の問題については，さらに，気圧，気温および湿度等の条件を考慮した上で，比較検討されなければならない。それは，気体量が暑さと低気圧のもとでは膨張し，反対に寒さと高気圧のもとでは縮小するし，その上，大気や呼気に含まれる水蒸気もガス量に関与するからである。換言すれば，気体量は，気圧に反比例し，絶対温度に比例するというボイル・シャルルの法則（Boyle-Charles's law）に従うこと，さらに，呼気のように，そのなかに水蒸気が含まれていると，水蒸気そのものがその気体のなかである一定の体積を占めているということである。したがって，呼気量，酸素摂取量および二酸化炭素等の産生量に関して比較する場合には，どうしても，こうした気体に関する物理的条件を一定にした上で検討されなければならない。

　運動時における実際の測定場面を思い起こしてみよう（3章3.1.の写真1）。それは，呼気採気用ガスマスクを用いて，ダグラスバッグと称する一種の袋のなかに，呼気を集めることから始まる。呼気は，吐き出された瞬間は，体温と同じ37℃であり，しかも水蒸気で飽和されている。ところが，ガスメーターと温度計によりその呼気量とその時点の温度を測定するに至るまで，少し時間が過ぎてしまうので，その間に外気温の影響をうけ，呼気の温度が下がる場合がほとんどである。しかしながら，その呼気は，ダグラスバッグという密閉した袋に入っているために，それなりに依然として水蒸気で飽和された状態にある。

　そこで，このように，呼気量測定時の呼気温・大気圧のもとで，それなりに水蒸気で飽和された状態をATPS（Ambient Temperature, Pressure, Saturated with Water Vapor）として表現している。"ambient"は「周囲の，環境の」という意味であり，"Ambient temperature"といえば「環境温度」，"Ambient pressure"といえば「環境気圧」と言うことができる。実際の測定場面では，ダグラスバッグに採気された水蒸気飽和呼気を押し出しながら，それがガスメーターを通過する時，読みとられた気温・気圧の値が，ATPSの状態を示すことになる。

　また，0℃，1気圧（760mmHg）で水蒸気を含まない状態を標準状態と呼び，それをSTPD（Standard Temperature, Standard Pressure and Dry）と表現しており，酸素摂取量や二酸化炭素産生量は，このSTPDの状態で表す約束になっている。

　さらに，体温に相当する37℃，呼気測定時の気圧，そして水蒸気で飽和された状態をBTPS（Body Temperature, Ambient Pressure, Saturated with Water Vapor）と表現しており，肺活量や呼気量等はこのBTPSで示すことになっている。つまり，BTPSは呼気が呼吸器から排出される瞬間の状態を示すものといえる。

　こうしてみると，ATPSの状態の呼気量，酸素摂取量および二酸化炭素が，それぞれSTPDやBTPSの状態の気体量に換算された時，それらが，どのくらいの量（体積）になるかを知るということになる。

11.2.1. ATPSからSTPDへの換算

こうなると，どうしても，気体の体積は圧力に反比例し，絶対温度に比例するというボイル・シャルルの法則を適用する必要がある。それは，圧力p_1，絶対温度t_1における体積v_1の気体が，圧力p_2，絶対温度t_2において，体積がv_2に変化すると，これらの間に，

$$\frac{p_1 v_1}{t_1} = \frac{p_2 v_2}{t_2} = k \quad (kは比例定数) \tag{18}$$

という関係があるというものである。そこで，変化した後の体積v_2を求めると，

$$v_2 = v_1 \times \frac{p_1}{p_2} \times \frac{t_2}{t_1} \tag{19}$$

となる。

したがって，始めの，環境圧力pA（AはAmbient，単位はmmHg），絶対温度（273＋t）℃における体積vATPS（L）を，次の標準状態における圧力760mmHgと温度0℃（絶対温度273℃）における体積vSTPD（L）に変換すると，

$$vSTPD (L) = vATPS (L) \times \frac{pA}{760} \times \frac{273}{(273+t)} \tag{20}$$

というようになる。

しかし，すでに述べたように，呼気はダグラスバッグという密閉された袋に入っており，ATPSとして水蒸気で飽和された状態にあるので，STPDの状態にするには，計算に先だって水蒸気を取り除いておかなければならない。それは，もともと呼気は窒素，酸素，二酸化炭素とそれに水蒸気が加わった全混合気体であり，混合気体の全圧は，各成分気体の分圧の和に等しく，したがって，水蒸気の分圧は，他の気体と同様に，水蒸気の全混合気体の体積に占める比率ひいては体積を示すものである。こうしてみると，(20) の式において，予めATPSの状態における圧力pA（mmHg）から，その時の呼気温における飽和水蒸気分圧pH_2OA（H_2Oは水蒸気，単位は同じくmmHg）を差し引かなければならない。このようにして，

$$vSTPD (L) = vATPS (L) \frac{(pA - pH_2OA)}{760} = \frac{273}{(273+t)} \tag{21}$$

というように，ATPSの呼気量をSTPDの状態の気体量に換算する式が導かれる。

11.2.2. ATPSからBTPSへの換算

次に，ATPSの状態の体積すなわち環境圧力pA（mmHg），環境温度tA（℃）のもとで水蒸気で飽和された全呼気量の体積vATPS（L）を，BTPSの状態の体積すなわち温度が体温と同じ37℃，圧力が同じ環境圧力pA（mmHg）のもとで水蒸気で飽和されている全呼気量の体積vBTPS（L）へ戻す時，それはどのように計算されるのであろうか。

このことをまずボイルの法則から眺めてみると，

$$p_1 \cdot v_1 = p_2 \cdot v_2 = k \tag{22}$$

という関係があり，それは，全混合気体についても，また，それを構成している個々の気体についてもあてはまるものである。

それに従えば，ある環境状態において（押し出す直前のダグラスバッグに入っている呼気の状態）水蒸気を除いた呼気量は，pA（mmHg）からpH$_2$OA（mmHg）を差し引いたもの（pA－pH$_2$OA）mmHgにvATPS（L）を掛けたもの，すなわち

$$\text{vATPS (L)} \times (\text{pA} - \text{pH}_2\text{OA}) \text{ mmHg} \tag{23}$$

というように表される。同じように考えて，BTPSの状態から水蒸気を除いた呼気量は，pA（mmHg）から37℃の水蒸気分圧47mmHgを差し引いたもの（pA－47）mmHgにvBTPS（L）を掛けたもの，すなわち

$$\text{vBTPS (L)} \times (\text{pA} - 47) \text{ mmHg} \tag{24}$$

というように表され，そして両者は等しく，したがって

$$\text{vATPS} \times (\text{pA} - \text{pH}_2\text{OA}) = \text{vBTPS} \times (\text{pA} - 47) \tag{25}$$

が得られる。そこからvBTPSは

$$\text{vBTPD (L)} = \text{vATPS (L)} \times \frac{(\text{pA} - \text{pH}_2\text{OA})}{(\text{pA} - 47)} \tag{26}$$

というように表される。

ところで，実際の測定に当たっては，外気温ではせいぜい10～30℃の範囲で実験が行なわれており，すでに述べたように，呼気採気後にガスメータを通過させる時には，その呼気のATPSの状態における温度は外気温とほとんど同じになってしまっている。そこで，10℃と30℃の範囲においてそれぞれの飽和水蒸気圧9.2mmHgと31.8mmHgを用い，また，測定時の環境気圧は同じであるから仮にATPSの気圧を755mmHgとして，(26)の式により，vBTPS（L）を求めてみると，

10℃の場合　vBTPS（L）＝vATPS（L）×1.05
30℃の場合　vBTPS（L）＝vATPS（L）×1.02

となる。そこでは，気圧の項に関してはともにほぼ1.00に一致するので，気圧については無視することができるとして，表32には，温度とその場合の水蒸気圧が示されているものの，温度のみによるATPSからBTPSへの換算係数が示されているわけである。

一方，温度に関しては，圧力が一定であれば，温度 t と体積 v の間には，シャルルの法則により，

$$\frac{v_1}{t_1} = \frac{v_2}{t_2} = k \tag{27}$$

という関係があり，それは

$$v_2 = v_1 \times \frac{t_2}{t_1} \tag{28}$$

となり，この式をもとに，ATPSからBTPSへの条件を当てはめると，

表32 ATPSにおける温度に対する水上気圧とATPSからBTPSへの換算係数

ATPSの温度 (℃)	ATPSの水蒸気圧 (mmHg)	ATPSからBTPS への換算係数
6	7.0	1.117
7	7.5	1.168
8	8.0	1.164
9	8.6	1.159
10	9.2	1.153
11	9.8	1.146
12	10.5	1.143
13	11.2	1.138
14	12.0	1.133
15	12.8	1.128
16	13.6	1.123
17	14.5	1.118
18	15.5	1.113
19	16.5	1.107
20	17.5	1.102
21	18.7	1.096
22	19.8	1.091
23	21.1	1.085
24	22.4	1.080
25	23.8	1.075
26	25.2	1.068
27	26.7	1.063
28	28.3	1.057
29	30.0	1.051
30	31.8	1.045
31	33.7	1.039
32	35.7	1.032
33	37.7	1.026
34	39.9	1.020
35	42.2	1.014
36	44.7	1.007
37	47.0	1.000

$$\text{vBTPS (L)} = \text{vATPS (L)} \times \frac{(273+37)}{(273+tA)} \quad \cdots\cdots (29)$$

が得られる。

そして、ボイルの法則 (26) とシャルルの法則 (29) を結んで、ATPSからBTPSへの換算式として、

$$\text{vBTPS (L)} = \text{vATPS (L)} \times \frac{(pA - pH_2OA)}{(pA - 47)} \times \frac{(273+37)}{(273+tA)} \quad \cdots\cdots (30)$$

が得られる。

説明の都合上、順序が逆になってしまったが、実際には、まず呼気量をATPSからSTPDに変換し、そこにCO_2やO_2気体組成を結びつけ、次いで呼気量のBTPSへの変

換が行なわれ，それをもとに酸素摂取率や換気等量の算出へと進むのが一般的である。

11.3. 実例による計算の実際

　ある5歳男児が，段階的漸増負荷によるトレッドミル走を行ない，最大に努力した段階で，30秒間の呼気をダグラスバッグに採気し，ガスメーターと温度計により測定したところ，呼気量が19.95Lであり，温度が20.0℃であった。また，その時の気圧は水銀気圧計によると，758.3mmHgであり，大気温は19.7℃であった。その後，ショランダー微量ガス分析器により，二酸化炭素と酸素について分析したところ，それぞれ，2.48％，18.42％となり，したがって，窒素は79.10％であった。そこで，こうした条件における酸素摂取量を丁寧に計算してみよう。

　計算に入る前に，フォルタン（Fortin）の水銀気圧計から気圧を読みとった場合には，本当の気圧を知るために気圧の補正を行なわなければならない。それは，0℃の水銀の密度で水銀柱を読み取ることになるので，表33の気圧補正表により，膨張した分を差し引かなければならないということである。そして，気温20.0℃の場合は，水銀自身の温度もそれと同じ温度なので，気圧補正値として2.4（4）mmHgを差し引いた755.9mmHgが本当の大気圧として用いられる。また，ダグラスバッグ内の飽和水蒸気圧は，ATPSの気温が20℃の場合は，表32から17.5mmHgとなる。

　そこで，まず，式（21）を用いて，vATPSをvSTPDに換算してみると，

$$\text{vSTPD (L)} = 19.95 \times \frac{(755.9-17.5)}{760} \times \frac{273}{(273+20)} = 18.059\text{L}$$

となる。

　ついで，STPDにおける酸素摂取量は（15）の式から

$$\text{酸素摂取量} = \frac{(18.059 \times 0.7910)}{0.7904} \times 0.2093 - (18.059 \times 0.1842)$$

$$= 3.783 - 3.326$$
$$= 0.457\text{L}$$

となり，1分間に換算した酸素摂取量は，0.457×2＝0.914Lとなる。

　次に，ATPSの換気量（別名，呼吸気量ともいう）を，（30）の式を用いて，BTPSの体積への換算を試みてみよう。体温37℃における飽和水蒸気分圧として表32に示されているように，47mmHgを用いると，

$$\text{vBTPS} = 19.95 \times \frac{(755.9-17.5)}{(755.9-47.0)} \times \frac{(273+37)}{(273+20)} = 21.985\text{L}$$

が得られ，同じく1分間に換算すると，21.985L×2＝43.970Lとなる。

　ちなみに，ボイルの法則を除き，シャルルの法則のみで算出すると，21.107Lとなり，それは21.985Lの96％に相当する。

表33 水銀気圧計の温度補正係数

温度 (t℃)	気圧 (mmHg)					
	720	730	740	750	760	770
2	0.24	0.24	0.24	0.25	0.25	0.25
4	0.47	0.48	0.48	0.49	0.50	0.50
6	0.71	0.71	0.72	0.73	0.74	0.75
8	0.94	0.95	0.97	0.98	0.99	1.01
10	1.17	1.19	1.21	1.22	1.24	1.26
12	1.41	1.43	1.45	1.47	1.49	1.51
14	1.61	1.67	1.69	1.71	1.73	1.76
16	1.88	1.90	1.93	1.96	1.98	2.01
18	2.11	2.14	2.17	2.20	2.23	2.26
20	2.34	2.38	2.41	2.44	2.47	2.51
22	2.58	2.61	2.65	2.69	2.72	2.76
24	2.81	2.85	2.89	2.93	2.97	3.01
26	3.04	3.09	3.13	3.17	3.21	3.26
28	3.28	3.32	3.37	3.41	3.46	3.51
30	3.51	3.56	3.61	3.66	3.71	3.75
32	3.74	3.75	3.85	3.90	3.95	4.00
34	3.98	4.03	4.09	4.14	4.20	4.25

　また，酸素摂取量を換気量で割ったものを，酸素摂取率（oxygen removal）と呼び，逆に換気量を酸素摂取量で割ったものを換気等量（ventilatory equivalent）と呼んでいる。これらは，呼吸の効率の良し悪しを知る指標として用いられており，そして，酸素摂取率の場合は，$\dot{V}O_2$（mL）/$\dot{V}E$（L）というかたちで表されその値が大きければそれだけ優れており，換気等量の場合は$\dot{V}E$（L）/$\dot{V}O_2$（L）で表され，その値が小さければ優れているということになる。この実例について算出してみると，酸素摂取率は，914mL÷43.970L＝20.79mL・L^{-1}であり，換気等量は，43.970L÷0.914L＝48.11となる。こうした酸素摂取率や換気等量の値は，マラソンのような持久性のスポーツ選手では，かなり優れたものであり，有酸素性能力の評価にも利用されている。ちなみに，幼児は青少年・成人よりも酸素摂取率において低く，換気等量において高く，したがって幼児の呼吸効率は成人の場合よりも低い[73, 74]。

11.4. 酸素摂取量，カロリー消費量，酸素不足および酸素負債量

　運動開始前の静かにしている状態を安静時（at rest），そして，安静時における酸素摂取量を安静時酸素摂取量と呼んでいる。中程度の強度の持久性運動を始めると，時間の経過とともに，酸素摂取量は，運動時酸素摂取量として，かなり急激に高まるが，やがて平坦になり，それがしばらく続くようになる。このように，運動時に酸素摂取量が平坦になった状態を定常状態（steady-state）と名付けているが，それは酸素の需要と供給（oxygen demand and supply）の釣合がとれた状態であり，運動が有酸素性に行なわれていることを意味している。しかし，強度が高い場合には定常状態は成立することなく，酸素摂取量は増加の一途をたどったまま，疲労のために，運動

の中止を余儀なくされる。いずれにしても，運動を止めて静かにしていると，回復時酸素摂取量として，回復時の始めの方は急速に低下するが，やがてなだらかに低下し，再び安静時の水準に戻る。

図39では，横軸に時間（min）をとり，運動時6分，回復時8分となっており，酸素摂取量は1分毎に求められている。一方，縦軸は1分間当たりの酸素摂取量をL単位（L·min^{-1}）で示している。そして，測定された酸素摂取量（L·min^{-1}）は次のような値になっている。

安静時：0.25L·min^{-1}

運動時：1分目＝1.6L·min^{-1}，　2分目＝2.5L·min^{-1}，
　　　　3分目＝2.8L·min^{-1}，　4，5，6分目＝3.0L·min^{-1}

回復時：1分目＝2.0L·min^{-1}，　2分目＝1.0L·min^{-1}，
　　　　3分目＝0.7L·min^{-1}，　4分目＝0.5L·min^{-1}，
　　　　5分目＝0.4L·min^{-1}，　6分目＝0.3L·min^{-1}，
　　　　7分目＝0.27L·min^{-1}，　8分目＝0.26L·min^{-1}

そこで手始めとして，運動による正味の酸素消費量すなわち酸素需要量（net oxygen cost of exercise or oxygen requirement）を求めてみよう。これは，運動時と回復時に消費された酸素摂取量から，同じ時間の安静時に消費される酸素摂取量を引いたものである。すなわち，

　運動による正味の酸素摂取量＝（運動時酸素摂取量＋回復時酸素摂取量）－
　｜安静時酸素摂取量×（運動時間＋回復時間）｜

というように表される。それでは，この式に前述の具体的な数値を代入してみよう。

　　運動時酸素摂取量＝1.6＋2.5＋2.8＋3.0＋3.0＋3.0
　　　　　　　　　　＝15.9L

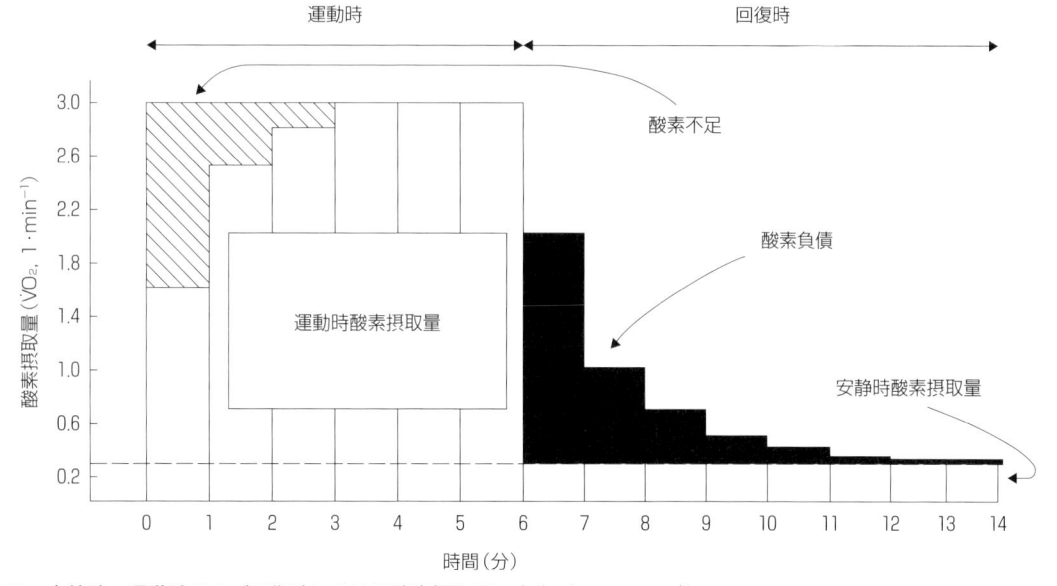

図39　安静時，運動時および回復時における酸素摂取量の変化（Lamb RD$^{g)}$）

回復時酸素摂取量＝2.0＋1.0＋0.7＋0.5＋0.4＋0.3＋0.27＋0.26
　　　　　　　　＝5.34L
安静時酸素摂取量＝0.25×(6＋8)
　　　　　　　　＝3.50L
から，運動による正味の酸素摂取量＝15.9＋5.43－3.50
　　　　　　　　　　　　　　　　＝17.83L

となる。

　次に，酸素不足（oxygen deficit）を，この事例のように定常状態が成立した場合について求めてみよう。これは，運動の開始時から，運動時を通して定常状態の酸素摂取量が持続されたとする理論上の酸素摂取量からその運動時に実測された酸素摂取量を引いたものである。したがって，

定常状態成立の運動における酸素不足
＝定常状態の酸素摂取量×運動時間－運動時酸素摂取量

というように表され，この実例においては

定常状態成立の運動における酸素不足＝3.0×6－15.9＝2.1L

となる。一方，運動強度が高く，酸素摂取量が上昇の一途をたどったまま運動を停止せざるをえないような場合，すなわち，非定常状態（nonsteady-state）の運動においては，定常状態の酸素摂取量の決定は不可能であり，したがって，厳密な意味では算出できないということになる。

　ところで，運動時初期の段階でなぜこうした酸素不足が生ずるのであろうか。その理由として，まず考えられることは，運動開始と同時に呼吸循環機能が直ちに動員されることはなく，したがって，大気から酸素を取り込みそれを直ちに骨格筋へ運搬することはできないということである。その間，それに呼応するかのように，運動開始と同時にATPがADPとリン酸（Pi）に分解され，その分消失したATPを直ちに再合成するために，無酸素性のクレアチンリン酸の分解や，グリコーゲンの乳酸の産生を伴う無酸素性の解糖作用が続いて起こる。換言すれば，呼吸循環機能が高まり，酸素が十分に骨格筋に運搬され，そして，有酸素性のATP産生が追いつくようになるまで，とりあえず，無酸素性のクレアチンリン酸の分解と，無酸素性の解糖作用によるATPの再合成が，当初の不足分を補っているということである。先のトレッドミル漸増負荷走行実験において，例えば，10章10.1.の図26におけるトレーニング後の血中乳酸濃度の変化に見られるように，最初の第1段階が次の段階よりもわずかに高いのはそのためである。

　この事例では，酸素不足が運動時前半の3分間に起こっているわけで，後半の3分間の定常状態においては，酸素の過不足がなく，全エネルギー消費が有酸素性に進行しているということになる。

　また，酸素不足は，ラストスパートのように，エネルギー消費が急速に増加する場合にも生ずるものである。また，こうした有酸素性状態の上に無酸素性状態が加重される段階では，呼吸循環機能による酸素の供給が，多かれ少なかれ，間に合わないことがあり，その場合には，繋ぎ役として，血液や組織液に溶解している酸素，および骨格筋の酸化ミオグロビン（Mb-O_2）の酸素が利用される。

次いで，酸素負債（oxygen debt）の問題になるが，それは，運動後の回復時にみられる酸素摂取量と，その回復時と同じ時間の安静時酸素摂取量との差として求められる。したがって，

　　酸素負債＝回復時酸素摂取量－（安静時酸素摂取量×回復時間）

で表され，

　　酸素負債＝5.43－（0.25×8）＝3.43L

となる。

そこで，酸素負債が生ずる理由を上げてみると，まず，回復時の最初の1，2分の間に急速に低下していく部分の酸素は，運動時の分解により減少あるいは枯渇した分のATPやCrPを再補填するのに利用されたり，運動時に酸素を提供したミオグロビンに対してその分の酸素を返却したり，また，同じように，血液や組織液の溶存酸素濃度の運動により低下したレベルを復元する，といったことのために充当されるものである。そして，それには乳酸がほとんど関与していないので，非乳酸性の酸素負債（alactic oxygen debt）と呼ばれている。一方，時間を掛けて緩慢に減少していく部分の酸素は，乳酸性の酸素負債（lactic oxygen debt）といわれるものである。それは，運動の終了時点で蓄積されている乳酸のうちのおよそ20％を酸化するために利用されるもので，その酸化によって放出されたエネルギーが，残りの80％の乳酸を骨格筋や肝臓においてグリコーゲンへと還元するのに必要とされるATPを再合成するわけである。その他の理由としては，運動による体温の上昇がミトコンドリアを刺激してより多くの酸素を消費すること，回復時になおしばらく，そしてやや激しく活動する心筋や呼吸筋によって余分に酸素が消費されること，また，運動時に分泌されたエピネフリン，ノルエピネフリン，サイロキシン等がミトコンドリアを刺激し，余分に酸素を消費することなどが上げられる。

それでは，こうした運動により消費された正味のエネルギー量を，1Lの酸素がおおよそ5kcalに相当するものとして，それに正味の酸素摂取量を掛けて求めてみると，

　　17.83×5＝89.15kcal

ということになる。ところが，運動時間が1時間あるいはそれ以上長く持続するような場合には，この値は数％以上の誤差にも達する。こうした誤差は，大抵の場合無視できるが，より一層の精度が要求される場合には尿中窒素（urinary nitrogen）および安静時・運動時・回復時の酸素摂取量と二酸化炭素産生量を測定し，さらに，呼吸商を計算しなければならない。

11.5. 呼吸商

酸素摂取量は，ミトコンドリアのなかで，炭水化物，脂肪，またはタンパク質を異化する過程で消費されるが，こうした酸素摂取量ないし酸素消費量は，特にクレブス回路において産生される二酸化炭素と関係がある。それは，産生された二酸化炭素の，消費された酸素に対する比率，すなわち二酸化炭素排出量を酸素摂取量（酸素消費量）で割った値が，呼吸商（respiratory quotient, RQ）として，炭水化物，脂肪またはタ

ンパク質の酸化による分解において，それぞれ特有の値を示すということである。
　そして，炭水化物であるグルコースの場合は，
　　$C_6H_{12}O_6 + 6O_2 = 6CO_2 + 6H_2O$
から，RQ＝6/6＝1.0となり，また
1分子のグリセリンと3分子のパルミチン酸が結合した中性脂肪の場合は，
　　$2C_{51}H_{98}O_6 + 145O_2 = 102CO_2 + 98H_2O$，
から，RQ＝145/102＝0.70となり，さらに
アミノ酸の一種であるロイシンの場合は，
　　$2C_6H_{13}O_2N + 15O_2 = 12CO_2 + 10H_2O + 2NH_3$，
から，RQ＝15/12＝0.80となる。したがって，炭水化物，脂肪，タンパク質の呼吸商は，それぞれ1.00，0.70，0.80ということになる。
　1Lの酸素は，脂肪よりも炭水化物の分解に利用されたほうが，より多くのATPを産生することができる。このことを説明するために，まずグルコース1分子についてみると，それは6分子の酸素を利用して38ATPを再合成するから，1分子の酸素は38ATP/6O_2＝6.3ATP/O_2というように，6.3ATPに相当する。他方，上述の1個のグリセリンと3個のパルミチン酸からなる中性脂肪は，グリセリンから再合成されるATP量はごく少なく，したがって，それを無視すると，1分子のパルミチン酸は130ATPを再合成するから，3×130ATP＝390ATPを再合成することになる。そして，その際に145分子の酸素が利用されるから，390ATP/145O_2＝2.7ATP/O_2というように，1分子の酸素は2.7ATPに相当し，それはグルコースの6.3ATPよりもかなり小さくなる。こうしてみると，酸素消費量1Lは，炭水化物だけの代謝を反映している呼吸商1.0の場合に最も高いカロリー値を示し，そして，脂肪代謝の参入が高まるにつれて，呼吸商の低下はもとよりカロリー値は徐々に低下し，ついに脂肪だけの代謝の段階になると，呼吸商は0.70となり，同時に最も低いカロリー値を示すようになる。
　そして，こうした呼吸商は，タンパク質がエネルギー源として分解される量が少なく，したがって，全エネルギー代謝に対する貢献度が小さいことから，タンパク質を除いて，非タンパク呼吸商（nonprotein respiratory rate）とも呼ばれている。表34は呼吸商1.00から0.70までの値における酸素1Lのカロリー等量（caloric equivalent to 1 liter oxygen）を示したものであり，そして，呼吸商1.00のカロリー等量5.047kcalから呼吸商0.70のカロリー等量4.686kcalへと徐々に低くなっていくことが特に注目される。
　ところで，こうしたカロリー等量はどのようにして算出されるのであろうか。それを知るためには，まず，ある呼吸商において利用される炭水化物と脂肪の量がわからなければならない。そのためには，呼吸商ばかりでなく，次の熱化学方程式から，食物の炭水化物として，1gのデンプンは0.830Lの酸素を使用し，0.830Lの二酸化炭素と4,187calを発生すること，一方，1gの脂肪は2.015Lの酸素を使用し，1.417Lの二酸化炭素と9,442calを発生することを知らなければならない。
デンプンの場合，
　　$C_6H_{10}O_5$　＋　$6O_2$　＝　$6CO_2$　＋　$5H_2O$ ＋678,317cal
　　（162g）　（134.4L）　（134.4L）
脂肪の場合，

11章 運動・作業における酸素摂取量・エネルギー消費量等の算定

表34 呼吸商による酸素1Lのカロリー値（kcal）とおよび糖分と脂肪の燃焼比率

呼吸商 (RQ)	酸素1L当たりkcal ($kcal \cdot VO_2L^{-1}$)	糖分熱源比率 (%)	脂肪値熱源比率 (%)
1.00	5.407	100	0
0.98	5.022	94	6
0.96	4.997	88	12
0.94	4.973	81	19
0.92	4.948	74	26
0.90	4.924	68	32
0.88	4.900	62	38
0.86	4.875	53	47
0.84	4.850	47	53
0.82	4.825	38	62
0.80	4.801	32	68
0.78	4.776	26	74
0.76	4.752	19	81
0.74	4.727	12	88
0.72	4.702	6	94
0.70	4.686	0	100

$$2C_{51}H_{98}O_6 + 145O_2 = 102CO_2 + 98H_2O + 15,220,128 cal$$
$$(1,612g) \quad (3,248.0L) \quad (2,284.8L)$$

そこで，ある作業をした結果，10Lの酸素が使われ，9Lの二酸化炭素が発生し，したがって，呼吸商が0.90となる仕事の事例について，利用された炭水化物および脂肪の量をまず算出してみよう。1gのデンプンが酸化される時に，0.830Lの酸素が使用され，0.830Lの二酸化炭素が発生すること，また，1gの脂肪は2.015Lの酸素を使用し1.417Lの二酸化炭素が発生することが，すでに確かめられている。そして，この作業中にxgのデンプンとygの脂肪が使われたとすれば，次の連立方程式を容易にたてることができる。これを解くと，

$$10L (O_2) = 2.015y + 0.830x$$
$$-) \ 9L (CO_2) = 1.47y + 0.830x$$
$$\overline{\qquad 1 L = 0.598y \qquad}$$

$$y = \frac{1}{0.598} = 1.672g \ （脂肪）$$

が得られ，このyの値1.672をいずれかの式に代入すると，x＝7.989g（デンプン）が算出される。

したがって，デンプン7.989gは，それに4,187calを掛けると，33,450calとなり，一方，脂肪1.672gはそれに9,442calを掛けると，15,787calとなり，その両者を足すと，49,237calが得られる。この値は10Lの酸素が呼吸商0.9のもとで発生したカロリー量であり，酸素1Lに換算すると，4,923.7calすなわち4.9237kcalとなり，表34の呼吸商0.9における4.924kcalと一致する。また，デンプンの33,450calと脂肪の15,787calの全カロリー49,237calに占める比率は呼吸商0.9の時それぞれ68%，32%となる。このように，

呼吸商がわかると，酸素消費量1Lにつき燃焼した炭水化物と脂肪の量がわかるので，呼吸商は，運動時はもとより安静時において利用されるエネルギー源の種類と量を計算したり，ひいては，肥満（obesity）の体重コントロールに必要な運動処方を設定する上で重要な指標となっている。こうしてみると，呼気ガス分析は，ショランダー（Scholander）微量ガス分析装置やホールデン（Haldane）ガス分析器等によって正確に分析されなければならない。

　ところが，ときには，利用されるエネルギー源とは直接に関係のない要因があり，そのために，呼吸商を解釈するに当たって誤解を招くことがある。実際に，激しい運動においては，運動中に1.00を上回ったり，また，運動後の回復の段階で，0.70を下回ることがある。呼吸商が1.00を上回る場合は，精神的に緊張したり，興奮したりする時にみられるが，それは交感神経の緊張度が高まり，激しい息使いによる過換気（hyperventilation）のためであり，ミトコンドリアにおけるエネルギー代謝とは無関係の余分な二酸化炭素が吐き出されるからである。初めてトレッドミルテストを受ける被検者において，安静時の呼気採気を行なう時にしばしば観察される。また，激しい運動中に1.00を越えるが，それは，大量の乳酸の産生によるpHの低下が，まず，呼吸中枢を刺激して換気量を増大させ，余分に二酸化炭素を排出するからである。また同時に，3章3.2.に述べられているように，乳酸による血液pHの低下に対する影響を最小限に止めるために，炭酸系の緩衝作用により，換気量の増加と相まって，二酸化炭素が余分に追い出されるからである。

11.6 エネルギー代謝率およびメッツ

　エネルギー代謝率は，運動による正味の酸素摂取量が，その運動時間と同じ時間に摂取された基礎時の酸素摂取量（basal oxygen uptake）の何倍に当たるかを示すもので，日常生活の動作，産業労働における作業，およびスポーツや体育の活動等における作業ならびに運動の負荷強度を，エネルギー消費の立場から把握しようとしたものである。したがって，エネルギー代謝率は，

$$エネルギー代謝率 = \frac{運動による正味の酸素摂取量}{（基礎時の酸素摂取量）\times 運動時間}$$

というように表されている。そして，基礎時の酸素摂取量は安静時の80%に相当するといわれているので，それをもとにして図39の事例について算出してみると，

$$エネルギー代謝率(RMR) = \frac{17.35}{(0.25 \times 0.8) \times 6}$$

$$= \frac{17.35}{1.20} = 14.46$$

となる。ところが，この値は酸素摂取量により算出されたが，カロリーから求める場

合には，1分毎の酸素摂取量にその時の呼吸商から読み取ったカロリー量を掛けた値により計算することができる。こうしたエネルギー代謝は，旧労働科学研究所によって日常生活におけるほとんどの種類の作業や起居動作についてすでに求められている。

しかしながら，このエネルギー代謝率の値は，エネルギー消費という立場からのみ求められたものであり，したがって，その値が同じになるような作業や運動を行なった場合でも，呼吸循環機能といった生理的能力（Physiological fitness）からみると，そこには個人差があるので，生理的負荷強度は異なってくることを知っておかなければならない。

メッツは，エネルギー代謝率の式において，基礎時の酸素摂取量の代わりに，安静時の酸素摂取量を用いたもので，運動による正味の酸素摂取量を，その運動時間と同じ時間に摂取された安静時酸素摂取量で割ったものである。したがって，

$$\text{メッツ}(\text{Mets}) = \frac{\text{運動による正味の酸素摂取量}}{\text{安静時酸素摂取量} \times \text{運動時間}}$$

というように表される。事例においては，

$$\text{メッツ} = \frac{17.35}{0.25 \times 6}$$

$$= 11.57$$

となり，当然のことながら，エネルギー代謝率の値より少し低くなる。一般に，1メッツは，体重を加味した安静時における$3.5\text{mL} \cdot \text{kg}^{-1} \cdot \text{min}^{-1}$という値を1.0としてその何倍に当たるかという運動強度を示すものとして用いられている。

結　び

　稿を終わるに当たり，まずもって，被検者として激しい運動負荷実験に耐え，しかも，時には長期間にわたった実験に参加・協力してくれた園児に対し，深甚なる感謝の意を表します。電極やガスマスク等を装着しながら，緊張をほぐすために，会話を交わした園児の顔が彷彿として目に浮かんできます。園児は実験の意味は到底理解できないわけです。それだけに，実験前に興味深そうに元気な表情をしている園児の場合には幾分ほっとしますが，不安そうな顔付きをしている園児に対しては申し訳ないという気持で一杯でした。そして，実際に持久走を見てきているだけに安全だとは思いながらも，私ども検者も不安と緊張感に襲われるのでした。しかしながら，幼児体育の面で役にたつ新しい幾つかの知見が得られたので，それをもって償うことができたのではないかと思っています。年度の終わりには，いつも，ことしも無事に終わったことに安堵すると同時に，新たに得られた所見を園児の発育・発達に役立てなければという決意を新たにしました。これまで，延べ400余名の幼児を測定をしてきましたが，最大の負荷の状態で泣いてしまった園児が３名（もちろんその時には直ちに負荷を中止しましたが），回復時に泣いた園児が１名，測定の順番待ちをしていて緊張のあまりか失禁した園児が１名おりました。しかし，トレッドミル走行時に転倒した園児はおりませんでした。

　こうして，これまでの実験をどうにか無事に終わることができましたが，それには，保護者各位はもとより，実験に際しては，園児と共に，直接実験に参加・協力下さった園長先生を始め教諭・保育士（当時は保母と称していた）の方々に負うところが大きく，深く感謝申し上げます。

　また，心電図の解読・診断そして採血に当たっては，多忙な診療時間を割いてご指導・ご協力下さいました臨床医の先生方に対しましても心からお礼申し上げます。特に，「こうした未開拓の分野を切り開くことは臨床医にとっても極めて重要である」とのお言葉を頂きましたが，それは明日への大きな励みとなりました。さらに，これまた多忙のところ，協力を惜しまず，実験・研究に積極的に参加してくれた研究室卒業生・院生・学生に対しましても感謝と敬意を表したいと思います。

　想えば，昭和28年（1958年）に，東京教育大学体育学部学生として，体育の科学的研究を目指して運動生理学研究室に入り，杉本良一教授の指導のもとに酸素摂取量の問題に触れ，以来東京大学大学院学生として，さらに宇都宮大学教官として，40数年にわたり，もっぱら最大酸素摂取量に関わる実験に携わってきました。院生当時，長嶋長節教授によりフィック（Fick）の原理が紹介され，その式を自分なりに変形しては喜んだり，やがてそれは研究上の心の故郷ともいうべきものとなりました。後に，

かつてフィック（Adolf Fick）が教鞭をとったヴュルツブルク大学の図書館を訪れ，そこでその原文に接し興奮しました．また，修士論文の指導教官であった恩師猪飼道夫教授が「じっくりと息の長い仕事をすることが肝心だ」とよく言われましたが，その意味がわずかながら，ようやく理解できたような気がしています．

　そして，本書の作成に当たっては，杏林書院社長太田　博氏ならびに直接担当された宮本剛志氏から細部にいたるまで心温まる貴重なアドバイスをいただきましたが，そのことは不慣れな著者に勇気をあたえてくれました．心から御礼申し上げます．また，最後になりましたが以下，研究を進めるに当たり，ご協力いただいた方々の所属・氏名を，あらためて感謝の念を込めながら，掲載させて頂きます．

幼稚園・保育園関係：
栃木県国分寺町愛泉幼稚園長　小倉みき枝様（最大酸素摂取量・呼吸循環機能応答）
栃木県烏山町宮原保育園長　白河健一様（身体活動水準・トレーニング効果）
栃木県宇都宮市戸祭保育園長　山口京子様（トレーニング効果）
栃木県宇都宮市御幸保育園長　直井義親様（トレーニング効果）
栃木県宇都宮市つるた保育園長　徳原幸子様（身体活動水準）
栃木県宇都宮市一条第二保育園長　大柿　守様（身体活動水準）
栃木県宇都宮市東峰保育園長　吉澤久子様（身体活動水準）
栃木県鹿沼市まなぶ保育園長・宇都宮大学講師　宇賀神慶子様（身体活動水準）
栃木県鹿沼市茂呂保育園長　高橋明子様（身体活動水準）
臨床医関係：
栃木県宇都宮市中戸祭町桜井内科院長　桜井　杲様
栃木県宇都宮市大塚町池田クリニック院長　池田舜一様
研究室卒業生関係：
宇都宮大学教育学部教授　石崎忠利様
国学院栃木短期大学初等教育科教授　本多宏子様
帝京大学工学部助教授　漆原　誠様
栃木県立鹿沼商工高等学校教諭　中村　仲様
栃木県総合運動公園トレーニングセンター指導主事　伊藤精秀様
宇都宮大学教育学部助教授　小宮秀明様
栃木県立鹿沼商工高等学校教諭　渡辺伸夫様

参考書

a) Åstrand PO: Experimental studies of physical working capacity in relation to sex and age. Munksgaad, Copenhagen, 1952.

b) Åstrand PO, Rodahl K: Textbook of Work Physiology. McGraw-Hill Book Company, New York, 1970.

c) Findeisen DGR et al: Grundlagen der Sportmedizin. Johann Ambsius Barth, Leipzig, 1980.

d) Fox EL：Sports Physiology. Sannders College, Illinois, 1979.

e) Horst de Marées, Joachim Mester: Sportphysiologie 1, 2, 3. Diesterweg, Sauerländer, 1984.

f) Keul J, Keepler E：Muskelstoffwechsel. Die Energiebereitstellung im Muskel als Grundlage seiner Funktion, München, Barth, 1968.

g) Lamb R David: Physiology of Exercise. Macmillan, New York, 1984.

h) Peter Markworth: Sportmedizin. Physiologische Grundlagen, RORORO, Hamburg, 1989.

i) 三井但夫・嶋井和世・安田健次郎他著：新版岡嶋解剖学．杏林書院，1997．

参考文献

1) Asmussen E, Nielsen KH: A dimensional analysis of physical performance and growth in boys. J. Appl. Physiol, 7: 593-603, 1955.

2) Asmussen E, Nielsen KH: Physical performance and growth in children. Influence of sex, age, and intelligence. J. Appl. Physiol, 8: 371-380, 1956.

3) Bouchard C, Thibault MChr: Jugend und Sport. Sportmedizin, Georg Thiem Verlag, Stuttgart, 1977.

4) Bowen WP: Changes in heart rate, blood pressure, and duration of systole resulting from bicycling. Am. J. Physiol, 11: 59-77, 1904.

5) Brooks GA: Anaerobic threshold: Review of the concept and directions for further research. Med. Sci. Sprots Exerc, 17; 22-31, 1985.

6) Buhl H, Hacker R, Appelt D: Adaptationmechanismen im aerobe-anaeroben Übergangsbereich bei Kindern und Jungendilchen im Vergleich zu hochtrainierten Sportlern. Med. u. Sport, 22: 40-43, 1972.

7) Buskirk E, Taylor HL: Maximal oxygen intake and its relation to body composition with special reference to physical activity and obesity. J. Appl. Physiol, 11: 72-78, 1957.

8) Conley DL, Krahenbuhl GS: Running economy and distance running performance of highly trained athletes. Med. Sci. Sports, 12: 357-360, 1980.

9) Cunningham DA, Waterschoot BMV, Paterson DH, Lefcoe M, Sangal SP: Reliability and reproducibility of maximal oxygen uptake measurement in children. Med. Sci. Sports, 9: 104-108, 1977.

10) Davis CTM, Barnes C, Godfrey S: Body composition and maximal exercise performance in children. Human Biol, 44: 195-214, 1972.

11) Davis JA: Anaerobic threshold, Review of the concept and directions for further research. Med. Sci. Sports Exerc, 17: 6-18, 1985.

12) Daniels J: Physiological characteristics of champion male athletes. Res. Quart, 45: 342-348, 1965.

13) Eriksson BO: Physical training, oxygen supply and muscle metabolism in 11-13 years old boys. Acta. Physiol. Scand. , Suppl, 384, 1972.

14) Fick A: Ueber die Messung des Blutquantums in den Herzventrikeln. Sitzungsder. der Phys. -med. Gesellsch. zu Würzburg, S. ⅤⅠ, 1870. (Würzburg, Stahel, 1871.)

15) Forenbach R, Mader A, Liesen H, Heck H, Hollmann W: Wettkapf und Trainingssteuerung von Marathonläferinnen und -läfern mittels

leistungsdiagnostischer Felduntersuchungen. Deutscher Sportärztekongress, 1984, Berlin, 1984.

16) Freedson PS: Field monitoring of physical activity in children. Exerc. Sci, 1: 8-18, 1989.

17) Gasser HS, Meek WJ: A study of mechanism by which muscular exercise produces acceleration of the heart. Am. J. Physiol, 34: 48-71, 1914.

18) Gilliam TB, Freedson PS, Geenen Dl et al: Physical activity patterns determined by heart rate monitoring in 6 to 7-year-old children. Med. Sci. Sports Exerc, 13: 65, 1981.

19) Godfrey S: Exercise testing in childern (application health and disease). W. B. Saunders, 1974.

20) 波多野義郎，小野三嗣，宮崎義憲，渡辺雅之，原 英喜，田中弘之，小野寺昇：心拍数による幼児の運動強度について．体育科学，9：127-136，1980.

21) Hermansen L, Wachtlon M: Capillary density of skeletal muscle in well-trained and untrained men. J. Appl. Physiol, 30（6）: 860-863, 1979.

22) 石河利寛，形本静夫，村岡 功：幼児の運動開始時における酸素摂取量および心拍数応答の特徴，体育の科学，31：260-264，1981.

23) Hagberg JM, Coyle EF: Physiological determinants of endurance performance as studied in competitive racewalkers. Med. Sci. Sports Exerc, 15: 287-289, 1983.

24) Heck H, Hess G, Mader A: Vergleichende Untersuchung zu verschiedenen Laktat-Schwellenkonzeption. Dtsch. Z. Sportmed, 36: 19-25, 1985.

25) 本多宏子，渡辺伸夫，伊藤精秀，中村 仲，吉澤茂弘：幼児における18ヵ月持久走の有酸素性作業能力に及ぼすトレーニング効果．体力科学，44：251-266，1995.

26) 加賀谷淳子，猪飼道夫：年齢別の血流量．体育学研究，12：265，1968.

27) 加賀谷淳子，横関利子：幼児の日常生活の運動量．体育の科学，31：245-252，1981.

28) 亀井貞次，松井秀治，宮下充正，水谷四郎，星川 保，豊島進太郎：青少年にみられる最大酸素摂取量と体重の関係．体力科学21 136-142，1972.

29) 金崎芙美子，吉澤茂弘：24時間心拍数記録による保育所幼児の身体活動水準に関する研究．小児保健研究，53：402-411，1994.

30) Kindermann W, Simon G, Keul J: Dauertraining-Ermittelung der optimales Trainingherzfreqenz und Leistungsfähigkeit. Leistungssport, 8: 34-39, 1978.

31) 衣笠紀玖子，衣笠昭彦，山本 徹，沢田 淳：就学前児童の体格変化と学童肥満児の関係．小児保健研究，51：377-382，1992.

32) 小林寛道，脇田裕久，八木規夫，長井健二，水谷四郎，桜井伸二，蛭田秀一，嶋岡みどり，桜井圭世：幼児・小学生の最大酸素摂取量に関する縦断的研究．日本体育学会第39回大会号，A：269，1988.

33) 小宮秀明，三田 進，吉澤茂弘：トラック走とトレッドミル走における中学生男子の呼吸循環応答の比較．群馬保健体育研究，8：21-34，1988.

34) 厚生省：国民衛生の動向―厚生の指標―（平成7年度），1995.

35) Liesen H, Hollmann W: Ausdauersport und Stoffwechsel. Karl Hoffmann Schorndorf, 1981.

36) Lehmann M, Keul J, Korsten-Reck U: Einfluβ einer stufenweisen Laufbandergometrie bei Kindern und Erwachsenen auf die plasmacatecholamine, die aerobe und anaerobe Kapazität. Eur. J. Appl. Physiol, 47: 301-311, 1981.

37) Lythgoe RJ, Pereira JR: Pulse rate and oxygen intake during early stages of recovery from severe exercise. Proc. Roy. Soc. , London, s. B, 98: 468-479, 1925.

38) 前嶋 孝，安川通雄：漸増負荷に対する子どもの呼吸循環応答．体育の科学，31：278-282，1981.

39) Mader A, Liesen H, Heck H, Philippi H, Schurch PM, Hollmann W: Zur Beurteilung der sportartspezifischen Ausdauerleistungsfähigkeit. Sportarzt u. Sportmed, 27: 80-88, 1976.

40) 松田岩男：幼児の運動能力の発達に関する研究．東京教育大学体育学部紀要，1：38-53, 1962.

41) Mellerowicz H: Revidierte Standardisierungsvolschläge für Ergometrie. Dtsch. Z. Sportmed, 33: 52-54, 1982.

42) 三村寛一，上林久雄：幼児の日常生活における至適運動量に関する基礎的研究—24時間の心拍数の変動について—. 体力科学, 34：201-210, 1985.

43) 文部省：「全国小学校中学校学力調査説明書」昭和37年度，1962.

44) Mrzend B, Macek M: Use of treadmill and working capacity assessment in preschool children. Medicine and Sport, 11: 29-31, 1978.

45) Nghiem QX, Schreiber MH, Harris LC: Cardiac volume in normal children and adolecents. Circulation, 35: 509-522, 1967.

46) Nagle FJ: Physiological assessment of maximal performance. Exercise and Sport Science Review. 1: 313-338, 1973.

47) 岡 暁：心臓の重さと年齢．京都医誌，38：431, 1941.

48) Robert HT, Baranowski T, Davis H et al: Reliability and variability of heart rate monitoring in 3-, 4-, or 5-yr-old children. Med. Sci. Sports Exerc, 24: 265-271, 1991.

49) Robinson S: Experimental studies of physical fitness in relation to age. Arbeitsphysiol, 10: 251-328, 1938.

50) Saris WHM: Aerobic power and daily physical activity in children. krips repro meppel, 1982.

51) Saris WHM: The assessment and evaluation of daily physical activity in children. A. review. Acta Pediatr. Scand. Suppl, 318: 37-48, 1985.

52) Seliger V, Trefny Z, Bartunkova S, Pauer M: The habitual activity and physical fitness of 12 year old boys. Acta Pediatr. Belgica, 28(Suppl.): 54-59, 1974.

53) 田中宏暁，進藤宗洋，志波和美，小野敏郎，梶山彦三郎，籾井勇次：血中乳酸濃度と走行スピードとの関係についての9歳児と成人の比較．体育科学，9：27-33, 1981.

54) 栃木県教育委員会：本県児童生徒の体力の実態．昭和46—平成6年度，1971-1990.

55) 栃木県全幼稚園連合会：幼児の運動機能の発達，1985.

56) 栃木県体育協会スポーツ科学委員会報告：マラソン選手の体格およびマラソンレースとの関係について．栃木県体育協会スポーツ医科学研究報告，10：7-26, 1991.

57) 栃木県体育協会スポーツ科学委員会：栃木県体育協会スポーツ医科学研究報告，14：129-152, 1955.

58) Wilmore JH, Sigerseth PO: Physical work capacity of young girls, 7-13 years old of age. J. Appl. Physiol, 22: 923-928, 1971.

59) Windham CH, Strydom NB, Maritz JS, Morrison JF, Peter J, Potgieter XU: Maximal oxygen intake and maximum heart rate during strenuous work. J. Appl. Physiol, 14: 927-936, 1959.

60) 吉田敬義，石河利寛：呼吸循環機能からみた幼児の持久走について．体育学研究，23：59-65, 1978.

61) Yoshida T, Ishiko I, Muraoka I: Effect of endurance run training on cardiorespiratory functions of 5-year-old children. Int. J. Sports Medicine, 1: 91-94, 1980.

62) 吉澤茂弘：地域別にみた運動能力（Ⅰ）．体育学研究，11：59-68, 1966.

63) 吉澤茂弘：生態学的にみた都市と農村青少年の有酸素的作業能に関する研究．体力科学, 20:

125-133，1971．

64）吉澤茂弘：農村青少年の作業能力に関する研究（Ⅱ）．体育学研究，16：189-196，1971．

65）吉澤茂弘：都市と農村青少年の有酸素的作業能力の比較的研究．体力科学，21：161-175，1972．

66）吉澤茂弘，石崎忠利，本多宏子：幼児の有酸素的作業能に関する研究（Ⅰ），体力科学，24：37-44，1975．

67）吉澤茂弘，石崎忠利，本多宏子，亀岡隆之，森田良司，石川栄寿：幼児の有酸素的作業能に関する研究．体育の科学，26：254-262，1976．

68）吉澤茂弘，本多宏子：幼児の有酸素的作業能に関する研究（Ⅱ）．体力科学，28：104-111，1979．

69）吉澤茂弘，亀岡隆之，本多宏子，伊藤精秀，郷間裕子，篠崎昌子，横塚貞一：3，4及び5歳児の有酸素的作業能力に関する研究．体育の科学，29：425-430，1979．

70）吉澤茂弘，石崎忠利，本多宏子：3-6歳児の最大酸素摂取量．体育学研究，25：59-68，1980．

71）吉澤茂弘，本多宏子，漆原 誠，中村 仲：幼児の有酸素的作業能力に関する研究（Ⅲ）．体力科学，30：73-85，1981．

72）吉澤茂弘：子どもの運動遊びと呼吸循環機能の発達．体育の科学，31：316-323，1981．

73）吉澤茂弘：幼児における全身持久性指導に関する研究．宇都宮大学教育学部紀要 第34号第2部：127-141，1983．

74）吉澤茂弘，石崎忠利，本多宏子：日本の農村における幼児及び青少年（4-18歳）の有酸素的作業能の発達に関する研究．体育学研究，28：199-214，1983．

75）吉澤茂弘，本多宏子，漆原 誠：幼児の有酸素的作業能力に関する研究（Ⅳ）．体力科学，33：173-183，1984．

76）吉澤茂弘，亀岡隆之，小宮秀明，根本富士夫，大和雅彦，広瀬利枝：幼児の総合的にみた基礎体力．体育の科学，34（5）：395-399，1984．

77）吉澤茂弘，宗像 茂：血中乳酸濃度による無酸素的閾値からみた中学校体育授業の構成に関する研究．宇都宮大学教育学部紀要，第36号第2部：165-190，1985．

78）吉澤茂弘，岡 誠一，宗像 茂，平松和己：無酸素的閾値の心拍数による中学校体育授業と部活動の分析．宇都宮大学教育学部紀要，第37号第2部：169-209，1987．

79）吉澤茂弘，見目明子，小林順子，池田 昇，林田弘之：小学校体育における身体活動水準．宇都宮大学教育学部紀要，第38号第2部：111-149，1988．

80）吉澤茂弘，本多宏子，漆原 誠，中村 仲：保育園における幼児の活動水準に関する研究．体力科学，37：158-171，1988．

81）吉澤茂弘：育ちざかりの体力とスポーツ．J. J. Sports Sci, 8: 492-499, 1989．

82）吉澤茂弘，本多宏子，漆原 誠，中村 仲：幼児における持久走の呼吸循環機能に及ぼすトレーニング効果に関する研究．体力科学，39：243-255，1990．

83）吉澤茂弘，福島 稔，本多宏子，漆原 誠，中村 仲：高校駅伝男子一流選手の有酸素性能力および無酸素性作業閾値．J. J. Sports Sci, 10: 234-240, 1991．

84）吉澤茂弘：発育期の子供とスポーツ．小児科診療，53：368-375，1990．

85）吉澤茂弘，本多宏子，中村 仲：A study on trainability of aerobic work capacity in young children. 体力科学，41：290，1992．

86）吉澤茂弘，本多宏子，中村 仲，伊藤精秀：女児における有酸素性能力のTrainabilityに関する研究．体力科学，41：416，1992．

87）吉澤茂弘，篠崎 靖，本多宏子，中村 仲：幼児における有酸素性能力のトレーニング効果に関する研究．日本運動生理誌，1：57，1994．

88）吉澤茂弘，伊藤精秀，本多宏子：栃木県児童生徒の20年間（1971〜1990）にわたる体格・体力の推移．第99回体力医学会関東地方会発

表（東京大学教養部），1994.
89) Yoshizawa S, Honda H, Nakamura N, Itoh K, Watanabe N: Effects of an 18-month Endurance Run Training Program on Maximal Aerobic Power in 4- to 6- Year-Old Girls. Pediatric Exercise Science, 9: 33-43, 1997.

索引

【ア】
アセチルCoA　40
アセチルコリン　56
アデノシン2リン酸　13
アデノシン3リン酸　1, 13, 37
アドレナリン　56
アミノ酸　140
安静時　136
安静時酸素摂取量　77, 136, 143
安静時心拍数　77

【イ】
1回心拍出量　8
1分間心拍出量　4, 8
遺伝的要因　23
インスリン　41
陰性相　57
陰性相の発現率　57
インパルス　76

【ウ】
ウォーミングアップ　45, 62
右心房　4
運動強度　34
運動処方　2, 15, 48
運動不足　97

【エ】
エアロビクス運動　12
エネルギー源　1
エネルギー代謝　16
エネルギー発生機構　34
エピネフリン　56, 139
園外　95
延髄の心臓抑制中枢　56
延長期　122
園内　94

【オ】
応答　45, 50, 61, 99
オールアウト走　72

【カ】
回帰曲線　19, 24
回帰係数（勾配）　29

回帰指数方程式　25
回帰直線　29
カイ二乗検定　90, 92
解糖作用　13
回復率　48, 74, 77
過換気量　142
拡散　11
獲得性の要因　90
ガス交換量　119
加速　61
活性脂肪酸　38
カロリー等量　140
換気等量　136
環境的要因　23
換気量　115, 119
間接的エネルギー源　13, 37
還流混合静脈血　4, 57
還流混合静脈血中酸素含有量　6, 9

【キ】
気圧補正表　135
危険因子　126
季節的要因　122
吸気酸素濃度　128
吸気量　128
吸入酸素量　128
競技成績の向上　12
強度　99
筋形質　38
筋細胞（筋線維）　38
筋ポンプ　57
筋力　23, 27

【ク】
クーリングダウン　59
クエン酸　40
クエン酸回路　40
グルコース6-リン酸　41
グラウンド走行　125
グリコーゲン分解作用　41
グリセリン　16, 140
グルコース　34, 36, 37
クレアチンリン酸　1, 34
クレブス回路　40

【ケ】
血液循環　4
血管拡張剤　101
血中アドレナリン　56
血中乳酸濃度　17, 43, 77, 99
減速　61

【コ】
高エネルギー分子　13
交感神経　56
酵素　40
高地トレーニング　9
呼気　14, 15
呼気酸素濃度　128
呼吸筋　71, 119
呼吸交換率　17
呼吸効率　136
呼吸鎖　13, 38
呼吸循環機能　1, 45, 64
呼吸商　16, 68, 139
呼吸数　63, 69
呼吸反射　71
呼気量　27, 128
呼出酸素量　128
骨格筋・関節の感覚受容器　56
骨格筋の増加　21
子どもの遊び　52
5分間走　17, 21, 26, 27, 33
コリ回路　51
混合型横断的・縦断的方法　14

【サ】
最高血圧　53, 59
最高血中乳酸濃度　80, 83, 103, 105, 110
最高心拍数　67, 77, 80, 90, 103
再合成　13
最高走行速度　80, 103, 118
最大1分間心拍出量　11
最大下の強度　12
最大換気量　32
最大酸素摂取量　3, 11, 15, 34, 63, 77, 117
最大酸素脈　21, 119

最大動静脈酸素較差　11
最低血圧　53, 59
サイロキシン　139
酸化能力　107
酸化ミオグロビン　138
3カルボン酸回路　40
酸素運搬系　1
酸素供給量　48
酸素需要量　48, 137
酸素消費量　139
酸素摂取量の増加率　76
酸素摂取量　4, 129, 130, 135, 136, 139
酸素濃度　10
酸素負債　49, 139
酸素不足　138
酸素飽和度　9
酸素脈　21, 115, 121
酸素要求量　46
3炭糖リン酸　41

【シ】
持久走　3, 45, 100
持久力　23
仕事量　3
指数方程式　23
持続時間　99
実験群　113
実験室実験　15, 45, 61
自転車エルゴメーター　3
脂肪細胞　126
脂肪酸　38
脂肪量　30
脂肪を燃やす　13
シャルルの法則　133, 135
重炭酸ナトリウム　17
柔軟性　23
需要と供給　136
馴化　9
循環器系順応の性向　61
循環器系疾患の予防　12
循環系への負荷　86
焦性ブドウ酸　41
正味の酸素摂取量　137, 142
静脈血　4
除脂肪体重　30
初潮年齢　23
ショランダー微量ガス分析器　15, 27
心筋の収縮力　21, 121
神経筋協同作用　1, 107

神経性の反射　76
神経性要因　56, 76
人工流水路　3
心臓血管系の能力　87
心臓の仕事量　12
心臓抑制中枢　56
身体活動水準　3, 79, 89
身体組成　30, 48
心拍数　18, 46, 53
心拍数応答　61
心拍数の増加率　76
心容積　8, 21
親和力　50

【ス】
睡眠　89, 92, 94
スタート前安静時　53
スターリングの法則　59
ステアリン酸　40
スピード　23
スポーツテスト　45

【セ】
生化学的変化　1
生化学的酸素利用能力　1
生化学的能力　11
生活習慣病　2, 126
正規分布　90
性差　21, 27, 28
性差の検定　28
生得的要因　90
絶対温度　132
絶対値安静時酸素摂取量　52
絶対値最大酸素摂取量　17, 25, 29, 52, 119
絶対値酸素摂取量　46, 115

【ソ】
相対成長　23
増加現象　70
増加率　48, 74, 76
相関係数　19, 29
相関マトリックス　32
走行効率　107
走行持続時間　72
走行速度　68, 77
相対成長係数　23
相対的強度　86
促進効果　76
速筋線維　84
速効性の神経性の機能　57

【タ】
大気中の酸素　1
体脂肪量　21
体重当たり最大酸素摂取量　17, 28, 80, 83, 103, 110, 118
体重当たり酸素摂取量　115
体重コントロール　15, 142
対照群　113
対数方程式　23
大脳皮質　51
大脳皮質の運動中枢　56
ダグラスバック　14, 45, 131, 132
立ち幅跳び　27
脱水素酵素　40
段階的漸増負荷　79
段階的漸増負荷走行　79
段階的漸増負荷法　15, 100
短距離走　33, 59
短縮相　122
炭水化物　1

【チ】
遅筋線維　84
中性飽和脂肪　16
調整力　1, 23
直接的エネルギー源　13, 37

【テ・ト】
定常状態　46, 63, 64, 72, 136
適応現象　99
テレメーター　14
動静脈酸素較差　6, 121
動的運動負荷　98
動物デンプン　41
動脈血　4
動脈血中酸素含有量　6, 9
トレーニング　84
トレーニング強度　64
トレーニング能　3, 99, 105
トレッドミル　3
トレッドミル走行　61, 79, 126

【ナ・ニ】
内挿法　105
二元配置分散分析法　120
二酸化炭素産生量　130
二酸化炭素排出量　139
二次回帰曲線　101, 105
乳酸　16, 34, 43, 81
乳酸性の酸素負債　49, 139

乳酸性の酸素負債量　51, 77
乳酸性の無酸素性エネルギー発生機構　83
乳酸性の無酸素性過程　36
乳酸性の無酸素性能力　77, 127
乳酸濃度　56
乳酸の定常状態　83
尿中窒素　139

【ネ・ノ】
熱化学方程式　140
濃度勾配　10
濃度差　10
ノルエピネフリン　139

【ハ】
肺活量　131
肺迷走神経呼吸反射　119
パルミチルCoA　38
パルミチン酸　16, 36, 37, 140
反射機能　59
判定基準　28, 44, 67, 68

【ヒ】
被検者　14
皮脂厚　27
ビタミンB群　44
非タンパク呼吸商　140
非定常状態　138
非乳酸性の酸素負債　49, 139
非乳酸性の無酸素性過程　36
非乳酸性の無酸素性能力　34, 53
肥満　13, 142
肥満児　20
ピルビン酸　41
疲労困憊　72
頻度　99
頻脈症　87

【フ】
フィックの原理　4
フィックの原理の式　6
フォルタンの水銀気圧計　135
負荷条件　28
ブドウ糖　34
プラトー　20
フルクトース1,6-2リン酸　41
分圧　132
分散分析　115
平均累積時間　92

【ヘ・ホ】
ベインブリッジの反射　57
ベータ酸化作用　13, 38
ヘーリング・ブロイエルの反射　119
ヘモグロビン　9, 11
変移点　25
変動性　100
ボイル・シャルルの法則　131
ボイルの法則　133, 135
飽和水蒸気圧　133
飽和度　9
ホールデンガス分析器　15
補酵素CoA　38
ホスファゲン系　36
ホスホクレアチン　34
ホスホフルクトキナーゼ　42, 113

【マ行】
マラソン　36
ミオグロビン　50
ミオグロビン酸素結合量　49
見かけの酸素摂取量　126
ミトコンドリア　10
未発達の状態　60
ミリスチルCoA　40
無酸素性解糖作用　16, 36, 51, 77, 83
無酸素性過程　36
無酸素性作業閾値　34, 44, 83, 112
無酸素性能力　105
無酸素性のエネルギー発生　34
メッツ　143
毛細血管の発達　9

【ヤ行】
野外実験　14
有意水準　17
有酸素性作業能力　20
有酸素性持久力　3
有酸素性能力　1, 15, 27, 33, 53, 107
有酸素性のエネルギーの発生　34
有酸素性の解糖作用　41
有酸素性の遅筋線維　84
有酸素性パワー　20
抑制効果　76
余剰脂肪量　127
予備実験　72, 101

予防医学的見地　2, 98

【ラ行】
ラストスパート　46, 138
律速酵素　113
リパーゼ　38
リン酸　13, 138
累積時間　90
暦年齢　23
レベルオフ　16
連続24時間の心拍数　89
ロイシン　140
老化現象　2
ローマン反応　34
ローレル指数　127

【欧文索引】
%fat　32
%HR@ 4 mmol·L^{-1}LA　88, 105
%HRmax　63
%HRmax@ 3 mmol·L^{-1}LA　105
%Vmax@ 3 mmol·L^{-1}LA　105
%Vmax@ 4 mmol·L^{-1}LA　105
%$\dot{V}O_2$max·TBW^{-1}@ 4 mmol·L^{-1}LA　84
%$\dot{V}O_2$max　65
160beats·min^{-1}　87
3 mmol·L^{-1}LA　83, 105, 106, 111, 124
4 mmol·L^{-1}LA　83, 105, 106, 111, 112
acceleration　61
adenosin diphosphate　13
adenosin triphosphate　13
ADP　13, 138
adrenaline　56
anaerobic threshold　34, 44, 83
ANOVA　115, 120, 123
AT　34, 83
ATP　10, 13, 37, 138
ATPS　131
BTPS　131
$C_{16}H_{32}O_2$　36
$C_6H_{12}O_6$　36, 37
$CH_3(CH_2)_{14}COOH$　37
CoA　38
coenzyme A　38
deceleration　61
duration　99

FAD　　39
FAD-H$_2$　　43
flume　　3
Fortin　　135
frequency　　99
HRmax　　80
HRmax@ 4 mmol·L^{-1}LA　　84
intensity　　99
Maxlass　　83
NAD　　39
NAD-H$_2$　　40，42
net%HRmax　　88
peak LA　　80
Pi　　13，138
response　　45
Starling　　59
STPD　　131
TCA 回路　　13，40
trainability　　99
V@ 3 mmol·L^{-1}LA　　105
V@ 4 mmol·L^{-1}LA　　105
Vmax　　80
$\dot{V}O_2$·TBW^{-1}@ 3 mmol·L^{-1}LA　　105
$\dot{V}O_2$·TBW^{-1}@ 4 mmol·L^{-1}LA　　86
$\dot{V}O_2$max　　34，80
$\dot{V}O_2$max·TBW^{-1}　　86

幼児の有酸素性能力の発達	定価（本体3,100円＋税）

2002年5月20日　　第1版第1刷発行　　　　　　　　　　検印省略

著　者　吉　澤　茂　弘
発行者　太　田　　　博
発行所　株式会社　杏　林　書　院
〒113-0034
東京都文京区湯島4-2-1
　TEL　03(3811)4887
　FAX　03(3811)9148
　URL http://www.kyorin-shoin.co.jp

ISBN 4-7644-1051-6 C3047　　　　　　　株式会社サンエー印刷／坂本製本
Printed in Japan

・本書の複製権・翻訳権・上映権・譲渡権・公衆放送権（送信可能化権を含む）は株式会社杏林書院が保有します。
・JCLS ＜(株)日本著作出版権管理システム委託出版物＞
　本書の無断複写は著作権法上での例外を除き禁じられています。複写される場合は，その都度事前に(株)日本著作出版権管理システム（電話 03-3817-5670、FAX 03-3815-8199)の許諾を得てください。